唐时华韵

大唐才子的别样人生

马逍遥 著

陕西新华出版传媒集团
太白文艺出版社·西安

图书在版编目（CIP）数据

唐时华韵：大唐才子的别样人生 / 马逍遥著. --
西安：太白文艺出版社, 2023.3
ISBN 978-7-5513-2357-4

Ⅰ. ①唐… Ⅱ. ①马… Ⅲ. ①诗人－生平事迹－中国
－唐代 Ⅳ. ①K825.6

中国国家版本馆CIP数据核字(2023)第014681号

唐时华韵
TANGSHI HUAYUN
大唐才子的别样人生
DATANG CAIZI DE BIEYANG RENSHENG

作　　者	马逍遥
总 策 划	党　靖
责任编辑	杨　匡　张馨月
封面设计	王　洋
版式设计	建明文化
出版发行	陕西新华出版传媒集团
	太 白 文 艺 出 版 社
经　　销	新华书店
印　　刷	西安市建明工贸有限责任公司
开　　本	889mm×1194mm　1/32
字　　数	250千字
印　　张	12
版　　次	2023年3月第1版
印　　次	2023年3月第1次印刷
书　　号	ISBN 978-7-5513-2357-4
定　　价	59.00元

目　录

1

王绩：喝完这杯酒，出发

一

从前有座山，叫黄颊山。

山上有条溪，叫白牛溪。

溪边有个洞，文中子洞。

洞里有群人，钻研学问的读书人。

几乎每天清晨，"洞主"王通都会正襟危坐，给一众弟子传道授业。

他的弟子不多，其中有这么几个亲学生：薛收，后来李世民的"十八学士"之一；温彦博，后来担任过初唐宰相——中书令；杜淹，后来做了朝廷的吏部尚书。

还有几个偶尔来访的旁听生：魏徵、房玄龄、陈叔达等。

王通是一位优秀的授课老师，因材施教，诲人不倦；更是一位著作等身的学术大家，研究方向很高端——"儒家六经的当代阐释与借鉴"，随便拿出任何一个子课题，都够弟子们研究很多年。

基于弘扬传统儒学的使命，王老师始终向偶像孔子看齐，推崇启发式教学，只讲述不记录，自己也懒得写论文。

他病逝后，弟子们参照《论语》的体例，将老师的言行编纂成《文中子中说》，还整理出包括《续诗》《续书》《礼经》《乐论》《赞易》《元经》在内的八十卷学术专著，在学界影响深远。

在弟子们眼中，王老师严谨、细致、热情洋溢，脾气也算温和，但凡是学术方面的问题，都会很耐心地帮你答疑解惑。

只有一件事他忍不得：论诗。

"王老师您好，我叫李百药，特想跟随您读研究生。"

尽管年龄比王通还长十几岁，博陵人李百药还是恭敬地向王老师鞠了一躬，小心翼翼地送上自己精心制作的简历。

"好，好，学术功底如此扎实，难得呀！"王老师仔细翻了翻李百药的简历，严谨地问了一句，"以后的研究方向确定了吗？"

李百药赶紧回答："大致确定了，我想跟着您研究六朝诗歌，我本人平时也很爱写诗的……"

"带着你的简历，赶紧走人吧！"王老师当即拉下脸，把李百药赶了出去。

李百药感到很郁闷：喜欢写诗不行吗？研究诗歌发展趋势有错吗？王老师是看不起我吗？他找到王通最得意的弟子薛收，忍不住吐槽了起来。

薛收拍了拍他的肩膀，耐心地给他解释："老哥，看来你还不太了解我们师门的情况，王老师什么都能接受，就是看不惯有科研潜力的年轻人张口闭口就是写诗对诗、玩弄文字，那是最不入流的行为（营营驰骋乎末流）。"

"可六朝那些诗写得都很优美啊！"李百药还是不服。

"你知道王老师是如何评价六朝那些诗人的吗？"

薛收清了清嗓子，模仿王通的语气说道："谢灵运？小人也，傲慢；沈约？小人也，浮夸；鲍照、江淹？狭隘急躁之辈；吴筠、孔珪？狂妄怪异之徒；谢庄、王融？人弱文碎；徐陵、庾信？夸夸其谈……"

说到这里，薛收尴尬一笑："老哥，王老师不是针对你，他的意思是六朝的每一位诗人都不怎么样！"

"这算怎么个说法嘛！"李百药长叹一声，只好败兴而归。

二

王通是看不上诗歌和诗人的。

次日上课，他又特意重申了自己的"学术底线"："我们是科研团队，不是创作团队。学术研究是纯粹的、严谨的、经世致用的，不能掺杂任何个人情感和意志。做我王通的学生，就要以振兴儒学为己任，认真钻研儒家治国理政的大智慧、修身养性的大情操。"

王通顿了顿，加重了语气："现在一些浮躁的年轻人，读了几天书，会写几个字，就敢吹嘘自己是诗人，甚至扬言改革六朝靡靡诗风。依我看，诗歌改良，越改越凉！唯我儒学，其道大光！"

正说着，洞外突然传来一阵高亢的吟唱——

　　　　春来日渐长，醉客喜年光。
　　　　稍觉池亭好，偏宜酒瓮香。

这居然是首诗，是谁，居然敢在王老师面前吟诗？！

"太不像话了！"王通铁青着脸，向洞外喊道，"王绩，你既然来了，还不赶紧进来。"

伴随着一阵扑鼻的酒香，洞外之人飘然而至，他无视众人的目光，一屁股坐在王通身边，坦然说道："三哥，近来可好？"

"好？我好得很，有你这样的弟弟，我怎能不好！王绩呀王绩，你让我说你什么好！"

王绩似听非听，打开装酒的葫芦抿了一口，又不经意地随手抖开一卷书稿，上面密密麻麻全是儒学经义。他用余光扫了那书稿几眼，咧嘴笑道："三哥，你日日钻研这些深奥的文字，累不累啊？"

"累也比你无所事事强，我算看透了，指望你弘扬儒学，简直是痴人说梦！"王老师眼看就要发飙。

王绩眨巴着眼睛敷衍："三哥，你别搞笑了，你那套'我注六经'，我学不来的。喝喝酒、写写诗，就是我的追求。"

"道不同不相为谋，你别来耽误我上课！"王通长袖一挥，冷脸下了逐客令。

王绩边向外走，边扭头对王通说："三哥，我近期又创作了一首作品，你想不想听？"

王通断然回绝："末流小文，我自是不屑的。"

"你不愿听，我却乐意念。"说着，王绩高声吟道：

故乡行云是，虚室坐间同。

日落西山暮，方知天下空。

王绩，大唐才子的一号人物，有唐以来第一位名诗人。

我们的故事，就从王绩开始。

亲兄弟见面就呛，一干弟子早已司空见惯，他们也不止一次从老师口中听到关于王绩的故事。

隋文帝开皇二十年（600），十五岁的王绩游历京都，拜见了名噪一时的朝廷重臣杨素。

"这年头，阿猫阿狗都想见我，小屁孩有什么好见的？"杨素拿着王绩的简历瞅了一眼，眼中满是傲慢和不屑。

王绩哪受得了这种气，他略一拱手，从容说道："我听闻周公接纳贤才时，多次吐掉嘴里的食物快步迎客，明公，您的才德不及周公，若想保住荣华富贵，就不应该这样傲慢对待贤士！"

"咋的，你小小孩童有何见教？"

"小小孩童，大大才华。"

说着，王绩开始谈诗作赋，道古论今。他言辞犀利，逻辑清晰，口才犹如滔滔江水连绵不绝。杨素不由得心生感慨：这是怎样一个神仙少年啊！于是送给王绩一个霸气的绰号：神童仙子。

几年后，王绩应孝廉举，授秘书正字，这时候，当朝的是隋炀帝。隋炀帝杨广最讨厌别人提意见，还特别爱折腾，扩建东都、修大运河、征高句丽……

皇帝爱搞事，像王绩这种小官就很痛苦，加班、开会是常态，熬夜、值班是基本操作。

渐渐地，王绩烦躁了，组织管得太严，周六保证不休息，周日休息不保证。看着身边的一些同事，年纪轻轻的，头发就跟存款一样少，王绩不想这么压抑地活着，就主动找上级谈心，提出了调动工作的想法。

"小王啊，调动工作不难，去地方挂职也不难，可你要知道，下去后再想上来就不容易了。"上级很负责任地给王绩分析利弊。

"我这人没啥追求，只想活得安逸一些，今天找您谈心，我已经做好了充分的准备，您看着给安排就行，地方我不挑的。"

最终，王绩被调往扬州，改任六合县丞。

<h2 style="text-align:center">三</h2>

在六合县，王绩玩得过了火。

作为在职人员，他整天喝得烂醉、迟到早退，工作不上心，业务不熟练。顶头上司六合县令实在不能忍——父母官是为百姓办事的，不是拿着俸禄混吃等死的！他准备写份报告，弹劾王绩懒政不作为。

王绩很潇洒，既不找县令解释，也不准备改正自己的作风，而是把本月刚发的工资留下，然后官服一脱，官印一挂，连夜乘一叶扁舟，弃官而去。

因为此事，王绩可没少被三哥王通批评。他却依然故我，时而外出云游，时而留在黄颊山休养，有事没事找三哥拌拌嘴，其乐无穷。

王通老师看不惯王绩的行为，他的学生却很崇拜这位浪荡不羁的才子，经常私下找王绩交流。他们最感兴趣的问题，是王绩对王老师的评价。

每当问及此事，王绩总会先高度肯定："我家三哥，人品一流，学问更是当世无双，你们帮他整理的那些文稿，我私下也经常看的。"

说着，王绩咕咚咕咚灌了几口酒，开始讲起了歪理："我三哥什么都好，就是平时研究搞多了，思维有点迂腐，老想用自己的理论征服别人。像我这种懒散的人，管他儒学好还是诗歌好呢！我喜欢写诗，不喜欢搞学术，如此简单的道理，他总是理解不了。"

谈完对王通的评价，学生们继续追问王绩："前辈，老师的毕生追求是振兴儒学，那您的追求是什么呢？"

"我的追求是什么？我貌似没啥想追求的。"王绩搔了搔头，眼中一片空洞。

"人总要有点追求吧？"

"这样吧，我给你们讲个故事，你们大概就明白了。"

从前，有个叫五斗先生的人，嗜好饮酒，畅游人世间。但

凡有请他喝酒的人，无论来人身份贵贱，他都欣然应邀，而且必会喝醉。喝醉了，随便找个地方都能睡着，酒醒后又起来继续痛饮。他经常一喝就是五斗，于是就自称"五斗先生"。

五斗先生不忧不愁，不爱瞎扯，也不关心人世间的仁义冷暖。他行踪不定，自然而然，所以万事万物都不能缠绕其心。他曾说过："天下事物大体总有理可循。人生如何保养寿命？嵇康的《养生论》可以解答，可道路为何总有穷尽呢？阮籍因而悲恸哭泣。所以，昏昏默默，是圣人的行事态度。"

五斗先生始终贯彻自己的意志，最后不知归于何处。

故事讲完，学生们沉默了。

突然，有人举手弱弱地问了一句："前辈，我咋听着这故事那么像陶渊明的《五柳先生传》呢？"

王绩豪迈地一挥手，愉悦地回答道："你说对了！这是我模仿《五柳先生传》写的《五斗先生传》，五斗先生这样的活法，正是我追求的人生！"

四

王通崇拜孔子，王绩崇拜陶渊明。

陶渊明爱喝酒，王绩也爱喝酒。陶渊明种豆南山下，王绩躬耕东皋上；陶渊明写《桃花源记》，王绩写《醉乡记》；陶渊明有《五柳先生传》，王绩有《五斗先生传》。

王绩和陶渊明的不同之处在于：陶渊明不肯为五斗米折腰，辞官而去；王绩却能为美酒从乡野重新回到官场。

唐高祖武德八年（625），王绩又出来当官了，理由是唐朝门下省的官员有一项福利：每天供应三升好酒。

王绩就去门下省做了个待诏。为此，他的弟弟王静没少揶揄老哥："做待诏快乐吗？"

王绩回答："待诏俸禄低，又寂寞，只有良酒三升使人留恋。"

王绩的晚辈陈叔达，已官居侍中。他听闻此事，特意给王绩的三升酒加到一斗，于是王绩又多了个绰号：斗酒学士。

免费的酒估计不会掺水，喝着也不上头，可是喝来喝去老是一个味儿，王绩喝烦了，又辞职了。

到了贞观初年，王绩听说太乐署史焦革善于酿酒，所以又出山了。

几年后，焦革病逝，好酒再也喝不到了。王绩感叹一声："这是上天不让我喝酒了啊！"

这一次，王绩辞职回到东皋，再也不复出了。

回到故乡，王绩决定自己动手酿酒。

毕竟跟着焦革蹭了几年酒，他通过钻研焦革酿酒的方法，写了卷《酒经》，又收集仪狄、杜康等酿酒大师的经验，编了卷《酒谱》。

当时名声很响的风水大师李淳风看了他的著作，激动地说："你算得上酿酒界的司马迁啊，填补了当前学术界一大空白！"

就这样，王绩平日的工作，不是酿酒就是喝酒。酒酿好

了，他就约与他一起隐居的仲长子光来家里品尝。

仲长子光喝不过王绩，每次喝到头昏脑涨，想借机开溜，王绩都会通过写诗留住他。

> 百年长扰扰，万事悉悠悠。
> 日光随意落，河水任情流。
> 礼乐囚姬旦，诗书缚孔丘。
> 不如高枕枕，时取醉消愁。

礼乐拘禁了姬旦，诗书束缚了孔丘。还不如一醉解千愁。来来来，喝完这一杯，还有下一杯；喝完下一杯，无限续杯哦！

除了喝酒，王绩还喜欢弹琴、养鸟、算卦占卜，只要不搞儒学研究，他就非常满足。

当然，王绩最大的成就，还在于诗歌创作。

王绩被后世公认为五言律诗的奠基人，他的成名作是一首《野望》：

> 东皋薄暮望，徙倚欲何依。
> 树树皆秋色，山山唯落晖。
> 牧人驱犊返，猎马带禽归。
> 相顾无相识，长歌怀采薇。

能写出像酒一样绵柔的诗，这个像酒一样直爽的人，就是王绩，大唐才子一号选手。

五

贞观十八年（644），王绩终于放下了酒杯。他病重了，命不久矣。

还是和偶像陶渊明一样，偶像有《自祭文》，王绩也早早写好墓志铭，并嘱咐家人不要大办丧事，随意在东皋找个地方埋了即可。

旁事都不值得交代，王绩特意把王通的儿子王福畤叫到身边，对侄子诉说："你老爹、我三哥在世时，可没少批评我。可我心里清楚，我三哥一生最大的遗憾就是没能把我从写诗的轨道上拉回来。三哥走了二十多年，每每思及往事，我都会想到他病逝前看我的眼神，那其中包含着太多的遗憾和感伤。"

说到这里，王绩紧紧握住侄子的手，切切叮嘱道："太原王氏到了你这一代，不能断了学术研究的家风，你要继承你爹的遗志，继续为发扬王氏儒学做出贡献！"

"叔啊！我只能尽力而为，父亲留下的那些文稿，有许多内容我都看不懂。"王绩的嘱托，让王福畤顿感压力巨大。

"看不懂正常，我也看不懂，你尽力吧！记住叔一句话，你的儿子出生后，尽量别让他学我，要学他爷爷，多钻研，少写诗。"

望着王绩渐渐散大的瞳孔，王福畤重重地点了点头。

王绩一辈子喝了很多酒，却一点没喝糊涂。他和偶像最大的不同在于：陶渊明饮下的是魏晋风骨的最后一杯，他饮下的却是大唐盛世的第一杯。

在他身后，会不断涌现出更多优秀的人。

六年后，一声清脆的啼哭打破了黎明的寂静，王福畤紧紧抱着刚出生的婴儿，眼中满是爱怜。

从婴儿的眉宇之间，王福畤隐约看到了完成老爹遗志的可能性。

当然，他希望自己能做一个比较开明的父亲，无论儿子日后想搞学术研究，还是像叔父那样酷爱写诗，他都会好好培养儿子，让儿子成为一个出类拔萃的人才。

历史证明，这将是一个非同凡响的人物。

为此，郑振铎先生曾打过一个生动又诗意的比方："正如太阳神万千缕的光芒还未走在东方之前，东方是先已布满了黎明女神的玫瑰色的曙光了。"

王勃诞生了。

王勃：黎明女神的曙光

一

唐高宗总章元年（668），大唐王朝干成了一件举国欢庆的大事。

自隋炀帝大业七年（611）伊始，经过整整五十八年、前后三代人的努力，高句丽终于灭亡了！

隋炀帝杨广曾三征高句丽，愣是寸功未立，还间接导致亡了国。老爹李世民晚年耐不住寂寞，想在个人荣誉簿上再添一笔，一样好处也没捞到。

两位前辈没干成的事，分分钟被我搞定了！

李治心情极爽，一面让笔杆子们抓紧开工，歌颂他的丰功伟绩；一面特意降诏，选派一批年轻的后备干部到基层锻炼。

在这群人中，杜少府因工作勤勉、素质过硬受到组织提拔，被分配到蜀州挂职县尉。

今天，是他从长安出发的日子。

在那个没有飞机、高铁，也没有语音、视频的年代，八百公里实在太远了，与亲朋好友一别两地，没准终生无缘再见。

这一点，杜少府的好友王勃心里很清楚。

临别之际，他望着强忍热泪的朋友，走心地叮嘱道："老杜，到了四川少吃点火锅，容易上火，听说那里的自然风光很美，记得有空去走走。"

老杜有些哽咽："谢谢你，子安，你也要好好保重，听哥一句话，少写点戏谑恶搞的文章，听说你昨日给沛王写了篇什么檄文……"

"是《檄英王鸡》啦！斗鸡的小文章而已，没关系的。"还没等老杜说完，王勃就打断了他的话，"今天是你上任的日子，我要送你一首诗！"

稍作沉吟，王勃笔走如飞，当场写了一首《送杜少府之任蜀州》：

城阙辅三秦，风烟望五津。

与君离别意，同是宦游人。

海内存知己，天涯若比邻。

无为在歧路，儿女共沾巾。

感谢兄弟！珍重！

送别老杜，王勃回到沛王府，继续搞他的文学创作。他还不知道，一场原因离奇的祸事正朝自己袭来……

王勃，太原王氏强大基因的继承者，官方和业界公认的超级神童兼创作天才。六岁写美文，九岁通读本朝文学巨匠颜师古注的《汉书》，然后提笔写下《指瑕》十卷，公然向前辈叫板。

这就好比九岁的小学生读了霍金的《时间简史》，发现其中存在许多漏洞，还特地写了本书，有理有据地阐明自己的质疑，你说优不优秀？

更难得的是，盖世神童王勃还是个努力的孩子，根本不需要"虎爸狼妈"，他几乎每长一岁就会掌握一个新技能。当同龄人还在课堂玩命背课文、周末痛苦补习功课时，十二岁的王勃已经开始研究《周易》和《黄帝内经》了。

龙朔元年（661），为了搞懂阴阳幻化之道和针石医术之理，王勃孤身一人来到长安，拜访医术大师曹元。

曹大师性格孤傲，通神的本领不肯轻易传人，但他一见王勃，便两眼放光："少年，我看你骨骼惊奇，又有道光冲破天灵，真是百年一遇的奇才。我这里有本秘籍《如来神掌》……不好意思拿错了，是《黄帝八十一难经》，既然你我有缘，就免费传给你了。"

这次拜师学习，前后一共十五个月。龙朔三年（663）春，王勃基本掌握了医理学和阴阳学的相关知识，满心欢喜地向曹元告别。

临别之际，曹元特意叮嘱这位天分超高的爱徒："徒儿，别人研悟十年都未必通透的学理，你一年就领会贯通了，如此天分实在难得。为师我钻研一生，只悟出一句'阴阳之道，不可妄宣也。针石之道，不可妄传也'。只望你切勿自彰自显，随意卖弄才华，以免受无妄之灾。"

意气风发的王勃，却丝毫没把师父的金玉良言当回事。

切勿自彰自显？拜托，我老爸还指望我博取仕途，好振兴王氏一族呢！

二

从长安返回家乡，王勃在老爹王福畤的要求下，闭关一年，专心修习。

麟德元年（664），王勃的机会来了。

十四岁的他给巡视关内的宰相刘祥道递了篇文章，直截了当地阐述了个人对时局的看法："打下那么多土地，有什么用啊！如果不重视吸纳人才，一切都是白搭……"

在这篇文章中，王勃创作了很多金句，比如"阳侯息浪，长鲸卧横海之鳞；风伯停机，大鹏铩垂天之翼"，"嵩衡不拒细壤，故能崇其峻；江海不让纤流，所以存其广"。

刘道祥一看，赞叹道："神童啊！他值得大力推赏！"

一年后，东都乾元殿建成，王勃很机智地把握住舆论的热点，精心写了篇《乾元殿颂》，从高祖、太宗一直夸到当今皇帝李治、皇后武氏和皇太子李弘，极力歌颂大唐盛世、王化德泽，然后将这篇雄文呈给了皇帝李治。

李治很快看到了这篇文章，连连惊叹："奇才，奇才，真乃我大唐奇才！"

圣人都点赞了，凡人哪有不关注的道理？一时间，王勃的关注度飞速暴涨，天才少年的名号响彻朝野。

乾封元年（666），在这样一个大吉大利的年份，王勃科举及第，成为大唐开国以来最年轻的朝散郎。

王勃再接再厉，继续给圣人李治和政界名流歌功颂德。

他给皇甫公义上了《上皇甫常伯启》，给李安期上了《上李常伯启》，给贺兰敏之上了《上武侍极启》《再上武侍极启》。

皇帝驾临九成宫，王勃上了《九成宫颂》和《上九成宫颂表》；平定高句丽，又上了《上拜南郊颂表》和《拜南郊颂》。

沉迷写作无法自拔的王勃很快得到多数官员的赞赏，尤其是刘祥道、皇甫公义。他二人先后担任检校沛王府长史，恰好沛王李贤又是个文学"发烧友"，刘祥道等人一推荐，王勃顺利转到李贤府上担任侍读，即高级伴读书童。

侍读的工作轻松惬意，陪沛王读书之余，飞鹰走狗、吟诗作对，日子别提多滋润了。

那时候，皇室热衷一种竞技类游戏——斗鸡，沛王和弟弟英王李显都是斗鸡界的殿堂级大神，麾下各有数只能征惯战的斗鸡。特别是英王精心训练的一只名为"黑将军"的斗鸡，堪称鸡界最强王者，斗遍天下无敌手。

沛王不服，经常咋咋呼呼找英王比试，可回回都是惨败而归。

这一次，沛王又花重金得到了一只战力很强的斗鸡，准备找英王一决雌雄。怀着娱乐和"恶搞"的心态，王勃写了一篇《檄英王鸡》，为沛王助兴。

他微笑着把文章递给沛王："殿下，此战无论胜败，咱气势上已经赢了！"

沛王见文，兴奋得手舞足蹈："子安，赶紧把文章发布出去，别忘了给英王留言，三日后我要与他决一死战！"

三

《檄英王鸡》发布后的第二天，也就是送别老杜后的那一日。

王勃正和王府的笔友在屋里埋头写作，忽听屋外脚步声此起彼伏，随即房门被粗鲁地推开，一名宦官带着几个侍卫鱼贯而入，一进门就指着众人大吵大嚷："哪个是王勃，赶快滚到咱家面前来！"

王勃长这么大，还是头一次见到这种阵仗，他匆忙站起身来回应："我就是王勃，请问您有何事找我？"

宦官冷眼上下打量着王勃，突然从牙缝里蹦出一句："老实交代，最近写什么乱七八糟的文章了吗？"

"没啊！"王勃有些意外和疑惑。

"没有？这篇题为《檄英王鸡》的文章可是你的手笔？"

"啊！原来您也关注我的文章啊。没错，是我替沛王殿下写的，殿下不是要和英王斗鸡嘛，写篇文章娱乐一下，哈哈。"

"你承认就好。王勃跪听圣谕！"

王勃一听，赶紧跪在地上。

宦官目光一凛，用尖锐的声调一字一句念道："王勃身为侍读，二王斗鸡不行劝解，反作檄文卖弄文采，夸大事态，情节极其恶劣，社会影响极坏，念其年纪尚轻，免去罪责，即日起逐出沛王府，不得逗留！"

宦官念完圣谕，又不屑地瞟了一眼面色苍白的王勃，大声喝道："收拾行李走人吧！你被开除了！"

被一脚踹出沛王府的王勃，搞不明白自己究竟犯了什么错。

其实，李治一直关注着王勃的日常动态，几乎就在《檄英王鸡》发布的当天，李治就拿到了这篇文章。

刚开始读，李治还觉得挺有趣味，当读到"两雄不堪并立，一啄何敢自安""于村于店，见异己者即攻；为鹳为鹅，与同类者争胜"时，李治感到心中一股无名火在燃烧，骂道"歪才！歪才！写的这叫什么玩意！"

后面的内容更加劲爆：

牝晨而索家者有诛，不复同于羲畜；雌伏而败类者必杀，定当割以牛刀。

也就是说，表现懦弱的就要格杀勿论，战败投降的更得斩尽杀绝。不要像对待其他家畜一样可怜它们，它们的存在只会成为家族的祸根。

李治勃然大怒，他本能地由斗鸡想到皇子之间的竞争，这可是皇室中高度敏感的政治话题。

当年父皇李世民和大伯李建成公开竞争，结果"玄武门之变"大伯和三叔被父皇亲手干掉；后来大哥李承乾和四哥李泰互相较劲，结果因争夺皇位，大哥意图谋反被废，四哥也被父皇发配离京，难道这样的悲剧还要发生在我儿子身上吗？

作为父亲，李治更愿意看到两个优秀的儿子推功让美，和睦相处。他认为王勃此文意在挑拨离间，还敢公然发布出来调侃，用心何其歹毒。

"总有刁民想害朕的儿子!"李治咆哮着对侍从说,"让王勃滚出沛王府,不准再接近沛王!"

不讲政治、不顾大局,这就是王勃的局限。

只可惜,他察觉不到,也理解不了。

四

几个月后,王勃的身影出现在前往川蜀大地的官道上——既然京城不让待了,干脆去四川赏美景、吃美食。

他翻过秦岭,走过汉中、剑阁,迈过崎岖的蜀道,用了三年的时间遍游汉州、剑州、绵州、益州、彭州、梓州。

来之前,王勃并不知道自己在蜀地这么受欢迎。无论他走到哪里,都有当地粉丝疯狂拥簇,还包吃包住包玩。一路上,他交了很多朋友,写了很多壮美的诗。

比如被宋人评价为"最有余味,真天才也"的《咏风》:

> 肃肃凉风生,加我林壑清。
> 驱烟寻涧户,卷雾出山楹。
> 去来固无迹,动息如有情。
> 日落山水静,为君起松声。

比如送别好友薛华的《别薛华》:

> 送送多穷路,遑遑独问津。
> 悲凉千里道,凄断百年身。

心事同漂泊，生涯共苦辛。

无论去与住，俱是梦中人。

再比如吃多了川蜀的美食，开始无比想念长安的美食、美景：

长江悲已滞，万里念将归。

况属高风晚，山山黄叶飞。

来蜀地之前，王勃长期混迹于宫廷之间，喜欢写"瑶轩金谷上春时，玉童仙女无见期""披风听鸟长河路，临津织女遥相妒"之类的诗句，始终摆脱不了六朝乃至初唐宫廷诗派靡丽空洞、缺乏真挚情感的诗风。

在蜀地的三年，王勃的诗风有了明显的转变。

当他真正亲近大自然，游览名山大川后，才意识到那些无病呻吟、精雕细琢的句子，根本不足以描述自然的壮美，抒发内心的浩叹。

他在诗中更多地融入强烈的时代气息和个人情感，更多地从自然变化、历史兴衰的角度思考人生存在的意义，让孤微的个体和雄壮的自然之间形成强烈碰撞，产生巨大的反差和冲击。

这才是王勃，一个用心写诗的王勃。

咸亨二年（671），二十一岁的王勃从蜀地返回长安。虽然沛王府进不去了，毕竟人脉关系还在，想谋个差事并不

困难。

当年的死党凌季友正任虢州司法，他给王勃写信："子安，你不是懂医学吗，虢州这地儿别的不敢说，就是药材种类多，怎么样，约不约？"

王勃读完马上回信："约，必须约！"

很快，他就在凌季友的举荐下担任了虢州参军。

在虢州没几天，王勃再一次用离奇的行为惊掉了众人的下巴。

官奴曹达犯了事，逃到王勃处躲避。王勃动了恻隐之心，就将他藏匿了起来。

没过几天，事情突然起了变化。

由于曹达所犯之事比较恶劣，官府到处张贴告示捉拿。王勃一看这阵势，万一东窗事发，自己窝藏罪犯，必然要受牵连。

怎么办？劝曹达自首？估计不行。

主动报官？那不是自投罗网吗？

大脑短路的王勃怕走漏风声，心一狠就把曹达弄到小黑屋里"做掉"了。

很快，王勃的罪行被平日嫉妒他才华的同僚们联名揭发。

既然证据确凿，那就没什么好说的了。虢州知府将王勃打入死牢，并上奏朝廷。鉴于窝藏罪犯、恶意杀人的行为过于恶劣，连他的父亲王福畤也受到牵连，从雍州司户参军贬为交趾县令。

王勃比较幸运，在砍头前正赶上朝廷大赦天下，尽管死罪得免，官职却被褫夺，而且父亲仍要继续留在交趾，与茫茫大海为伴。

<h1 align="center">五</h1>

一年后，朝廷下令恢复王勃的官职。

但王勃决定：你们都针对我，我不干了！

最初那段时间，王勃还是很愤慨的，他写了一篇《夏日诸公见寻访诗序》，在文中疯狂吐槽：

> 天地不仁，造化无力，授仆以幽忧孤愤之性，禀仆以耿介不平之气。顿忘山岳，坎坷于唐尧之朝，傲想烟霞，憔悴于圣明之代。情可知矣。

这个世界对我太不公平了，你们就是用什么绝世好药，也无法抚平我内心的创伤！

在家休养了半年，王勃决定南下交趾探望父亲，沿途游览美景，并创作诗文。

行至南昌地界，听说洪州都督阎伯玙正在滕王阁上大摆宴席，王勃心情不错，也去凑了个热闹。

美食、美酒、美女还有歌舞声乐，前来赴宴的本地文人个个情绪高涨，玩得不亦乐乎。

喝着喝着，阎都督感觉是时候了——他放下酒杯，号召大家为滕王阁作文。

想"套路"我们？谁不知道你心里怎么想的！

本地文人都很清楚，阎都督快退休了，他经常利用各种机

会让女婿出头，以便早点混出名气，好接替自己的位置。

"张公子，你来写一个呗？"

"不行不行，我今日喝得有点高，脑子都不灵了。"

"李才子，你在南昌府名声很响，怎么样，动动笔吧？"

"那什么，稍等一下啊，我还得酝酿酝酿。"

"哎，那边那位小哥，我看你有点眼生啊，路人吧？要不你来试试？"

"既然都督那么看得起我王某，我就不推辞了。"

"啥？我就随口一问，你还真写呀！"

阎都督一点都不慌，甚至有些想笑。

他等着看这个身形消瘦的年轻人写不出文章，当众出丑，然后再把女婿推出来，产生对比效果。

王勃饮尽杯中残酒，慢慢把毛笔蘸饱墨汁，开始创作《滕王阁序》：

豫章故郡，洪都新府。星分翼轸，地接衡庐。襟三江而带五湖，控蛮荆而引瓯越。物华天宝，龙光射牛斗之墟；人杰地灵，徐孺下陈蕃之塌。

写到这里，阎都督心里暗想：这小子水平也就马马虎虎吧，看我女婿等会儿怎么超过他！

但当王勃写到"落霞与孤鹜齐飞，秋水共长天一色"这句时，阎都督的笑容逐渐凝固了。当王勃写到"老当益壮，宁移白首之心；穷且益坚，不坠青云之志"时，阎都督看了女婿一眼，意思很明显：你行不？你行你就上。

女婿赶紧摇了摇头，意思更清楚：这是高手，我搞不定。

这一切，王勃都没注意，他写得太投入太忘我了。微醺之后，提笔之时，压抑已久的惆怅和愤懑之情再次喷涌而出，他开始回忆自己一再失败，一再碰壁，最后只能选择弃官归隐的人生：

勃，三尺微命，一介书生。无路请缨，等终军之弱冠；有怀投笔，慕宗悫之长风。

这时的王勃，早已不再是那个意气风发的长安少年。

《滕王阁序》不仅是一篇壮美华丽的文章，更是王勃剖析人生、体察世情的感悟，在经历过挫折与反思之后，王勃完成了灵魂的自我救赎。

好了，就写到这儿吧！

王勃端起酒杯，慨然说道："感谢今天阎都督和各位前辈给我这次抛砖引玉的机会，各位请洒潘江，各倾陆海。我干了，你们随意！"

喝完这杯酒，王勃将视线转向阁外，只见山岭旷野辽阔无边，河流湖泊浩浩荡荡，亭台楼榭错落有致，这世界多美啊！

人生如此，夫复何求！

六

离开南昌，王勃直奔交趾，与父亲团聚，父子俩度过了一段宝贵的相聚时光。

上元三年（676）八月，王勃自交趾踏上归途。由于正值盛夏，南海风急浪高，王勃渡海时不幸溺水，惊悸而死，年仅二十六岁。

不久，远在长安的皇帝又一次默默翻开了王勃的文章，读起了这篇流传千古的《滕王阁序》。

"王勃不愧天才之名，估计毛病也改得差不多了，让他回长安吧，朕要重用他。"

"陛下，王勃在南海溺水，已经死掉了。"身边的宦官很尴尬地答了一句。

"哦，朕知道了，下去吧……"李治此刻的内心感受我们无从得知，就像当年没人知道王勃被踢出沛王府时的感受一样。

顺便说一句，只活了二十六年的王勃，可不仅仅忙着写文章、搞创作，他还抽时间整理了祖父王通的著述，并完成了以下大部头的研究论著：

《舟中纂序》五卷、《周易发挥》五卷、《次论语》十卷、《汉书指瑕》十卷、《大唐千岁历》若干卷、《黄帝八十一难经注》若干卷、《合论》十卷、《玄经传》若干卷、《文集》三十卷。

对王勃这种级别的天才，我们只能怀着无比钦佩而又感慨的心情，隔空留下一个大写的"服"！

　　大唐诗歌从黎明到红日东升，王勃是那一抹最绚丽的曙光。有王勃在，初唐的星空就不会暗淡。

　　而且，这片天空还有另外三颗星，一样光辉耀眼。

杨炯：越失意，越血性

一

明星的关注度总是来得猛烈，降得也快。

王勃在世时，在大唐诗歌排行榜上短暂地呈现压倒性态势，特别是那首《送杜少府之任蜀州》，初唐时一度雄踞榜首，死死压制以上官仪为首的宫廷诗派。

王勃去世后，他的关注度瞬间降了下来，作品阅读量降至冰点，宫廷诗派趁机大造声势，疯狂为上官仪的作品摇旗呐喊，宫廷派再现一统诗坛的势头。

某日，梓州司法局中，杨参军闲来无事翻看最近的新诗。他赫然发现，最受喜爱的几首居然全是上官仪的作品，《入朝洛堤步月》《从驾间山咏马》《咏画障》《奉和山夜临秋》《早春桂林殿应诏》……

杨参军读过上官仪很多作品，他不得不承认这位宫廷派领军人物文采过人，水平很高，比如成名作《入朝洛堤步月》：

脉脉广川流，驱马历长洲。

鹊飞山月曙，蝉噪野风秋。

意向好，路子正，格调优雅，登榜无可非议。可杨参军和王勃一样，对这种雕琢纤巧、靡丽空洞而缺少刚健之气、忽视诗歌本质的"上官体"极为鄙视，他向往的格局是星辰大海，推崇感情真挚、气势饱满、清新刚健的诗风。

"上官体"早就没资格引领流行趋势了！必须让你们看看什么才叫真正的潮流！

自信的杨参军把近期创作的一首诗作发布了出来，然后静静等待作品横扫诗坛，狠狠扫一扫"上官体"的威风。

这首作品笔力雄健，用词猛烈，情感激昂，生动描述了边塞将士从军杀敌的豪情壮志，开启了盛唐边塞诗的先河。

杨参军还特意给作品取了个简单明了的名字：《从军行》。

烽火照西京，心中自不平。
牙璋辞凤阙，铁骑绕龙城。
雪暗凋旗画，风多杂鼓声。
宁为百夫长，胜作一书生。

这位参军，名叫杨炯，是一位和王勃同年出生且实力相当的神童。

在钻研学术这块，杨炯比不上王勃，他五岁才背熟《孝经》，七岁才记熟《论语》，更不如王勃那样出过许多著作，不过这并不关乎智商，而是杨炯的家庭背景所致。

杨炯的出身和王勃一样显赫。不同之处在于，太原王氏几代人都是搞学术的，弘农杨氏却一直是混政界的。且不说汉朝杨震、杨彪、杨修那些先祖，往上数三代，杨炯的祖父担任过高级将领，伯父历任泽、齐、汴、相四州刺史，叔父曾任御史中丞。延续弘农杨氏仕途之路的重任，如今落在了杨炯肩上。

唐高宗显庆四年（659），九岁的杨炯参加童子举考试，一举及第。两年后，杨炯直接被选进弘文馆待制，正式成为朝廷培养的后备干部。

弘文馆的职能类似于国家图书馆，负责收藏和修复整理书籍，杨炯可以每天泡在弘文馆读书学习，还能按月领到一笔可观的工资。

这一年，杨炯才十一岁，同岁的王勃正在赶往拜师学医的路上。两大神童的出发点不同，目标却很一致——

王勃：多学点技能，日后没准有用。

杨炯：多熬熬资历，日后好奔前程。

无论怎么选择，都是为了从政。

二

在弘文馆一直待一直待，杨炯逐渐意识到一个问题：我可能做了个假官！

因为他待在弘文馆可不是一年半载，也不是三年五载，而是足足待了十六年！

书是看不完的，人是会成长的，自我感觉本领学够了，皇帝咋还不选调我呢？

郁闷至极的杨炯在多年如一日的狭窄空间里待久了，便产生了两张面孔：一面是热血激进的"暴躁老哥"，一面是沉静如水的"忧郁美男"。

在暴躁的那一面，他发过牢骚，喝过大酒，还差点在街头聚众斗殴；

在忧郁的那一面，他接连创作《青苔赋》《幽兰赋》，以青苔和幽兰穷而不沉、含而不露的品格气质提醒自己：千万不要急躁，面包会有的，机遇会有的，一切都会有的，世界很美好，多得需多劳。

杨炯在这种纠结和挣扎中隐忍了很久，终于在上元三年（676）被遴选为秘书省校书郎。

校书郎就是个负责编辑校正书籍的闲职，大唐很多刚出道的才子都干过。问题在于，他们是刚出道，杨炯都出道十七年了，一直稳居"十八线"，如今都快"奔三"了，还要和后辈们同在一片屋檐下，心里必然超级不爽。

迷茫又暴躁的杨炯写了篇《浑天赋》，在文中疯狂发问：

日何为兮右转？天何为兮左旋？盘古何神兮立天地？巨灵何圣兮造山川？蟭何细兮？师旷清耳而不闻，离娄拭目而无见。鹏何壮兮？……钟何鸣兮应霜气？剑何伏兮动星躔？列子何方兮御风而有待？师门何术兮验火而登仙？

这些连科学家都不见得能完全解释清楚的问题，杨炯自然搞不明白。

我无为而人自化，吾不知其所以然而然。

但暴躁之后，杨炯总会归于平静，这就是他的风度。

尽管时常深感郁闷，杨炯却能稳住心态不较真。他在这个无足轻重的岗位上又待了六七年，踏实工作、默默奉献。

如果换成王勃，才不愿意去校对书籍呢！老子有才，随便写篇文章就能换个工作！

永隆二年（681），杨炯迎来了短暂的辉煌。

在中书侍郎薛元超的举荐下，杨炯升任崇文馆学士；第二年又被提拔为太子李显的詹事司直，掌太子东宫庶务，还兼任弘文馆学士。

九品升为七品，校书郎升为"国家图书馆馆长"，还直接负责东宫侍从和兵卒管理，前途瞬间一片光明。

太子府的管家就是下一朝的股肱之臣啊！一直默默无闻的杨炯突然间多了许多叫不出名的朋友。应酬之余，求文者更是络绎不绝，什么神道碑、墓志铭，什么行状、求荐信、祭文，都来找杨炯。

杨炯现存文章共四十六篇，其中二十七篇都是此时所写，足见其受欢迎程度。

飞黄腾达之际，杨炯想起了王勃。多年来，他对王勃的态度就像他的两张面孔那样，时而不服，时而赞赏。

由于"初唐四杰"同处一个时代，圈子里公认的排行是"王、杨、卢、骆"。杨炯却一直不认可这个排行。毕竟排行这种事，倒数第一和倒数第二的关系很尴尬，第一和第二的关系也很尴尬。

在一定程度上，杨炯并不认为王勃的水平比他高。

你那句"海内存知己，天涯若比邻"和曹植那句"丈夫志四海，万里犹比邻"咋有点像呢？

还有那句"落霞与孤鹜齐飞，秋水共长天一色"和南朝诗人庾信的"落花与芝盖齐飞，杨柳共春旗一色"怎么看着更像呢？十四个字重复了七个，你查重咋过的啊？

况且你的文风还稍稍带有南朝艳丽的痕迹，哪比得上我的"宁为百夫长，胜作一书生"高端大气呢？你随便翻书，能找到和我这句相似的就算我输！

于是，杨炯心一狠，公开说道："吾愧在卢前，耻居王后！"

有趣的是，不服气的杨炯却又和王勃关系很好，王勃因为英王斗鸡写文章被逐出长安，杨炯入蜀去探望过他；王勃离职返乡时，杨炯又登门拜访过；王勃死后，热度大减，连文集都没人愿意作序。"太不像话了！我必须让你们见识一下王子安有多优秀！"于是，杨炯亲自为王勃的文集作序：

君之生也，含章是托。神何由降，星辰奇伟之精；明何由出，家国贤才之运。

写到这里，杨炯觉得不太生动，继续又写道：

时师百年之学，旬日兼之；昔人千载之机，立谈可见。居难则易，在塞咸通。于术无所滞，于词无所假。

这样的天才，你们不崇拜吗？这样好的文章，你们不学习吗？

写着写着，杨炯又追忆起那些年和王勃一起吹过的牛，一起拼过的诗文，还有王勃在《山亭兴序》中对自己的赞许：

> 有宏农公（杨炯）者，日下无双，风流第一。仁崖智宇，照临明日月之辉；广度冲襟，磊落压乾坤之气。王夷甫之瑶林琼树，直出风尘；嵇叔夜之龙章凤姿，混同人野。雄谈逸辩，吐满腹之精神；达学奇才，抱填胸之文籍。

苦酒入喉，杨炯长叹一声："子安，你走得太早了……"

三

不久，杨炯将会深刻地理解人生大起大落的刺激。

弘道元年（683），李治驾崩，武后开始逐步攫取政权，引起许多忠于李唐的官员的强烈不满。

牝鸡司晨，国之大凶，干脆起义吧！

其中，当数徐敬业在扬州闹得最凶，他纠集了一大帮人跟着造反。这本来和杨炯毫无关系，估计是骆宾王那篇《讨武曌檄》写得太过激情澎湃，杨炯的族弟杨神让肾上腺素一飙升，就跟着徐敬业的队伍造了反。

后来这事被捅了出来，武天后很生气，后果很严重。

那个杨神让的兄弟，让他给我滚出长安！

正在詹事府干得风生水起的杨炯突然就被撤了职，和王勃走上了同一条道路——到四川游历。

杨炯比王勃情况稍微好些，王勃是无业游民，杨炯最起码还保留了个梓州司法参军的闲职。

在梓州的这段日子，是杨炯一生中最压抑黑暗的日子，他时而暴躁，时而阴郁，写了很多伤感的诗句，比如："美人今何在，灵芝徒自芳。""望极关山远，秋深烟雾多。""别后风清夜，思君蜀路难。"

这段日子，也是杨炯诗歌创作的黄金时期。他是个天才，体现在作诗上：就是没去过边塞，也能描绘出边塞壮美的景色；没上过战场，也能刻画出边关将士奋勇征战的气魄。

比如《战城南》：

> 塞北途辽远，城南战苦辛。
> 幡旗如鸟翼，甲胄似鱼鳞。
> 冻水寒伤马，悲风愁杀人。
> 寸心明白日，千里暗黄尘。

比如《紫骝马》：

> 侠客重周游，金鞭控紫骝。
> 蛇弓白羽箭，鹤辔赤茸鞦。
> 发迹来南海，长鸣向北州。
> 匈奴今未灭，画地取封侯。

一般人，显然做不到。

四年后，造反的风波早已平息，满朝皆是对武则天的歌功颂德。杨炯此时返回京城，被安排了个教习宫人书算之类的工作。

武则天一朝有个很鲜明的特点：搞文学的，不夸夸英明神武的则天大帝，你就别想有太大的作为。

宋之问、杜审言、东方虬等文坛名家，都铆着劲儿为武则天大唱赞歌。杨炯虽然心里不爽，也只能给武则天写了《老人星赋》《盂兰盆赋》。

在《盂兰盆赋》中，杨炯说女皇大人是"圣神皇帝"，登基是"周命维新"，必然会成为后世帝王的楷模。

这一顿猛夸还是很有效果的，武则天看后，很赞同地评价道："小杨这个人，虽说底子不太干净，最起码审美没走偏，给他个县令做做吧！"

于是，如意元年（692），杨炯外放为盈川县令。

想干事、能干事的杨炯在盈川同样还是两张面孔：对贪官恶吏、盗贼枭獍是暴躁果决的——他刚到盈川就重拳除恶，整顿治安，整肃吏治，估计在执法过程中过于苛刻，惩处力度应该很大，因此得罪了很多人；对当地百姓，杨炯是沉稳内敛的——不爱说话，甚至有些自闭，但干起工作来绝对靠谱。

为了开发衢江对岸的荒滩荒地，杨县令在江边修建渡口，号召百姓去对岸种桑养蚕；

为了畅通农副产品销售渠道，杨县令多次带队奔赴杭州考察调研，帮本地农户打开销路，增加利润；

为了改变盈川的荒山地貌，杨县令托人从家乡华阴带来数株五针松，并亲自率领政府班子上山植树，激发百姓们改造荒山的热情；

为了增强农田抵抗旱情的能力，杨县令又亲自参与农田水利的设计规划，组织百姓挖塘建坝，还带头捐款重修九龙塘，连多年来为他人撰写碑文所得的稿费都捐了出来，只为确保工程按期完工。

这样兢兢业业的好县令到哪里去找？

四

很可惜，杨炯只在盈川干了一年，就在任上逝世了。

杨炯的死，还有一个很动人的传说。

当时盈川久旱不雨，心系百姓的杨县令忧心如焚，他带领百姓组织了一次盛大庄严的祈雨仪式。

摆好香案和祈雨供品，杨炯点上高香，仰望苍天，然后双膝跪地，祈望用内心的虔诚换得天降甘霖。

然而，等了几个时辰，天空却连一片云彩都没飘来，杨县长跪在地上久久不愿起身。

这时，他的下属过来劝他："大人，您快快起来吧，没准今天风雨雷电四位神仙都不在家，我们改日再祈吧！"

杨炯却红着眼高喊一声："我无力救百姓于水火，枉做一方父母官！"

说罢，杨炯纵身跳下盈川潭中，以身殉职。顷刻间，电闪雷鸣，暴雨如注……

盈川百姓感念杨县长的恩泽，为他建起一座高大的祠堂，祭拜至今。从那时起，每年农历六月初一，"杨炯出巡"的祭

祀仪式都会准时在盈川民间举行，代代延续。

2007年，"杨炯出巡"祭祀仪式成为浙江第二批非物质文化遗产。

至于祈雨殉职的可信度有多高？史书并没有给出准确的答案，甚至连杨炯是怎么死的，正史都没留下只言片语。

杨炯究竟是"酷吏"还是"能吏"？想必在那时盈川百姓的心中，早已不言自明，他树立起一座不朽的丰碑！

王勃和杨炯，有太多相似的地方。

比如同年出生，同为名门之后，同为超级神童，都曾被逐出长安去往四川，都是一样的恃才傲物。

王勃曾写过一篇文章，吹牛说曹植、陆机这样的才子在他眼里不过车载斗量，南朝大才子谢灵运到他面前也得双膝跪地、用手肘爬行。

杨炯也曾当着同僚的面，给他鄙视的一些人起外号，叫人家"麒麟楦"。

旁人不解："什么叫麒麟楦？"

杨炯笑道："戏里的麒麟没见过吗？说起来是麒麟，其实是头驴子，刻画修饰后上去演麒麟。脱了'马甲'，还是一头驴子。"

杨炯的嘲讽很深刻，那些没有德行学识的官员，成天披着朝服扬扬得意、尸位素餐，这和驴身覆盖麒麟皮，又有什么区别呢？

五

其实，无论是"王杨"，还是"杨王"，丝毫不影响这两位志同道合的好友携手并肩，与浮艳纤弱的宫廷诗派进行激烈斗争。

相较于王勃，杨炯的革命意志更加彻底，语言更加质朴真切，情感更加真挚深厚。

如果说王勃以"海内存知己，天涯若比邻"化为开启盛唐大门的一把钥匙，那么杨炯的"宁为百夫长，胜作一书生"就是大门开启时那一声高亢的呐喊，即将唤醒整个大唐。

我们应该记住，在初唐的诗坛有这么一个人曾留下过一声响遏行云的怒吼。

那一年，大唐边境动乱。

那一年，宫廷诗仍然百足不僵。

那一年，朝廷派出一支劲旅远征突厥。

那一年，这个人仿佛看到风雪使军旗上的色彩暗淡，听到狂风中夹杂着十万火急的鼓声，他沉醉在想象中，仿佛自己正身骑紫骝马，腰悬宝雕弓，一路高唱长歌，从军出征。

那时，他渴望建功立业，用慷慨激昂的语调大吼：宁为百夫长，胜作一书生！

这一声，打响了大唐边塞诗的第一枪。

这一声，震碎了宫廷之内的靡靡之音。

这一声，留下了豪迈激昂的千古绝唱。

原来一生的不如意，并没有让他失去血性。

他，就是杨炯！

卢照邻：对不起，我病了

当卢照邻看到杨炯公然在圈内发表的那句"吾愧在卢前，耻在王后"时，他的心情是烦躁的：杨炯，你小子做事太莽撞了，你和王勃竞争别把我扯进来呀！

于是，卢照邻极不情愿地跟上评论，表明自己的立场：我喜居王后，耻在骆前。

你们都是大哥，我就当个弟弟呗。

言论一经发布，大批读者纷纷留言："谦逊是文人最宝贵的品质。老卢，我们挺你！"

然而，还有一些人对此表示不解："老卢，按年龄算，王勃和杨炯都得喊你一声老哥，前辈后辈暂且不提，你的诗文论质量，论数量，论格调，哪点比不上王、杨？你为何不愿出头呢？"

"哎哎哎，老卢这叫谦虚，你们懂不懂？"

"谦虚？我看就是怕了！"

……

读者们意见不一，相互贬损，卢照邻很无奈，只好继续解释：对不起，我病了！

> 岁将暮兮欢不再，时已晚兮忧来多。
> 东郊绝兮麒麟笔，西山秘兮凤凰柯。
> 死去死去今如此，生兮生兮奈汝何。

各位，我都已经在生与死的边缘痛苦挣扎了，还会那么在意排名吗？

老卢病了？什么病？治不治得好？还能活多久？这一连串的问题引发读者强烈关注，准备深入跟进。

作为当事人，卢照邻却苦笑一声，悄悄消失在茫茫人海之中。

读者的眼睛是雪亮的，不生病的卢照邻，确实丝毫不比王、杨两大才子弱，甚至更胜一筹。

他的家族范阳卢氏在燕赵一带名号很响，吃得很开，相较太原王氏、弘农杨氏完全不虚。

出身"燕地高门"，卢照邻从小就因博闻强记备受赞誉。十岁那年，他背上小书包、带好日用品，从故乡千里迢迢奔赴扬州求学，拜著名学者曹宪为师，研究《三苍》和《尔雅》。

曹宪在训诂学研究领域造诣很深，是国内顶尖的理论专家。李世民在位那阵，想征他为弘文馆学士，他因年纪大了，不愿离开扬州，李世民只好给他封了个"散朝大夫"的荣誉称号。

但凡读书有难认的字，李世民就写信求教曹宪。曹宪功底深厚，分分钟讲解得明明白白，让李世民大为赞叹。

曹宪很庆幸能在人生末年收了卢照邻这么个神童弟子，经常给他开小灶、敲黑板、划重点，使卢照邻进步神速。

学艺数年，曹宪将本领倾囊相授，卢照邻背好书包，辞别恩师，又拜了王义方大师学习经史。

再得名师传授技能，卢照邻的知识储备早已让同龄的一大批青少年望尘莫及。

多年以后，卢照邻回忆起幼年这段求学经历，仍然不吝言语于自己举世无双的才华：

既而屠龙适就，刻鹄初成，下笔则烟飞云动，落纸则鸾回凤惊。通李膺而窃价，造张华而假名。郭林宗闻而心服，王夷甫见而神倾。

这段话出现了四个人物：李膺，东汉末年文坛领袖；张华，西晋著名政治家；郭林宗，东汉著名学者，太学领袖；王夷甫，西晋玄学领袖。

从卢照邻的文章中可以看出，这些牛人在学艺初成的他眼中，都是不值一提的。

二

随着名号愈发响亮，卢照邻是时候踏入仕途，博取功名了。

唐高宗永徽五年（654），卢照邻科举及第，被分配到邓王李元裕府中担任典签。

作为李治的亲叔叔，李元裕不是个玩物丧志的闲散王爷，他性情儒雅，酷爱文学，还比较善谈。

刚进邓王府没几天，卢照邻就充分表现出强大的核心竞争力，批阅文件神速，撰写文书飞快，且文笔优美，内容充实。和他相比，邓王府原本的秘书班子简直可以引退辞职了。

李元裕欣赏卢照邻的才华，大力提拔他，还整天带他出席各种酒局和文艺座谈会，逢人便来一波凶猛的夸耀："这可是我的司马相如啊！怎么样？你府上没有吧？羡慕吧？"

这段时间，是卢照邻一生最荣耀的时候，他不仅遇到了欣赏自己的好领导，还始终和领导保持着珍贵的友谊。

此后数年间，李元裕的工作一直在变动，从寿州到襄州，再到兖州，但他从不忘带上卢照邻。

可惜，在兖州，卢照邻终于要含泪跟李元裕挥别了。

并不是业务水平下滑被辞退，也不是得罪了领导被穿小鞋，而是朝廷规定：为防范亲王和府内官吏合谋生事，避免官吏诱导亲王胡作非为，亲王府内大小官吏，两年一考核，任期不能超过"四考"。

四考就是八年。

也就是说，即便你工作业绩再出色，都不能连选连任，最多八年，时间到了必须离任。

卢照邻四考期满，只得含泪拜别李元裕，重新投入"人才市场"。

龙朔三年（663），卢照邻被调往益州长史乔师望手下任

事，顺利实现"再就业"。

在李治和武氏二圣并立的年头，朝廷正疯狂对外用兵，击突厥、平百济、征高句丽，忙得不亦乐乎——

文臣鼠窜，猛士鹰扬。故吾甘栖栖以赴蜀，分默默以从梁。

去益州，卢照邻是不情愿的。在区区长史手下，能发挥出多大能量？

不想去又不能不去的卢照邻，在双脚刚刚踏上川蜀大地的那一刻，想法却有了一百八十度的转弯。

天哪！这地方也太美了吧？

蜀地有美景。卢照邻上了巫山，又先后游览文翁讲堂、相如琴台、石镜寺……

蜀地有美酒。卢大才子经常出现在达官显贵们的酒局中，喝着小酒吟着诗。

蜀地有美女。卢照邻平时在饮酒赏景的同时也欣赏美人，比如这首《益州城西张超亭观妓》：

落日明歌席，行云逐舞人。

江前飞暮雨，梁上下轻尘。

冶服看疑画，妆台望似春。

高车勿遽返，长袖欲相亲。

犹如江南暮雨一般温柔的女子，宛若梁上落尘一般飘然。糟糕，是心动的感觉！

晚春时节，他喜欢漫步田园，欣赏自然原生态：

> 顾步三春晚，田园四望通。
> 游丝横惹树，戏蝶乱依丛。
> 竹懒偏宜水，花狂不待风。
> 唯余诗酒意，当了一生中。

每年正月十五，他也会准时去锦里观赏夜灯：

> 锦里开芳宴，兰缸艳早年。
> 缛彩遥分地，繁光远缀天。
> 接汉疑星落，依楼似月悬。
> 别有千金笑，来映九枝前。

他还经常写信告诉远在长安的朋友：我在四川赏着美景，喝着美酒。我很好，诸位勿念！

三

飘飘欲仙的卢照邻此时还不知道，长安某位大人物正拿着他的成名作《长安古意》认真阅读。

这是一首很长很长的诗，记录着卢照邻初次进京后漫步长安古道的所思所感。

这位大人物很喜欢文学，无奈水平有限，不太会搞原创。他想从卢照邻这首长诗中寻找素材，积累写作的灵感。

龙衔宝盖承朝日，凤吐流苏带晚霞。

百尺游丝争绕树，一群娇鸟共啼花。

写得多好啊！这位大人物一边读，一边拿小本子做着笔记。

可这种赞赏的心情很快就被接下来的几句诗完全冲淡：

梁家画阁中天起，汉帝金茎云外直。

楼前相望不相知，陌上相逢讵相识。

他开始紧皱眉头，内心打起了小算盘：

梁家？我受封梁王，嗯，是想影射我！云外直，还金茎，是抨击我家外戚专权！

虽然你写的是汉朝往事，可你话里话外明显就是含沙射影，恶意讽刺我！

对此类文章一向敏感的大人物恨恨地骂了一句："敢戳我脊梁骨，胆大包天！"

很快，卢照邻就在成都被打入大牢。原来，他的这首《长安古意》得罪的大人物正是武则天的侄儿，梁王武三思。

这就叫：人在家中坐，祸从天上来。

自始至终，卢照邻都很茫然，却也百口莫辩。但卢照邻很幸运，他和奉命巡视益州的"锦节衔天使"李荣关系较好，经过李荣的斡旋，卢照邻很快就被放了出来。

卢照邻出狱后，先去江南游玩了一圈，并于乾封元年（666）再次入蜀，担任益州新都尉，比邓王府典签足足低了好几品。

四

越干越退步的卢照邻工作热情已接近冰点，直到总章二年（669）五月，在办公室坐得浑身难受的卢照邻收到消息：大才子王勃因《檄英王鸡》被贬出京城，不日即到梓州。

卢照邻很兴奋，总算有个能一起玩耍的朋友了。他飞速写了一张假条，马不停蹄赶到梓州与王勃会合，然后开始第一轮同游。

重阳节那天，卢照邻约上王勃一同登玄武山赋诗，两人各写下一首《九月九日登玄武山旅眺》。卢照邻的那首吟道：

九月九日眺山川，归心归望积风烟。
他乡共酌金花酒，万里同悲鸿雁天。

万里鸿雁征程尽，不知何处是吾乡。

王勃笑道："老卢，你想家了？"

卢照邻拍了拍王勃的肩膀："子安，你才刚到梓州，就已厌倦南中之苦，岂不是比我更想回去？"

王勃哈哈一乐："干脆你这新都尉辞了算了，你我二人就在四川玩个够。"

卢照邻眼中闪着泪光，愤然回了一句："老子早就不想干了，回去就辞职！"

辞职信递上去之后，卢照邻和王勃开始第二轮同游。两人在四川各地玩了一年有余，并于咸亨二年（671）十月携手返回长安。

卢照邻走了，他的故事却留了下来。

两年后，一名年轻女子找到当时正在益州公干的骆宾王，希望他能为自己做主。

骆宾王很纳闷："有冤情去找官府，找我有啥用呢？"

这女子哭哭啼啼地回答："找官府没用，就得找你才行。"

骆宾王只好接招："那你有何事，只管说来。"

女子答："我拜托你帮我找个人，你的朋友。"

"谁？"

"卢照邻。"

"你找他何事？"

"我是他的初恋女友。"

"分手了吗？"

"没有，他离开后就再也不联系我了。"

原来，那年被投入大牢内心受到暴击的卢照邻，刚出狱就结识了这名芳华正盛、妩媚动人的郭姓女子。

爱情是心理疗伤的圣药，这段缠绵悱恻的爱情温暖了卢照邻的心灵，他还曾写下"得成比目何辞死，愿作鸳鸯不羡仙"这样的佳句。

问题在于，卢照邻既没给女友名分，甚至连恋爱也没公开，等于开展了一段地下恋情。更可气的是，卢照邻离开时居然没带女友，摆明了是想逃避责任。

"老卢这小子，生活作风不检点，我要批评他！"骆宾王耐心宽慰着女子，"既然这小子抛弃了你，你还等他干吗？"

"不想等也得等啊！他离开时，我已有了身孕，孩子都生下来了。"

"孩子呢？"

"夭折了……我以为他会回来的。"说到这里，女子再也止不住眼中的泪水。

"老卢怎能这样！我要讨伐他！"骆宾王天生一副侠义心肠，专好打抱不平，他为这受伤的女人写下一首《艳情代郭氏答卢照邻》。

在这首比《长安古意》还长的诗中，骆宾王严厉地谴责了卢照邻："悲鸣五里无人问，肠断三声谁为续""谁分迢迢经两岁，谁能脉脉待三秋""情知唾井终无理，情知覆水也难收"……

很快，卢照邻就看到了这首诗，他怀着自责和痛苦的心情，给骆宾王回了条消息：骆哥，实在对不起，我病了！郭氏的这份情债，我怕是还不上了！

五

卢照邻没骗人，他真的病了，而且病得很严重。

不知是何缘故，卢照邻和王勃同归长安后竟同时患上风疾，类似类风湿性关节炎。王勃十几岁就精通医理，很快药到病除，卢照邻却始终难以痊愈。

最初一段时间，卢照邻得到药王孙思邈的调治，病情还勉强控制住。在孙思邈从驾九成宫离开后，卢照邻的病情突然如洪水般凶猛袭来。没过多久，他的半个身子就几乎瘫痪了（足挛，一手又废）。

上元元年（674），孙思邈从长安返回太白山，求生欲很

强的卢照邻，也弃官随孙思邈移居太白山。

这应是卢照邻一生最惨烈的时候。

他在《与洛阳名流朝士乞药直书》中悲哀地写道：贫穷是多么可怕的字眼，治病又花光了所有的积蓄，直到无钱买上等草药，只能靠劣药敷身，结果越治越坏。原来家里还有仆从百人，只七八年便荡然无存。为了治病，不得不厚着脸皮向长安名流乞钱买药。

疾病何等强烈地扩大了一个人的恐惧阴影。对生的渴求，对死的恐惧，让卢照邻活出了连自己都不敢相信的卑微。

不久，卢照邻病情加重。

所有的医师看罢病情，基本都是无奈摇头。

身心极度痛苦的卢照邻搬出太白山，移住东龙门山。此时的他已病入膏肓，形如朽木。

他用剩余不多的钱财移居具茨山，又在颍水旁修舍筑墓。那时的他感到最多的，只有痛苦和悲哀。

每当深夜，卢照邻就会望千里明月，看昼夜轮回。他会不断回忆往日的快乐时光，那样的时光，哪怕再有一天，哪怕只有一瞬！

活下去，是多么可贵的字眼啊！

卢照邻一口气写下《悲才难》《悲穷道》《悲昔游》《悲今日》《悲人生》，合称《五悲文》。

骸骨半死，血气中绝，四支萎堕，五官欹缺……毛落须秃，无叔子之明眉；唇亡齿寒，有张仪之羞舌。仰而视睛，瞖其若簪；俯而动身，赢而欲折。

疾病是加在悲惨人生上的赋税，谁靠药物活着，谁就活得可怜。在完成类似个人自传的《释疾文》后，卢照邻与亲友一一道别，自沉颍水而死。

多年后，明朝学者张燮读到卢照邻的《五悲文》时，心惊胆战地感叹：古往今来那么多贫困潦倒的文人，从来没见过比卢照邻更悲惨的。做不了官也就算了，又得了如此凶猛的不治之症，以致生不如死、投河自尽。这是从古至今那些最痛苦的人也不愿意选择的死法啊！

所以，当卢照邻被疾病夺去尊严、地位、前途乃至人生的一切，最终又被疾病折磨得半人半鬼时说出一句：对不起，我病了！这其中该包含着多少悲哀和苦楚啊。

也许，你能从他身上深刻地明白一个道理：

无病之身，不知其乐也。病生，始知无病之乐。

骆宾王：江湖豪侠英雄志

一

江湖远吗？

不远！人就在江湖，江湖怎么会远？

唐中宗景龙三年（709），著名诗人宋之问远赴越州任职，途中路过灵隐寺，就顺道去游览一番。

宋先生玩了一天，仍然意犹未尽，深夜还在寺中漫步。

明月皎洁，清风拂面，这氛围也太适合作诗了。

> 鹫岭郁岧峣，龙宫锁寂寥。

呃……

首联脱口而出，宋先生突然没了灵感，下一联怎么都续不上来。

这就有点尴尬了。

得不到的永远在骚动，宋先生那颗骚动的心始终难以平静。他在庭院里不停地踱步，无意间惊动了一位正在燃灯坐禅的老僧。

老僧见他急得抓耳挠腮、长吁短叹，不禁笑道："天色已晚，施主不早些安歇，何苦在此沉吟？"

宋先生惭愧地回答："好不容易有灵感想搞搞创作，怎奈'鹫岭郁岧峣，龙宫锁寂寥'之后，下一联却断了思路，怎不令人遗憾！"

"下一联不如续为'楼观沧海日，门对浙江潮'，施主以为如何？"老僧捻动着手上的佛珠，神色悠然。

妙啊！同是天涯沦落人，原来你才是大神！

得此一联，宋之问思路大开，分分钟完成一首《灵隐寺》。

鹫岭郁岧峣，龙宫锁寂寥。

楼观沧海日，门对浙江潮。

桂子月中落，天香云外飘。

扪萝登塔远，刳木取泉遥。

霜薄花更发，冰轻叶未凋。

夙龄尚遐异，搜对涤烦嚣。

待入天台路，看余度石桥。

宋先生很满意，回到客房美美睡了一觉。

次日清晨，宋先生想找老僧聊一聊创作心得，却发现老僧的禅房已是人去屋空。据寺人说，老僧天不亮就离开寺庙，外出云游了。

宋先生隐隐觉得，老僧出口成章却出家为僧，肯定是有故

事的人。

老僧究竟姓甚名谁？为什么又突然外出云游？是躲避仇家追杀，还是出家避难？

为了弄清这一连串的疑惑，宋先生开始在寺中展开调查。

结果很出人意料：事关老僧的话题，寺内僧人始终闭口不谈，或是只说"不太清楚"。

越得不到真相就越想探究真相，宋先生调整了思路，成年僧人嘴太严，小沙弥们没准会上钩。

他找了个经常给寺院住持奉茶的小沙弥，先是拐弯抹角，从打听人家几岁出家，一直问到寺中各种各样的趣事，慢慢向关于老僧的话题上引。

"小师父可知道今早外出云游的那位老僧？"

"不太了解，只听师兄们说，这老僧来寺中已有二十多年了。"

宋先生眼波狡黠一闪："那你没听师兄们说过老僧因何出家吗？"

小沙弥不知轻重，说着说着嘴就把不住门了。

"我告诉你，你可别乱传。有一次我听师兄说，师兄又听当年奉茶的师兄说，二十多年前他来寺中，据说是别的寺庙待不住了，有官府盘查，还说曾牵涉到一件前朝影响极大的谋反事件。"

"哦？那你知道这老僧姓甚名谁吗？"宋先生不免有些兴奋。

"这个我不确定，只听说他出家前原本是姓，呃……姓什么来着，一个蛮少见的姓。"

"你别着急，再好好想想。"宋先生两眼放着光，也许前朝的一个历史疑案即将真相大白。

小沙弥努力在记忆中寻找，突然，他眼睛一亮："我想到了，他姓骆！"

"骆……难道是骆宾王？肯定是他！"与小沙弥分开后，宋先生边走边自言自语，"难怪他突然云游，想必看出我乃朝中之人，既开了口，自然会引起我的关注。"

宋先生又想到昨晚那句"楼观沧海日，门对浙江潮"，原来自己全力做到的最好，可能还不如人家随便搞搞。

唉！前朝英才，可惜了！

这老僧，正是七岁写出《咏鹅》，名列"初唐四杰"，多年前发布《讨武曌檄》，跟随徐敬业起义失败下落不明的骆宾王！

他手中无剑，却是那个年代最热血的江湖豪侠。

二

作为"四杰"中年龄最长、诗作最多的"老大哥"，骆宾王同样属于天才型选手，而且五言七言都很擅长。别的不说，单凭七岁的一首原创诗作《咏鹅》，足以胜过多数同龄儿童：

鹅，鹅，鹅，曲项向天歌。
白毛浮绿水，红掌拨清波。

由于这首《咏鹅》在后世流传太广，以至于现在人们一提到"初唐四杰",最先想到的一定是骆宾王;一提到"四杰"写过什么作品,最先脱口而出的一定不是王勃的《送杜少府之任蜀州》、杨炯的《从军行》、卢照邻的《长安古意》,而是骆宾王的《咏鹅》。

有趣的是,在后世名气最大的骆宾王,"四杰"中却排名末位,公认的倒数第一。

关于排名问题,杨炯曾发表公开言论:"吾愧在卢前,耻居王后。""愧在卢前"是自谦(年龄小),"耻居王后"是真不服。

卢照邻比较低调,赶紧解释他"喜居王后,耻在骆前",把球踢给了骆宾王。

骆宾王接球后,只能调侃一句:"你们说得都对。"

如果自我评价的信服力不足,那就让同行们出来站个台。

崔融支持王勃:"王勃文章宏逸,有绝尘之迹,固非常流所及。炯与照邻可以企之……"

张说支持杨炯:"杨盈川文思如悬河注水,酌之不竭,既优于卢,亦不减王。"

陈权支持卢照邻:"六朝之为有唐,四杰之力也。中间惟卢昇之出人风骚,气格遒古,非三子所可及。"

骆宾王自然也有人支持,闻一多先生就夸奖骆宾王:"天生一副侠骨,专喜欢管闲事,打抱不平、杀人报仇、革命、帮痴心女子打负心汉。"

别人帮着"偶像"抢占"C位"(核心位置),到了骆宾王这里,关注点直接突变。无论前面三位天才争得再凶,骆宾王都难以"C位"出道,只能稳居第四。

拼排名要输，拼出身更是毫无胜算——

王勃：太原王氏。

杨炯：弘农杨氏。

卢照邻：范阳卢氏。

骆宾王：义乌人。

别人都是"氏"，他只是个"人"。

往上数三代没名人，家境贫寒，父亲又英年早逝，出身底层的骆宾王，青少年时期的兴趣爱好还很不靠谱。

王勃爱搞学术，杨炯偏爱仕途，卢照邻专攻儒学，骆宾王喜欢什么？

说出来你可能不信，他好美酒、赌场，志向是做聂政、荆轲那样的江湖豪侠。

这种奇葩的志向差点就实现了。如果老爹没有早死，没准骆宾王真能顺利走进热血的江湖，仗着手中长剑、胸中豪情，走南闯北，行侠仗义，最好能像聂政、荆轲那样为酬明主壮烈献身，那才是豪侠最好的归宿。

老爹的病逝，彻底改变了骆宾王的人生走向。

骆家由于失去经济来源，家境瞬间跌入谷底，十八岁的骆宾王不得不从街头回到书房，刻苦读书。

四年后，骆宾王以县、州两级考试第一的成绩到长安应试，却因性格太刚直得罪了考官，被直接除名。

这件事在其他考生眼里，也许并不算什么。

初唐那阵，科举考试比较严格，不像盛唐以后那么开放，可以干谒权贵提前批次录取，也可以在考前狂投简历从而给考

官们留下好印象。

骆宾王投考时，非但录取率奇低，连考试纪律都很苛刻。

考场环境差，工作人员脸色难看，能接受；不准夹带小抄，不准携带与考试无关的一切用品，考生入场前需要经过仔细检查，也能接受。可在实际操作中，有些内心阴暗的胥吏总是借机刁难甚至侮辱考生，这就让人难以接受了。

骆宾王就遇到了一个恶毒的胥吏，他并没有针对骆宾王，而是刁难前来应试的全体考生。

胥吏："哎，你抖什么，心虚吧？身上夹带东西了吧？"

考生甲："我没夹带，我生病了。"

胥吏："别跟我胡扯，夹没夹带自己心里清楚！拉他到后堂，检查身体！……那个谁，说你呢！箱子里都装的什么？拿过来！"说着就把考生乙的物品翻得乱七八糟。

没翻出小抄，胥吏继续挑选嘲讽对象："你就长这般模样还来参加科举？"

考生丙："谁也没规定长得丑不能参加考试啊！"

胥吏："我建议你还是别考了，滚回家养猪去吧！"

"哎！你这人说话怎么如此歹毒！"爱打抱不平的骆宾王实在看不下去了，当场和胥吏发生了口角，"读书人的尊严，岂容你这区区小吏恣意践踏！我要找你们领导！"

可惜，上级和胥吏是一样的货色，他一口咬定骆宾王扰乱考场秩序，连考场都没让进，直接将其除名。

这样的功名，不要也罢！

骆宾王潇洒地转身离去，留给在场考生一个伟岸的背影。

三

行侠仗义并不能当饭吃，此后十余年间，骆宾王曾在长安军中做过秘书郎，后来又进了道王李元庆的幕府，和卢照邻一样，也是干满八年。

任职期满后，李元庆想向朝廷举荐他，便对他说："小骆啊！赶紧去做一份详细的简历，我来向上面推一推，也许能帮你再谋个职务。"

"不了，这种自表的行为我做不来，感谢您的美意。"骆宾王就此拜别领导，辞职回到山东隐居。

隐居的日子是闲适的，骆宾王平日里除了结交各路名人，就是写写诗喝喝酒。直到麟德元年（664）冬，高宗李治前往泰山封禅，山东文艺界共推骆宾王执笔，为高宗此行写篇应景的美文。

骆宾王不负众望，写出一篇佳作——《为齐州父老请陪封禅表》。

李治读后龙颜大悦，特别是"陛下乘乾握纪，纂三统之重光；御辨登枢，应千龄之累圣"一句，让他相当受用。

"想不到朕这么受天下文人拥护啊！把这个叫骆宾王的作者带回京城，朕要好好培养！"

就是这么轻松，骆宾王被直接提拔为太常寺奉礼郎，不久兼任东台详正学士，负责校理朝廷图籍。

按照这种晋升速度，骆宾王的政治前途本该平坦顺畅。可他秉性耿直，江湖气又重，最看不惯同行之间的尔虞我诈、相互挖坑。

看不惯，就要站出来说话；站出来说话，就会受到忌恨。加上骆宾王自恃才高，说话自然不会悦耳，吐槽同行自然不会留情。

很快，同行们就合起伙来，以工作失职、不顾大局为由，使得骆宾王被贬谪。

咸亨元年（670），唐朝与吐蕃再起战火，被同行联名举报而罢官的骆宾王爱国热情高涨，拿起武器就跟着名将薛仁贵上了前线。

"四杰"之中，只有骆宾王有过从军经历，而且骆宾王可不是去前线写战地新闻的，他实实在在地作为军人拿起武器戍守城楼，参与作战。

三年的戍边经历，让他创作了多首慷慨激昂的边塞诗。

比如这首《夕次蒲类津》：

> 二庭归望断，万里客心愁。
> 山路犹南属，河源自北流。
> 晚风连朔气，新月照边秋。
> 灶火通军壁，烽烟上戍楼。
> 龙庭但苦战，燕颔会封侯。
> 莫作兰山下，空令汉国羞。

他热情歌颂着边关将士蹈死不顾的精神："不求生入塞，唯当死报君。"也期盼着战事早日取得胜利："戎衣何日定，歌舞入长安。"

三年后，骆宾王又随军参与了平定云南姚州叛乱，平叛后向朝廷报捷的几道报捷书均出自骆宾王之手。报捷书中对战事的描绘气势磅礴，文采飞扬，令高宗大为震撼。

姚州战事结束，骆宾王又奉命前往益州公干。在这里，他曾帮两个痴心女子发文痛批负心汉。

他为郭氏写了《艳情代郭氏答卢照邻》，又为一个道姑朋友写了《代女道士王灵妃赠道士李荣》。

唐朝时的道教还没有后世那样的清规戒律，男女道士们该恋爱恋爱，该结婚结婚。

李荣不仅帮过卢照邻出狱，和骆宾王也是要好的朋友。于是，道姑王灵妃就请骆宾王写首诗，催促久去京城的李荣赶紧返蜀。

"路见不平一声吼，该出手时就出手"，这就是骆宾王。他始终记得，自己来自江湖。

四

仪凤三年（678），骆宾王出任侍御史，官居六品，负责侦查、审办官员贪赃枉法。

注意，这一年，他已经四十多岁了。

对大多数人来说，到了这个年纪，不妨偷一偷懒，混上几年光荣退休，不失为一种现实的人生态度。

骆宾王却不，尽管生命的花枝早已垂垂欲坠，花瓣也黯然凋零，可他依旧本色不改，侠义精神从未褪色。

侍御史的职务就是得罪人的，骆宾王这回又因打击贪腐、

仗义执言再遭同行弹劾，官职丢了不说，还直接被送进了大牢。

在狱中，骆宾王悲愤交加，留下了一首流传千古的佳作《在狱咏蝉》。

西陆蝉声唱，南冠客思深。

不堪玄鬓影，来对白头吟。

露重飞难进，风多响易沉。

无人信高洁，谁为表予心。

好在一年后，朝廷改元，大赦天下，骆宾王被释放出狱，调任临海县丞。

不久，骆宾王弃官而去，来到了扬州，希望能在有生之年四处游历，饱览祖国大好河山。

没承想，刚到扬州没几天，他就毅然选择了一条与之前几十年完全不同的道路。

造反！

此时，武则天已废唐中宗李显，另立睿宗李旦，临朝称制。举国上下，一片哗然。

哗然归哗然，大部分人只是私下表示不满，很少有人敢跳出来反抗。在扬州，却有一个不怕死的主儿，他叫徐敬业。

徐敬业的祖父徐世勣，当年跟随太宗李世民平定四方，功勋卓著，受封英国公，世袭罔替。

传到孙子徐敬业这一代，他因犯事被朝廷贬为柳州司马。小徐不服，途经扬州时，和胞弟徐敬猷及好友唐之奇、杜求仁等人在扬州发动兵变，占据城池，随即打出扶助中宗复位的旗号，对外自称扬州司马、匡复大将军，于嗣圣元年（684）九月起兵反武。

古人讲究师出有名，连陈胜吴广这俩没读过书的白丁都知道喊出一句：王侯将相宁有种乎！拥立中宗，讨伐武则天，总不能没有说法。对徐敬业而言，不但要有说法，还得振聋发聩，让世人都看清楚武则天恶毒的嘴脸。

恰巧骆宾王人在扬州，恰巧骆宾王很会写，恰巧骆宾王又是疾恶如仇的侠义之士。徐敬业邀请骆宾王一同起事，骆宾王二话不说，代徐敬业写了《代李敬业传檄天下文》，即《讨武曌檄》，传告天下，痛斥武则天的罪恶。

这篇檄文用词激烈，直指武则天淫乱后宫，残害忠良，杀姊屠兄，弑君鸩母，简直是丧尽天良，毫无人性！

据说武则天拿到这篇檄文，刚开始还嬉笑自若，当读到"一抔之土未干，六尺之孤何托"时，惊问檄文出自何人手笔。

侍从回答："是跟随徐敬业造反的骆宾王所写。"

武则天不禁感叹："有如此之才，却让其沦落为贼，宰相之过也！"

读到最后一句"试观今日之域中，竟是谁家之天下！"时，武则天笑了，她实在想不通，骆宾王这么有才，居然会跟随叛贼造反。

一个小小的徐敬业算什么，难道你骆宾王真那么无知，一点都看不出大唐究竟是谁家的天下？

武则天是政治家，她不懂江湖豪侠们重义不重利的本色。

既然答应了别人，就要一诺千金，并一路追随到底。这是

江湖中人最简单的选择，受人恩惠必须报答。就像春秋战国那些青史留名的刺客：豫让、专诸、聂政、荆轲。他们的世界，没有强弱悬殊的犹豫，只有毅然决然的出发。

事实证明，徐敬业的实力在大唐正规军面前根本不堪一击，这场热血的叛乱很快被平息。徐敬业在混乱中被部下所杀，骆宾王的结局，却成了历史上的一个谜。

有三种可能可供参考：

一、兵败时与徐敬业一同被杀。

二、逃跑时溺水而亡。

三、开篇的"出家"说。

谁也不知道骆宾王去了哪里，他带着侠义而光彩的一生飘然而去，留给世人无限的遐想。

五

此地别燕丹，壮士发冲冠。

昔时人已没，今日水犹寒。

骆宾王的豪侠气息，这首《于易水送人》最能体现。

他的诗作中，关于"剑"的字眼也很多。

比如"野日分戈影，天星合剑文""君恩如可报，龙剑有雌雄""宝剑思存楚，金锤许报韩"。在骆宾王的胸膛里，依然流淌着春秋战国江湖豪侠的热血和激情。

正如周星驰电影里的台词：高手不一定要长得多英俊，不过是你们这些升斗市民一厢情愿的想法罢了。

同样，谁说大侠一定要武功高强，心怀正义，不畏权威？甘于为心中的执念献身，勇敢对抗世间的不公，这样的人就是一代豪侠。

我们不能忘记骆宾王，因为他是那个时代最值得尊敬的大侠之一。

在以王勃为首的"初唐四杰"诞生之前，宫廷文学占据文坛主流，他们喜欢写《记一次跟随皇帝出游的盛况》《在××宫殿落成仪式上的致辞》之类的诗词文章……比如南陈后主陈叔宝的《玉树后庭花》：

> 丽宇芳林对高阁，新装艳质本倾城。
> 映户凝娇乍不进，出帷含态笑相迎。
> 妖姬脸似花含露，玉树流光照后庭。
> 花开花落不长久，落红满地归寂中。

南梁简文帝萧纲有首《美女篇》，比陈叔宝对宫廷生活描写更加直白：

> 佳丽尽关情，风流最有名。
> 约黄能效月，裁金巧作星。
> 粉光胜玉靓，衫薄拟蝉轻。
> 密态随流脸，娇歌逐软声。
> 朱颜半已醉，微笑隐香屏。

同样，"四杰"在京城混迹之时，也喜欢写这种看似华丽堂皇，实则缺乏真实情感、没有生命的张力，内容空洞又带点病态的诗词文章。

而当他们走出宫廷，走入原野，领略过大自然的广阔壮美，体察过人世间的酸甜苦辣，人格精神渐趋独立，文化心态日臻完美，他们便学会了用满腔热血和健康向上的真挚情感进行创作。

这，正是梁陈以来士大夫们普遍缺乏的写作风格，也是宫廷文学作品中广泛缺乏的思想内涵。

"四杰"的人生都不圆满：王勃才华"爆表"却英年早逝；杨炯沉稳耿直却活得纠结；卢照邻低调平和却疾病缠身；骆宾王狂傲不羁却走上极端。

"四杰"的人生也是波澜壮阔的，他们的诗文"壮而不虚，刚而能润，雕而不碎，按而弥坚"，既是对初唐文坛的大胆冲锋，又是一种挣脱藩篱的文化自觉。

他们是盛唐诗歌的先驱，很好地回应了盛世将至对文学的热切呼唤。

王杨卢骆当时体，轻薄为文哂未休。

尔曹身与名俱灭，不废江河万古流。

这是诗圣杜甫给"四杰"这个初唐诗风改革群体做出的千秋定评。对于这四位超级神童兼天才的人生，这个评价是恰如其分的。无论是为人、为官、为诗，"初唐四杰"都当得起这句"不废江河万古流"！

宋之问：宋家有子初长成

一

"恭喜大人，夫人生了个俊俏的公子！"

听闻喜讯，左骁卫郎将宋令文紧张的心情瞬间放松了下来，他一个箭步冲进产房，从产婆手中接过婴儿。

"七年了，老宋家终于有后了！"宋令文激动得有点想哭。

分娩后的宋氏虚弱地躺在床上，满脸幸福地对丈夫说："夫君，赶紧给咱们的孩子起个名字吧。"

宋令文略微思索了一阵，悠然说道："人生在世，最难得一个'问'字，我看孩子就叫宋之问吧，希望他长大后勤于求学，早成栋梁，好光耀我宋家门楣。"

宋家的喜事还远远没有结束，此后几年间，宋夫人像被打通了任督二脉，接连生下二子宋之逊、三子宋之悌。

宋家并不是富贵之家，没有显赫的背景，宋令文也不是神童，却一贯好学上进。

在老爹矢志于学的榜样引领下，宋氏三兄弟个个勤奋好

学，尤其是长子宋之问，脑子好，人又机灵，最得宋令文喜爱。

看着三个儿子逐渐长大，宋令文觉得是时候把压箱底的技能传授给他们了。

一天，宋令文把儿子们叫到一起，郑重地给他们规划人生："爹这辈子没别的本事，只练就了三项技能——武功、书法和文学，你们三兄弟一人选一样吧！"

老三宋之悌性格直爽，喜欢舞刀弄枪。他率先发问："父亲，您的武功是什么样呢？"

宋令文答："以练气为主，化气为力。"

他给老三讲了这么一个故事：

"当年禅定寺有牛伤人，周围的人都不敢靠近，只能用栅栏将其围困，以免扩大事端。那时我比较年轻，撸起袖子就上去了。只见那牛朝我飞奔而来，我双手握住牛角，一用劲就把牛角折断了。这牛不受力，直接颈骨骨折而死。从此我就多了个绰号'神力宋'。"

"老爹，你天生神力呀！我就学它了！"宋之悌毫不犹豫，直接选择继承老爹的武功。

后来，身长八尺、孔武有力的宋之悌武艺超群，开元年间曾在欢州以八人之力剿灭七百山贼，堪称一代"狠人"。

见宋之悌选定后，性格沉静的宋之逊问道："父亲的书法是何种风格？"

宋令文回答："各类书法都能写一点，尤以草书为佳，练成后翩若惊鸿、矫若游龙，甚得书法之媚趣。"

于是，宋之逊选择继承老爹的书法技能，经过刻苦练习，成为一代草书名家。

两个弟弟选完了，大哥宋之问没得选，也不用选，直接得到了恰恰是他个人最喜欢的文学。

二

小宋搞文学实在很拼命，经常茶饭不思、废寝忘食。熬夜久了容易上火，但小宋沉迷读书，总是忽视自己时常肿痛的牙龈。

宋令文也很懂得怎么用心栽培，他一方面教导儿子博览群书，充分吸收前代名家的写作精华；另一方面又经常有意识地引导儿子多动笔写，多借鉴，多创新，作品怎么能火怎么写，怎么受欢迎怎么写。

渐渐地，对于如何精准把握读者的阅读心理，契合读者的心理需求，小宋越来越有心得。

十九岁那年，身材高挑、器宇轩昂的小宋高中进士，正式步入仕途。

长得帅、脑子活、嘴皮子利索、能吃苦、笔杆子硬的小宋，太适合在官场奋战了。

在他起步的那个阶段，武则天已独揽朝政。所幸女王大人比较有政治理想，又比老公李治爱才惜才，小宋很快就被提拔为崇文馆学士，和在弘文馆熬了十六年的杨炯成了同事。

很明显，搞仕途，杨炯不行。

每次接到写稿任务，小宋都会着急地跑来对杨炯说："学长，宫里又来找我们催稿子了，咱俩赶紧一起写了吧。"

杨炯的回应只有七个字：不听不写不理会。

小宋一样志不在此，可他却乐此不疲，每一篇稿子都极为用心，字斟句酌。

久而久之，小宋写稿的名气越来越大，直接被调到武则天身边担任五品文秘；杨炯却一直在原地徘徊，又被堂弟参与谋反坑了一把，一辈子仕途不顺。

五品文秘很光荣，却总是压力山大。原因在于，领导喜欢招揽人才，更喜欢看才子比拼才艺。

一旦被竞争对手击倒，再想翻身可就难了。

有一回，武则天在洛阳郊外搞了场盛大的集体春游。望着田野一片繁花似锦、花红柳绿，武则天很开心，当即命全体人员写诗助兴。

为了调动大家的争胜欲，她特意以锦袍为奖，谁写得最好，锦袍就赏给谁。

左史东方虬素以即兴创作为能，还喜欢第一个交卷。他飞快地写成一首，大赞春色之美。武则天看罢，不禁连连称赞："意境深远，文思极佳。"

大家陆陆续续把稿子上交，却无一人文笔能胜东方虬。

小宋的风格与东方虬恰恰相反——他喜欢最后一个交卷。眼看这场竞赛即将结束，他才微笑着呈上作品："陛下，请看卑职拙作。"

小宋写了首《龙门应制》，一首很长的诗，但中心思想很突出。

洛阳花柳此时浓，山水楼台映几重。
群公拂雾朝翔凤，天子乘春幸凿龙。
……
先王定鼎山河固，宝命乘周万物新。
吾皇不事瑶池乐，时雨来观农扈春。

洛阳花柳多美好，山水楼台多醉人。
圣皇出行多壮丽，群贤云集多喜人。
……
先王功业多宏伟，大唐基业日日新。
伟大的圣皇啊，您哪里是来游玩的，
您是带着慈悲之心，来关心天下民生的！

武则天一看，立刻猛夸了起来："路子多正啊！这才是朕需要的好诗啊！"

最终，宋之问赢得了这件锦袍。他还不忘给东方虬一个炫耀的眼神。

那眼神就是告诉竞争对手：论写诗，你还差得远呢！

三

越写越顺的宋之问也有烦恼，一直熬夜写作，总有厌倦的那一天，如果能升职就好了，或者稍加提拔也行呀！

更糟心的是，由于上级太过优秀，工作能力过强。武则天刚登基那阵，还有不少人不服统治，想搞谋反。当他们看到徐敬业一伙被朝廷轻松扫灭，觉得谋反成本太高，就没人再敢铤

而走险了。

后来，朝中又大兴告密之风，统治阶层任用酷吏打压朝臣，反对的声音愈发弱小，舆论宣传就没那么关键了。

对宋之问来说，歌功颂德的工作越来越难开展，为了继续进步，他思来想去，不能再干这种锦上添花的事了。

他一咬牙，做了个"曲线救国"的决定：向武则天靠拢！

但没过多久，宋之问的靠山就倒了。

神龙元年（705），宰相张柬之与太子典膳郎王同皎等人发动宫变，以武力逼迫武则天退位。张氏兄弟伏诛，武后朝红人宋之问、杜审言等皆遭贬斥。

宋之问被一脚踹到广东泷州荒芜之地。那时候的广东可不比现在繁荣富裕，且不说初唐，就是晚唐黄巢闹革命那阵，他一路转战打到广州，没几天就待不住了。气候闷热，瘟疫横行，啥娱乐项目都没有，日子过得比发配的犯人都惨，还有什么好待的！

宋之问也是这么想的。

人生的最低谷，必须铤而走险，下一步险棋，反正泷州距京城远隔千里，谁会关注一个流放人员的动态呢？

他花重金贿赂上司，秘密潜回洛阳，躲到好友张仲之家里观察时局。

张仲之很讲哥们儿义气，他愿意冒风险收留朝廷要犯。宋之问却着实不靠谱，干了一票出卖救命恩人的勾当：

唐中宗李显继位后，武则天的侄子武三思趁势而起，疯狂敛权，还和李显的皇后韦氏、女官上官婉儿关系不清不楚，李显对此居然听之任之，丝毫不予关注。

李显没心没肺，下属们看不惯了：冒着满门抄斩的风险助你夺回政权，你不好好珍惜；如今武三思权欲熏心，韦后又是一副"武则天第二"的姿态，我们不是白忙活了吗？

由于张柬之已遭贬黜，王同皎升为集团首脑，他临时成立了讨武特别行动小组，准备"二二三四，再来一次"，干掉武三思，彻底肃清武氏一党。

不巧的是，王同皎组建的特别行动小组中，张仲之就是核心成员之一；

巧合的是，宋之问此时恰好躲在张仲之家里；

戏剧的是，张仲之认为老宋是自己人，劝他入伙；

悲剧的是，宋之问是个只图私利的人，与张仲之不过是表面兄弟。

当他从王同皎口中得知密谋兵变的消息后，第一时间就做出了选择。

不是入伙，而是告密。

四

当天夜里，宋之问就派侄子宋昙悄悄来到武三思府上，将王同皎、张仲之密谋叛乱的计划和盘托出。

宋昙还特意强调：此番正是奉我叔叔之命前来告知，他叫宋之问，是您的忠实拥趸。

武三思先记下了宋之问的名字，然后先下手为强，直接面见李显，诬告王同皎等人意图谋反，拉皇帝下马。

李显连想都不想，就让武三思把王同皎等人抓捕入狱，直

接判处死刑。

一号首脑王同皎临刑时，意气自如，神色不变。

二号人物张仲之在被审讯时昂然不屈，手臂被打断依然不发一言。

三号人物周憬听闻事情败露，自知难逃一死，他跑到比干庙中，留下遗言："比干，古之忠臣，当知我周憬之忠。武三思与韦后淫乱，危害社稷，必遭天谴！我死之后，把我的头悬挂在城门上，我要亲眼看到这两人身首异处、曝尸荒野！"说罢，周憬自刎而死。三人皆因谋反罪被满门抄斩。

在这场惨烈的谋反案中，最大的获利者就是宋之问，他因举报有功，不但免了私自逃回的罪责，还被提拔为鸿胪寺主簿。

只不过，行为卑鄙的他，难免成为同事们暗自批判的对象："看到没有，这就是宋之问，张仲之在他危难时好心收留他，这厮却忘恩负义！交朋友可不能交这种表面兄弟啊！"

这样的评价，宋之问不是听不见，而是不在乎。

此后，他重操旧业，专职为权贵歌功颂德，他夸武三思是大唐的夜明珠（不愁明月尽，自有夜珠来）。武三思死后，宋之问又迅速和李显的女儿安乐公主、李显的妹妹太平公主打成一片。

这两个女人都想拉拢宋之问为个人专职服务。宋之问很无奈，为了不做双面人，两边都得罪，最终选择加入安乐公主的队伍。

其实，无论选择哪边，宋之问都注定不会有好结果，他实在低估了嫉妒心的威力。

太平公主是个"柠檬精"，她见宋之问投入政敌的阵营，心中甚是愤怒，本着"你好就是我不好"的原则，太平公主在老哥面前告了一状，诬陷宋之问怀有二心，非逼着老哥把他贬往外地。

李显很尿，只盼着耳根清净。他依然不查实情，就把宋之问贬为越州长史。

宋之问只得灰头土脸地离开京城，临行前，连个送行的朋友都没有。

望着宋先生蹒跚的步伐，从他身旁擦肩而过的路人对同伴戏谑道："你看那人衰的！"

这句话，宋之问没听到，等他意识到这个问题，却为时已晚。

五

景云元年（710）六月，临海郡王李隆基与太平公主联手诛杀韦后和安乐公主，拥立睿宗李旦登基。宋之问因依附张氏兄弟和武三思，再被流放钦州，后又改为流放桂州。

终于，宋之问的老上级们全部倒台了。

在这种失去一切的惆怅和孤寂中，宋之问开始写诗，为自己写诗。

他一生的名作，几乎都是在被贬后写出的。

比如《送杜审言》：

卧病人事绝，嗟君万里行。

河桥不相送，江树远含情。

别路追孙楚，维舟吊屈平。

可惜龙泉剑，流落在丰城。

还有那首最出名的《渡汉江》：

岭外音书断，经冬复历春。

近乡情更怯，不敢问来人。

朝局的动荡、荣辱的无常，让宋之问感触颇深。由风云变幻的朝堂来到风景秀美的广阔乡野，他的思路逐渐开阔，心灵终获洗涤，境界迅速提升，他真正意识到曾经的所作所为是多么幼稚，多么令人汗颜。

只可惜，宋之问的诗品刚刚起飞，肉体就必须下地狱了。

李隆基甫一登基，就惦记上了远在桂州的宋之问。他觉得宋之问是个滑头，底子又不干净（武氏余党），没准哪天看不住又跑回来搞事情，干脆赐死算了。

当使者把催命的诏书一字一句读给宋之问听后，宋之问一身冷汗，精神恍惚，他突然深刻地感受到：死，是一个多么可怕的字眼。

世界那么美好，我还没活够啊！

一同被流放岭南、一同被赐死的好友祖雍就相当坦然：既然当年站错了队，那么早晚都会面临身败名裂的下场。他见宋之问六神无主，就主动对使者说："老宋还有妻儿老小，请您让他缓一缓，顺便交代一下后事。"

没承想，宋之问见到妻子，还是颤抖得说不出一句整话。

害怕到这种程度，连祖雍都忍不住了："老宋啊老宋，你我辜负朝廷，罪本当死，你就是求生欲再强，又能拖延到几时呢？"

宋之问听了这话，终于万念俱灰。他平复了下心情，草草交代完后事，然后洗了个澡，吃了点东西，结束了自己可悲可叹的一生。

曾经，学长兼同事杨炯去世时，小宋写过一篇祭文，开头两句特别惊人：

> 自古皆死，不朽者文！

既然宋之问明白这个道理，又何必做那些自贬的事呢？

原因只有一个：当好学上进的宋之问在追名逐利中不断沉溺和堕落，最终陷入统治集团内部斗争的政治旋涡中无法自拔时，你就能看到，文人如果被名利裹挟着丧失了底线，实在是一件可怕的事情。

宋之问的故事到这里还没完结，他身后还有一桩看似有些无厘头的悬案，很值得在此一叙。

据说宋之问有个天才外甥叫刘希夷，某日，他送来一篇自己的新作《代悲白头翁》，想让资深创作人宋之问评点评点。

> 洛阳城东桃李花，飞来飞去落谁家？
> 洛阳女儿惜颜色，坐见落花长叹息。
> 今年花落颜色改，明年花开复谁在？

已见松柏摧为薪，更闻桑田变成海。

古人无复洛城东，今人还对落花风。

年年岁岁花相似，岁岁年年人不同。

寄言全盛红颜子，应怜半死白头翁。

此翁白头真可怜，伊昔红颜美少年。

公子王孙芳树下，清歌妙舞落花前。

光禄池台文锦绣，将军楼阁画神仙。

一朝卧病无相识，三春行乐在谁边？

宛转蛾眉能几时？须臾鹤发乱如丝。

但看古来歌舞地，唯有黄昏鸟雀悲。

宋之问看罢，先问了句："这是你原创的吗？"

刘希夷眨巴着眼睛回答："是呀是呀！老舅你看怎么样，发表出来能火不？"

宋之问不动声色："乏善可陈，乏善可陈，估计不容易火。"

紧接着，他的嘴角浮起一丝带着奸猾的微笑："外甥啊，你现在之所以名气不大行，主要是没名家推荐，关注度低，能看到的人肯定不多。不如这样吧，你署我的名，肯定能让这诗火起来。"

刘希夷不傻，断然拒绝："老舅，你这是侵权啊！这么做万一被人爆料出来，你我肯定都会被定性为品行不端，以后还怎么混哪！"

好说歹说，刘希夷就是不愿转让作品。宋之问怒了："小样，给你生路你不走，我弄死你！"

然后，刘希夷就真被弄死了。

宋之问把外甥骗到一间暗室之中，三下五除二把他捆住，用装满土的布袋压在他身上，不声不响就把外甥杀掉了。

随后，宋之问剽窃了外甥诗中那句"年年岁岁花相似，岁岁年年人不同"，将其写入自己的诗作中，果然备受好评。

这个看似无厘头的故事，并不是凭空捏造的，唐人刘肃、韦绚都在各自著作中有过类似记载，中唐大诗人刘禹锡和好友喝酒时总会把这件事挂在嘴边。

不过，即便刘禹锡讲得再生动传神，当然也不见得就是历史事实。

首先，没有确凿证据表明刘希夷是宋之问的外甥；其次，刘希夷死时快三十岁了，宋之问才二十五岁出头，他没准会被反杀。

最后，参考宋之问生前身后的名声，有这样的"黑料"倒也容易理解，毕竟人红是非多，谩骂编派就更多了。

作为大唐初年为数不多的律诗大家、唐代律诗奠基人之一，宋之问的诗作对仗工整、音韵协调、文采绮丽、清新流畅，特别是人生末期被贬后的诗作，主题从为权贵歌功颂德转入纵情山水的清新健康的轨道，在"初唐四杰"的基础上，再次划清了古体诗和近体诗的界限，将律诗各种体例都推向成熟定型。

人品如何后世自有公论，只说宋之问写诗的水平，应该远在刘希夷之上，不至于为两句诗就要杀人。

如果宋之问泉下有知，想必也会大发雷霆："荒唐事我干了不少，作诗却自信是一流的。做人要厚道，说我因诗杀人，你们咋不上天呢？！"

贺知章：有趣的老头万里挑一

一

盛唐的诗坛，有这么个有趣的老头。

他爱喝酒，喝醉后又爱骑马游逛。

有一回，他喝了场大酒，骑在马上来回晃荡，看着比坐船还颠簸。

醉眼蒙眬的老头跟跟跄跄行至一口枯井旁，看见井中有水喷涌，直接下马上前，准备洗把脸。

没承想刚弯下腰，头就开始晕眩，这一晕不要紧，老头双手扶不住井沿，侧身翻入井中，骨头差点摔散架。

"快来看呀！有老人落井啦！"不知是谁喊了一嗓子，附近的人赶紧上前围观，唯恐老人家摔坏了"零件"。

井中乌漆墨黑，什么也看不见。众人在井口站了片刻，正有胆大的准备下井一探究竟，却听见井中鼾声如雷。

摔得那么惨还能睡着，这老头莫非是酒仙下凡？

此事一传十、十传百，传到了杜甫耳中。他素来敬佩老头的洒脱，专门为此写了句诗：

知章骑马似乘船，眼花落井水底眠。

老头爱夸人，夸人的方式很猛烈。

有一回，老头应邀参加一场诗文交流会，一个从四川来的年轻人递了篇诗作，请他帮忙把把关。

老头看完，体内的洪荒之力突然迸发，他直接从榻上蹦了起来，握着年轻人的手可劲地摇："老弟呀老弟，你写的这是什么神仙作品啊！依我看，你就是天上贬谪下来的仙人哪！"

说罢，老头立即推荐了这篇神文，很快就把这名不见经传的年轻人推至大唐诗人的前列。

年轻人名叫李白，这首诗叫《蜀道难》，业界公认的大手笔。

老头脾气很倔，一言不合就爬墙，拉都拉不住。

某年，唐玄宗的弟弟病逝，出殡时需要一批十四五岁的少年牵引灵柩、唱诵挽歌。

不要以为这是晦气的苦力活。朝廷有政策，这活并不白干，能选拔上来抬棺材唱歌的，可以直接在朝为官，连科举考试都不用参加。

这可是个大美差！权贵子弟一个个跃跃欲试，飞快填好报名表交到礼部。

老头时任礼部侍郎，让谁上不让谁上，全是他一句话的事。

一时间，王公贵族纷至沓来，差点把老头的门敲破。

"大人，我家孩子三岁读《大学》，五岁背《论语》，七岁就能倒着默写《千字文》，给个机会吧！"

"屁！你家那倒霉孩子整天就知道斗鸡斗蟋蟀，以为别人不知道吗？"

"哎呀，你谁呀你？一边待着去！"

外面的人又吵又闹，搞得老头甚是心烦，他直接在墙边架上梯子，麻溜地爬上墙头。

府里管家可吓得不轻，连声高呼："大人，您可快八十了，慢点上啊！"

老头在墙上躺着晒起了太阳，连正眼都不瞧下面的人。

王公贵族在墙下左等右等、左劝右劝，就是搞不定老头。在这种情况下，谁也不敢继续多嘴，万一老人家一激动高血压犯了，从墙上摔下来，没人能负起责任。

耗了半日无果，大家只好失望而归，墙上的老头实现了"躺赢"。

最终，人事选拔按照规章制度进行，谁上谁不上，全看个人本事。

老头还爱写诗，没事就写上几首。

他写诗讲究随心所欲，不求质量和数量，往往是随手写随手丢，一生只留下十九首诗。

在盛唐，写诗的人才千篇一律，有趣的老头却万里挑一。

这个有趣的老头，名叫贺知章。

二

大唐盛世从不缺少写诗的天才。若是比拼写诗，贺知章似乎并不属于名家级别。

首先，他的作品很少；其次，并不都是精品；再次，还都不太能叫上名字。

其中最著名的，是《咏柳》：

碧玉妆成一树高，万条垂下绿丝绦。
不知细叶谁裁出，二月春风似剪刀。

其余的诗作，写得都较为直白。

比如"钑镂银盘盛蛤蜊，镜湖莼菜乱如丝""莫谩愁沽酒，囊中自有钱"，甚至还有"落花真好些，一醉一回颠"。

作为浙江历史上第一位有资料记载的状元，老贺出道很早，成名却很晚，奔四的年纪才从翰林院办事员被提拔为国子四门博士，成了专职从事教学活动兼学术研究的"社会科学系教授"。

搞了三十年学术研究，带了一批又一批青年才俊，老贺以奔七的年纪才被提拔为礼部侍郎。

看着须发花白的老头整天晃晃悠悠打卡上下班，很多年轻人都劝他："贺大人，赶紧退休吧，瞧您都多大了。"

老贺很无奈："我早就想退了，无奈上头不让啊！"

贺知章并没有吹牛，皇上是真心不想让他走。

老人家身体有些病痛，每每申请病退，唐玄宗总会派御医给他看病。

看了一次又一次，病退的申请就拖了一次又一次，而且每

次理由都很充分："老贺，组织需要你，再坚持几年吧！"

这一坚持，直接坚持到约八十六岁。老贺一生历经四代君主，做了将近五十年的官，还顺便刷新了一项纪录：大唐诗人里，老贺最长寿。

当老贺终于获批病退时，唐玄宗仍然依依不舍，不但亲自写诗赠别，还特意让皇太子李亨率领文武百官出城送行。

送了一程，贺知章说："殿下回驾吧，老臣实在担当不起呀！"

李亨摆了摆手："再送送吧！"

又送了一程，贺知章说："殿下别再送了，老臣就此拜别吧！"

李亨还是坚持："再送送吧！"

送了一程又一程，直到离京五十里外，李亨才代表玄宗与老贺对饮话别。

这还不算。

老贺病逝后，已经即位的李亨觉得他生前的官不够大，又追赠他为礼部尚书，备享哀荣。

三

认识老贺的，无不对他赞赏有加。他那有趣的灵魂，征服了同时代的几乎所有人。

贺知章的有趣，让每个与之相处的人都感到舒服——

张九龄罢相时，百官赶来告别，甭管交情深浅，总得说些场面上的话。

轮到老贺发言时，他走到张九龄面前，恭敬地谢道："这些年，我可多亏了您的庇荫。"

张九龄有点"不明觉厉"，他平时日理万机，很少有时间搭理还是八品小官的贺知章，更没给过什么特殊照顾。于是他疑惑地问："季真何出此言？我何曾对你有过庇荫啊？"

贺知章笑道："以前您在位的时候，他们都不敢叫我'獠'，您说我沾了您多少年的光呀！"

原来，贺知章和张九龄同为南方人，在唐朝，南方人还时常被中原人取各种蔑称。

张九龄听罢哈哈一笑，那些言不由衷的祝福，远不如老贺的冷笑话听着舒服。

张九龄走后，陆象先上台。陆象先不太爱搞文学创作，却一直很欣赏贺知章，有事没事就拉着幽默的老贺聊天。

有一次，陆象先生病卧床，贺知章前去探视。刚一进门，陆象先就攥住老贺的手感慨地说："老贺，一天不见你，我就浑身难受。"

老贺笑道："与君相交，感觉整个人神清气爽，连小病小痛都解除了。"

陆象先很是欣慰："老贺，为啥你说话总是这么低调奢华有内涵呢？"

贺知章轻轻抿嘴一笑："因为周围都是有趣的人呀！"

不单单是陆象先，与贺知章有交往的人，无不欣赏他的清谈风韵、风趣洒脱。这是一种从内心深处喷薄而出的乐观情趣，无关情商或口才。

贺知章的有趣，让冉冉升起的后辈新星们由衷敬佩——

读了李白的《蜀道难》，贺知章立马决定请小李喝酒。两大酒仙喝了一杯又一杯，直到醉眼蒙眬才放下酒杯，准备走人。

老贺忘了件事：喝酒是要付钱的。

小李也忘了件事：出门带钱。

两人刚到门口就被小二一把拦住："客官，您二位还没付钱呢！"

"哦，忘了忘了，抱歉得很！"老贺开始翻随身佩带的金饰龟袋，翻了半天却没找到一个铜板。

"客官，莫非您二位都没带钱？本店可概不赊账啊！"小二的语气明显冷淡了下来。

老贺有点虚，他可不想留下来刷碗抵账。突然，他一拍脑门，释然而笑："瞧我这死脑筋，这龟袋岂不比铜板更值钱吗？"

老贺随即把龟袋从腰间解下来，准备抵酒钱。

李白在一旁很尴尬，无奈自己也没有带钱的习惯。即便如此，他仍然不赞同老贺的做法："这是皇家按品级给您配发的饰品，怎好拿来换酒呢？"

贺知章仰面大笑："你刚才不是说'人生得意须尽欢，千金散尽还复来'吗？人生在世，快乐就完了，身外之物何必如此在意呢！"

不久，贺知章向玄宗极力推荐李白。玄宗此前久闻李白大名，正好趁此机会，提拔李白做了翰林待诏。

贺知章去世后，李白对酒独酌，怅然有怀，想起当年老贺龟袋换酒，慨然写下《对酒忆贺监》。

> 四明有狂客，风流贺季真。
>
> 长安一相见，呼我谪仙人。
>
> 昔好杯中物，今为松下尘。
>
> 金龟换酒处，却忆泪沾巾。

李白这辈子没几个偶像，老贺绝对算一个。

四

不止李白，还有一代牛人李泌。

当李泌还是个孩子的时候，老贺就曾预测："这小孩目若秋水，智力过人，将来一定能做卿相！"

李泌成年后，被分配到太子府当伴读，老贺此时恰好是太子李亨的授业老师，顺便就教导李泌学习。

每每谈论时事政治，李亨经常提问："贺老师，您怎么看？"

老贺年纪大了，精力有限，他想偷懒，于是打个哈欠，伸伸懒腰："小李怎么看，我就怎么看。"

李亨只好去问李泌："长源，你怎么看？"

李泌有时也想偷懒，就会跟李亨打马虎眼："这事啊，我还没理清头绪呢，您先缓一缓，让我下班后再好好想想。"

两边都放水，让李亨一头雾水，只好再来向贺老师请教。

"什么！李泌这小子居然敢敷衍太子您，实在太不像话了！您稍等一会儿，看我怎么批评他！"

老贺把李泌叫来，直接就是一顿猛批："小李，是我老贺带不动你，还是你最近有点飘？你最近办事不走心，以为我看不见？拿着薪水还想偷懒，你的良心不会痛吗？"

批到最后，老贺还来上一句："这事弄不清楚你就别下班了！"

于是，内心崩溃的李泌只好在贺知章的监督下"野蛮成长"。

等李泌在政坛崭露头角，很多人都夸老贺善于培养人才，老贺却摊了摊手："哪有的事，我哪有这水平，在太子府那阵净偷懒了。我早就说过李泌是个难得的人才，他这么优秀，全是他自己努力奋斗的结果。"

话虽如此，李泌仍然终生视贺知章为授业恩师。

贺知章的有趣，让九五之尊的皇帝都没法儿吐槽。

老贺喜欢写诗，也喜欢搞书法，他擅长狂草，喝醉后又唱又写的那种。

有一次，玄宗想和他切磋书法，老贺感觉状态不好，找个借口准备溜："陛下，臣一般写字都得在酒醉后，在宫里实在不好发挥啊。"

"好说好说，不就是喝酒嘛，多大点事呢！"玄宗命人备下御酒，让老贺先喝，然后去处理政务，完事回来验收成果。

皇上，你咋不按套路出牌呢？贺知章无奈，只得一杯接着一杯猛灌，一会儿就喝醉了。

喝醉以后，老贺开始发功，提起笔来狂写一通，边写边唱，边唱边溜达，也不知道写了多少字，然后把笔一扔，趴在桌上呼呼大睡。

玄宗回来一瞧，差点笑弯了腰。你是在哪儿写的字啊！

原来，喝得醉眼蒙眬的老贺错把素白的帷幕当成了白纸，写的时候还纳闷：这纸质地真不错，怎么戳都戳不破。

必须承认，老贺的书法还真不是盖的，这字落笔精绝，如春林之绚彩，书法造诣之外，亦足见其才情。

玄宗命人叫醒老贺。贺知章睡眼惺忪，摇摇晃晃地对皇上说：“陛下，臣不胜酒力，这就溜了。”

玄宗只好送他走人。望着贺知章在侍从的搀扶下左晃右摇，连扶都扶不住，玄宗不禁笑道：“这老头，还真是有趣！”

五

八十六岁那年，老贺生了场大病，躺在床上不省人事，昏迷了许久，才渐渐恢复了过来。

死里逃生的贺知章上表请求病退回乡，这次玄宗终于降诏恩准。

一向信奉道教的老贺特意请命，将家乡那栋旧宅改为道观，旧宅旁的数顷湖泊改为放生池。

这点小小的要求玄宗自然不会拒绝。于是，老贺的旧宅有了皇帝赐的名字“千秋观”，门前的湖泊有了皇帝赐的名字“镜湖”。

刚从长安回到家乡越州，老贺就遇到了一件尴尬事。

由于多年都是“京漂”，家乡的街坊四邻对他早就没了印

象，邻居的下一代更是根本不认识他。看到这么个头发胡子花白的陌生老头走在路上，小孩子们纷纷上前询问："老爷爷，您从哪里来，又要到哪里去呀？"

贺知章笑道："我从京城而来，要在此地住上一段时间。"

小孩子们再问："那您在这儿有亲人吗？"

贺知章环顾四下，答道："应该不算有吧……无妨，我在此地应该也住不了太久。"

小孩子们又拉着贺知章的手，让他作首诗。

贺知章并不推辞。他略微沉吟，随口作了一首《回乡偶书》：

少小离家老大回，乡音无改鬓毛衰。
儿童相见不相识，笑问客从何处来。

人生的最后一段时光，老贺每天都会在门前的镜湖边散步，怀想往昔的壮阔逍遥。

离别家乡岁月多，近来人事半消磨。
唯有门前镜湖水，春风不改旧时波。

这首并不出名的诗，却是老贺人生的最佳注脚。无论世事如何变迁，无论生老病死还是朱颜渐改，老贺依然是那个有趣的老头。

数月之后，贺知章在家中溘然长逝，却没人说得清他究竟是哪天去世的，乡邻只听说有个整天乐呵呵的老头在某时去世了。

结果过了几年，有人说在镜湖边看到了他，并且与之交谈，甚至还一起拼酒、切磋诗文；又有人说经常在街巷见他醉酒写诗，写成便扔，引得旁人争相抢夺。

这就是贺知章有趣的一生。

他正直坦荡，胸无城府，处事也暗自有度；

他放纵嗜酒，参禅论道，政务却毫无懈怠；

他提携后进，善于识人，结友并不为攀利。

上自公卿、下至百姓，还有不少方外之人，无人不对贺知章的人品、才情、洒脱表示钦服。

所谓才华横溢、著作等身，或是荣华富贵、功名显赫，与一件事相比，其实都算不了什么。

这件事就是——有趣地活着。

大唐诗坛，也许不会再有一个比老贺更有趣的老头，不会再有一个任何时刻都以微笑面对世事的老头了。

他就是那个万里挑一的老头。

也许那一天，贺知章从井底揉了揉蒙眬的醉眼，自言自语了句："我这是睡在了哪里呀？我不是骑着马回来的吗……马呢？"

也许那一天，井外的人们正奔波着追逐功名利禄，老贺却慵懒地躺在井底；井外人声鼎沸、喧嚣成海，他举头望天，身心愉悦。

也许那一天，他在思考一个有趣的问题：等会儿是喊人把我抬上去呢，还是我自己想办法爬上去呢？

陈子昂：军曹的炒作

一

陈子昂的童年，一定会羡慕哭不少人。

坐拥家财万贯，钱可以随便花，看中什么直接买买买；家有奴仆上百人，出入保证车接车送。还有个爱炼丹、爱修道、爱旅游，就是不爱管儿子的"佛系"老爹——成绩不及格？没关系，反正老爹从来不批评。

当"四杰"都在刻苦读书、写作，一点点积攒名气的时候，小陈同学在干吗？

击剑，打猎，享受生活。明明可以拼爹，干吗还要靠才华？

在这种原生家庭环境下，小陈同学变成了充电五分钟，折腾两小时的主儿。

他喜欢吃糖，家里不差钱，想吃多少就买多少。

唐朝制糖工艺并不复杂，把米磨成粉，和进麦芽，经过糖化熬煮，就能形成黏稠的糖，俗称麦芽糖。

因为麦芽糖比较黏稠，吃的时候需要用竹扦把糖挑起，然后再送入口中。

那么问题来了，用竹扦只能随吃随挑，要想边走边吃，带着上学吃，总不能时刻抱着糖罐吧？

小陈同学开动脑筋，发明了一种新吃法。

他在糖熬煮完成后，不是直接倒入糖罐中冷却凝固，而是倒在一块事先经过雕刻的大理石模具上，再压上竹扦，等糖凝固后就形成各种造型，既美观又容易携带，别提有多方便了。

富二代的生活总是无忧无虑，一转眼，小陈十七岁了。

十七年来，他从没参加过任何作文比赛，甚至没写过一篇原创作品。

与他同时代的王勃六岁写美文，骆宾王七岁写《咏鹅》，杨炯十岁考取功名，卢照邻十几岁就被视为司马相如再世，就连心眼多又不拘小节的宋之问也是一身的"文艺细胞"。

他们统统都是家长口中"别人家的孩子"，陈子昂却实实在在是"自己家的孩子"。

对于这种话题，小陈同学并不在乎，这辈子能做个庸俗的富二代，就算实现人生目标了。

某日，小陈外出逛街。他身骑白马，在闹市上恣意狂飙。

结果一个不留神，就把前面步行的路人碰倒在地。

人家还没开口，小陈倒先埋怨了起来："哎，你走路不长眼睛吗？想碰瓷吗？"

受害者还没说啥，你肇事者倒有理了！

这种纨绔子弟的做派真让人火大，路人也是个暴脾气，二话不说直接开骂："这就是你面对错误应有的态度吗？小小年

纪如此蛮横，真不知道家长是怎么教育你的。"

"怎么教育？你管不着！老子乐意，就撞你了，怎么着吧！"

"你居然还敢如此无理？"

"老子有的是钱，随便你讹，你奈我何！"

说着说着，两人开始对骂。骂到最后，小陈直接抽出宝剑， ·剑将路人刺成重伤。

激情犯罪之后，小陈瞬间尿了，这万一闹出人命，再有钱也得进去啊！

幸运的是，被送往救治的路人抢救及时，暂时脱离了生命危险。

可这人是个耿直老哥，既不碰瓷，也不勒索，直接一纸诉状把小陈告到官府。纨绔之徒当街行凶，官府必须按律将凶徒绳之以法。此人还扬言，如果当地官府胆敢徇私枉法，自己定然会越级上访，告他个天翻地覆！

眼看小陈就要被抓进大牢，陈老爹不能再继续"佛系"了。得亏陈老爹长期在社会上混，平日与人为善、热心公益，官府那头也说得上话，又亲自带着倒霉儿子给人赔礼道歉，好说歹说（估计没少赔钱），才勉强劝路人放弃申诉，改为私下调解。

二

不经历坎坷，哪能变成熟？

在这个世界上，有的人是来为你付出的，有的人就是来给你上课的。有惊无险躲过一劫的小陈，就被这个路人妥妥上了一课。

此事过后，小陈突然像变了个人，把自己窝在房里半月都不出门。等他走出房门，说的第一句话就是："我不想当富二代了，我要读书！"

老爹瞬间泪目："儿啊，你终于长大了！"

儿子选择主动跳出舒适区，告别往日心安理得的逍遥时光，让陈老爹甚是欣慰。

只可惜，稍微有点晚了。

尽管家里有钱，想看什么书基本都能买到，可毕竟十七岁以前，陈子昂很少花时间读书，现在搞起文字创作那是相当吃力。

半路出家的陈子昂并不气馁，家里的环境不太适合苦读，他就在幽静的金华山上建了一处私宅，让家里备足吃穿用度，宣布长期闭关修炼。

住所旁有块宽阔平坦的大石台，陈子昂天天就在台上刻苦用功。累了，喝口小酒放松放松；困了，躺在台上小憩片刻。

生活纵然单调了不少，内心却愈发充实。

他没经过系统训练，不太擅长用细腻优美的词语描绘景物，还经常直来直往、重复用词，顶多算个野路子诗人，无法融入文坛的主流圈子。

不过，陈子昂并不在意，还经常自嘲："文章小能，何足道哉！"

他追求的并不是文坛开宗立派，而是政坛崭露头角。

唐高宗调露元年（679），大将裴行俭平定西突厥，重建

安西四镇，大唐国力日渐鼎盛。

迎着大唐盛世的东风，二十岁的陈子昂走出四川，"漂"进长安，在国家最高学府国子监进行系统学习和专业培训，专心备战来年科举。

结果，落第。

陈子昂不甘心，返回金华山继续复习。

三年间，陈子昂废寝忘食，遍阅经史百家，强化写作训练，颇有成效，创作了一些佳作，比如这首《春日登金华观》：

白玉仙台古，丹丘别望遥。

山川乱云日，楼榭入烟霄。

鹤舞千年树，虹飞百尺桥。

还疑赤松子，天路坐相邀。

读过的人都不禁夸上一句："哇！小陈同学最近功力渐长呀！这诗写得，还真有些司马相如的味道。"

陈子昂并不自满，还是按部就班拿出该读的书，不停地圈圈画画，写了密密麻麻的笔记。

他心里只有一个想法：遇到好词佳句，必须记得画重点，要考。

备考三年，陈子昂觉得知识储备扩充得差不多了，于是再次进京，第二次参加科举。

结果，还是落第。

这回，他的内心几乎是崩溃的。

三

在那个没有网络购物的年代里，郁闷至极的陈子昂一个人在长安东西两市闲逛，想靠疯狂购物来缓解郁闷。

他一直在思考：复读之后又三年，三年之后又三年，老这么复读下去不是办法啊！究竟还有没有别的路子呢？

逛着逛着，陈子昂见街头有卖胡琴的摊位，却当场标出一千缗的天价，而且卖琴老板比较硬气，在旁边立了个牌子，上面写着：谢绝还价，不买勿问。

昂贵的价格把不少买主变成了围观群众。陈子昂挤上前去，见此琴质量上乘，一拨琴弦，琴音悠扬，算得上一把好琴。

只是卖一千缗，这……也忒便宜了！

陈子昂突然心生一计，他掏出一千缗，立即把琴买了下来，连眉头都不皱一下。

"看到没有？有钱，就是任性！"

"是啊是啊！京城还是土豪多。"

陈子昂买了琴，并没有马上离去，而是对围观众人发出邀请："明日正午，敝人想在宣阳里邀请各位赏琴，可否赏光？"

去！为何不去？

第二天正午，陈子昂的豪华住所就被长安各色人等围得水泄不通。只见陈子昂悠然捧琴出场，说了一段让小伙伴们都惊呆了的言论："各位，敝人川中陈子昂，创作型'文青'，作品百轴，不为人知，弹琴这种贱籍之业，何足道哉，砸了这

琴吧！"

还有这种操作？

说罢，陈子昂就当着众人的面，把出价千缗的名琴砸得粉碎。

砸琴的节目效果很好，只是不明真相的围观群众还是一脸蒙，他们着实被土豪烧钱的做派震惊了。

你以为有钱人很快乐吗？他们的快乐你根本想象不到。

琴砸完了，陈子昂的嘴角浮起一丝带着狡黠的微笑："弹琴是不可能弹琴的，今日特邀各位前来，只为让你们一观我近年来创作的诗文，记得给五星好评哦！"

说着，陈子昂命随从给众人分发诗文。

对于陈子昂的行为，或许用这个词更为准确：营销推广。

唐睿宗文明元年（684），营销出知名度的陈子昂科举及第。此时，武则天已经动起了改朝换代的心思。

这话不能明说，更不能武则天自己说，朝廷上要有拥护者，民间更要有支持者。

在民间，女皇大人的支持者不少，陈子昂算绝对忠实的那一种。他紧跟形势，洋洋洒洒地完成《谏灵驾入京书》《神凤颂》《上大周受命颂表》，坚决拥护伟大女皇登基称帝。

武则天读后，不显山不露水地吩咐下去："谏书嘛，写出真情才叫好，朕瞅着陈子昂是个人才，把他调到秘书省担任麟台正字吧。"

麟台正字没干几天，陈子昂就多次接受女皇陛下召见，并被迅速提拔为右拾遗。

在右拾遗任上，陈子昂挺直腰杆，谏奏不断，一面刷着知名度，一面也勤于政务。他特别看不惯武家人横行不法，经常向上递条子，武家人可没少因此被武则天痛批，还得卖力写检讨。

四

武则天万岁通天元年（696），契丹反叛朝廷，攻陷营州，建安王武攸宜奉命出征，陈子昂被调往武攸宜幕府担任参谋，随军开赴前线。

"苍天有眼，这小子终于落在我们手里了！"武家人喜极而泣。

武攸宜临行前，武家人自发组织来告黑状："王爷，有个叫陈子昂的家伙这次随您一起出征，这小子超级擅长自我推广，利用武家刷存在感，还老想针对我们，您可不能让他好受啊！"

"想踩着我们上位，那是不存在的。"武攸宜的目光陡然充满森冷的杀气。

这些情况，陈子昂并不清楚，从小慷慨任侠的他，实在希望上阵杀敌，为国建功。

他主动提议亲率万人担任先锋，武攸宜冷冷回复："你个耍嘴皮子的书生带什么兵，一边待着去！"

陈子昂不灰心，再次请求："不让当先锋，让我带一支队伍上前线也行。"

武攸宜再浇一盆冷水："你扛过枪打过仗吗？杀过人流过

血吗？你有什么资格带兵？下去下去，不要烦我！"

过了几日，陈子昂又来提意见："不让带兵，让我跟随队伍上阵杀敌总行吧。"

武攸宜冷着脸一声不吭。

"王爷，您是不是听到什么流言蜚语了？您可千万别听信一面之词，我只想杀敌报国。"陈子昂都快哭了。

"哦，你的话讲完了吗？现在该我说了。"武攸宜目光一扫，直接颁布军令：陈子昂性格轻佻，傲慢无礼，多次以个人私欲妄图冒进，这样的品质不能继续留在幕府，滚去军中担任军曹吧！

军曹，弼马温一样大的官，只比普通士兵高一级。

> 本为贵公子，平生实爱才。
> 感时思报国，拔剑起蒿莱。
> 西驰丁零塞，北上单于台。
> 登山见千里，怀古心悠哉。
> 谁言未忘祸，磨灭成尘埃。

得罪了武家人，根本没有可能建功立业。

百无聊赖的陈子昂在军中挥笔写下三十八首《感遇诗》，首首直击灵魂。

他的满腔热情一步步降到了冰点。某一个黄昏时分，他独自登上了幽州台，也就是战国时燕昭王用以招揽贤才的黄金台。

昭王白骨萦蔓草，何人更扫黄金台？

遥想当年燕昭王千金求贤、豪杰云集的场景，陈子昂不禁泫然流涕，作起了诗来。

这首诗，陈子昂并未取名，后人给它取了个名字，叫《登幽州台歌》：

前不见古人，后不见来者。
念天地之悠悠，独怆然而涕下。

行走在黄昏的冷风中，飘散的踩碎的都是梦。陈子昂不会想到，自己此刻所作的这首诗居然成了他的代表作。后世一提到《登幽州台歌》，就会想起陈子昂；一提到陈子昂，也一定会想起《登幽州台歌》。

流传后世的作品，其实一首就足够了。

陈子昂输了前途，却赢了整个时代。

五

可惜，陈子昂实在等不到自己的燕昭王了——三十八岁的他意志消沉，以父亲生病为由辞官回乡。

辞官而去，前途更加凶险。武家人仍然不愿放过他。几年后，在武攸宜的指使下，梓州县令段简巧编罪名，将陈子昂打入死牢。

陈子昂很慌，让家人纳钱二十万缗赎他。段简不满意，他

既要搞死陈子昂，还想吃空陈家的家底。

陈子昂身子骨不算健壮，又在牢中挨了不少黑棍，他暗自揣测，大概是渡不过此劫了。

在狱中，陈子昂给自己算了一卦，卦成，大凶。他万念俱灰，仰面痛哭："天命不佑，我的死期不远了！"

在暗无天日的大狱，他留下了人生最后一首诗——《宴胡楚真禁所》：

> 人生固有命，天道信无言。
> 青蝇一相点，白璧遂成冤。
> 请室闲逾邃，幽庭春未暄。
> 寄谢韩安国，何惊狱吏尊。

一字一句，椎心泣血。

不久，陈子昂就在狱中悄无声息地死去，江湖之外，没人关注，更没人在意。

直到唐代宗广德年间，安史之乱接近尾声，举国上下一片欢腾。在这种喜庆洋溢的氛围下，一个陈子昂的资深崇拜者，正拖着疲惫的身躯，在川蜀大地上艰辛地挪动。

路过偶像的故乡梓州时，他不顾旅途劳顿，跋山涉水，只为寻访偶像踏过的足迹。

他亲登金华山，探寻偶像的读书台遗址；登上东武山，走访偶像的故居；最后一站又来到龙宝山，瞻仰偶像的墓地。

龙宝山上，左有梓水，右临涪江，四面青山，层峦叠嶂。他凝视着偶像的墓碑，心情久久不能平静。

这个粉丝，名叫杜甫。

此行过后，他为偶像写下这样的诗句：

> ……
>
> 公生扬马后，名与日月悬。
>
> ……
>
> 终古立忠义，感遇有遗编。

陈子昂在大唐诗坛最大的贡献，就是进一步充实了"四杰"所追求的诗歌的内涵，彻底肃清了齐梁诗歌中绮靡纤弱的风气，对盛唐那股刚健有力、气度雄浑的诗风，产生了深远的影响。

曾经是野路子出身的他，成了初唐诗文革新的集大成者和终结者。

很久之前，陈子昂为激励自我，特意写了篇《座右铭》：

> 事父尽孝敬，事君贵端贞。
>
> 兄弟敦和睦，朋友笃信诚。
>
> 从官重公慎，立身贵廉明。
>
> 待士慕谦让，莅民尚宽平。
>
> 理讼惟正直，察狱必审情。
>
> 谤议不足怨，宠辱讵须惊。
>
> 处满常惮溢，居高本虑倾。
>
> 诗礼固可学，郑卫不足听。

幸能修实操，何俟钓虚声。

白珪玷可灭，黄金诺不轻。

秦穆饮盗马，楚客报绝缨。

言行既无择，存殁自扬名。

其实，陈子昂对君臣、父子、兄弟，以及个人追求看得很透；

其实，人生就是如此，享过福、吃过苦，夺过彩、碰过壁，折腾过，终于累了，才发现自己转了一个大圈，又回到了原点；

其实，做想做的事，去想去的地方，实现想实现的梦想，根本没那么简单。

某种意义上说，陈子昂看得清人生的价值，却得不到人生的精彩。

庆幸的是，他总算让长安听到了他的声音，也让时代听到了他的声音。

王翰：一杯在手，天下我有

一

太原地界，几乎人人都知道王翰王大少有三大爱好：吹牛、唱歌、写诗。

王翰的好友们都晓得，王大少的三大爱好是以喝酒为起点的。不喝酒的王翰，是个安静的美男子；喝过酒的王翰，敢吹最狠的牛，唱最难的歌，做太原街头最靓的仔。

就连王翰本人都不清楚，自己究竟是何时爱上这种微醺的感觉的。

他只清楚一件事：出身太原王氏最显赫的一支，垄断太原好几种产业，连高宗李治的第一任皇后王氏都跟自己沾亲带故。

王翰经常挂在嘴边的一句话：我有钱，花不完的那种。

他实在过于有钱，也特别会花钱。

王翰经常听到的一句话：王哥，我们做朋友吧！

在十里八乡，给面子的要喊一声他"王哥"，不想给面子的也得喊一声"王少"。

最让小兄弟们心服口服的是，王哥喝酒千杯不醉，而且从不以"感情深，一口闷；感情浅，舔一舔"的说辞劝酒，你干不干绝对随意，反正王哥在酒局结束前一定会把你喝倒。

这样的快乐时光一直延续了很多年。

直到有一天，众人围在一起喝酒吹牛，有人无意间提了一嘴："王哥，你去过京城吗？"

王翰摇了摇头，他只是土豪，没见过大世面。

这人又说："听说京城那叫一个美啊！比咱这太原城强多了。要是这辈子能进回京城，也不枉来这人世走一遭。"

说着，这人咂了一口酒，接着胡侃："王哥，你本事大，又有才，干吗不去京城谋个一官半职呢？到时候也拉咱们这些哥们儿弟兄一把。"

王翰歪着头果断拒绝："去京城干吗？我不去！我在这儿过得比王侯还自在，干吗要去京城？"

这时，此人突然神秘一笑，继续问道："王哥，你听说过葡萄酒吗？"

一聊到酒的话题，王翰就来了精神："葡萄酒啊，应该是用葡萄酿的吧？听说过，没喝过。"

"听说这种酒产自西域，甘甜顺滑，入口柔和，而且回味悠长，男人喝了身体强壮，女人喝了美容养颜……"

话还没说完，王翰就半信半疑地质问："你就可劲吹吧，西域产的酒有啥好喝的？咱们这儿的杏花村汾酒，味道不比西域酒更醇厚？"

"话虽如此，汾酒喝多了，也就不觉得好了。反正我的朋友在京城喝过，将来我也一定要去京城品尝一番，到时候我帮你带几瓶吧。"

"笑话！要去也是我先去！你等着，过几日我就去一回京城，尝尝你所谓的美酒佳酿。若是好喝，就给兄弟们带些回来；若是不好喝，我就把你小子的脑袋拧下来当球踢！"王翰放下了手中的酒杯，不忿地说道。

二

没几日，王翰就出发了。

到了长安城，王翰才不由得感叹："这地方，是真够大的啊！"

整座长安城大体呈长方形对称分布，从内至外由宫城、皇城和外郭城三部分组成。且不说气势恢宏的皇城，就是外城一百零八坊，坊内遍布的府邸、寺院，街道上的车马、富豪、胡人、美女，东西两市上卖的数不清的新鲜物件，都让王翰看花了眼。

京城什么都好，只有一点让王翰不太满意：长安实行严格的宵禁制度，一到晚上，坊市全部关闭，百姓全部不能出门。

没有夜生活还是比较无聊的，对于王翰这种"一天不喝三顿酒，走起路来腿发抖"的嗜酒人士，他留在长安的唯一动力就是逛各大酒肆。

很遗憾，酒肆中很少卖价格昂贵葡萄酒的，好不容易找到一家，口感却完全不是朋友描述的那样，味道不算甜，喝着还可口。

王翰很生气，叫来老板："你家这酒真是葡萄酒吗？味道不对啊，掺兑了吧？你若是敢拿假酒糊弄我，当心我砸了你的招牌！"

老板很理解王翰这种有钱人的任性，他赶紧解释："客官，不是小店有心诓你，你瞅瞅这偌大长安城，有几家酒肆卖这种昂贵的酒呢？尽管本店的葡萄酒品质确实一般，却已是酒肆中相对不错的了。"

老板并没有扯谎，王翰差不多逛遍了长安城，确实没喝到令人满意的葡萄酒。

虽然葡萄酒的酿制方法自太宗那阵子就已广泛流入民间，可惜民间的酿造工艺着实比不上皇室，色泽和口感天差地别，而西域进贡的上等珍品都被达官显贵享用了。

见王翰不依不饶，老板只好给他摊牌："客官，您真想喝上等的葡萄酒吗？"

"我来长安正是为了喝上这口好酒！你有什么好办法吗？"

老板摇了摇头："小人哪能有什么好办法，真正的好酒，只有达官显贵家中才有，您若一定要喝，办法只有两个，要么去结交他们，要么自己变成他们。"

结交权贵？王翰做不到。

太原王氏几百年的底蕴，让他总觉得权贵的生活并不比自己高端大气上档次，干吗还要屈膝投靠他们？

于是，王翰决定尽快走上仕途，自己变成权贵。

说出来你可能不信，喝不到上等葡萄酒、内心像猫抓一样难受的王翰，还没太搞明白进士科的考试内容和要求，他就报名参加了本年度的科举考试。

结果，居然考中了！

科举入仕后，王翰继续向上考，又举直言极谏，再举超拔群类，三次考试，三次高中。这么简单的考试，他实在想不通为什么会有那么多人考不上。

有些悲摧的考生向他取经，却次次失望而归，因为考霸王翰说来说去只有一个意思：放松心态别紧张，审清题目别乱答。

这就是考霸的说辞吗？什么都说了又好像什么都没说。我才不紧张呢！题目根本看不懂，我紧张什么啊！

实现科举三连击的王翰却仍然不快乐，连升三级还是喝不到葡萄酒，他不愿再等了。

很快，王翰随便找了个理由，回到太原老家，先是把那个撺掇他进京的好友痛骂一顿，然后像以前一样过起了逍遥自在的生活，饮酒作乐，不念旁事。

尽管嘴上不说，王翰心里始终很遗憾，究竟何时才能尝到这传说中的异域美酒呢？

三

某日，王翰接到一个通知，并州长史张嘉贞请他到府中一聚。

酒局还是要积极参加的。王翰潇洒地来到张嘉贞府中，二话不说直接干了一斗。

"好，好，好！都说王子羽酒量如海，今日一见果然不虚！"张嘉贞和王翰都是性情中人，还都是喜欢狂饮的性情中人。

酒局一直持续到深夜，王翰这回喝了不少，他斜着眼豪迈地对张嘉贞说："承蒙大人设宴款待，我王翰别的不行，喝酒第一，歌舞第二，如大人不嫌弃，我愿当场为大人即兴创作一曲。"

说罢，王翰离席，在张嘉贞面前又唱又跳，挥洒自如。

张嘉贞观赏过后，兴致依旧不减，当即命人拿出一个瓶子，然后颇为神秘地对王翰说："今日你以歌舞款待于我，我也应以美酒盛待于你。"

王翰稍微谦虚了一下："大人，刚才喝的酒就够好的啦！醇香、轻柔，还不上头。"

"还不够，你先来闻闻这酒。"说着，张嘉贞把这瓶酒递到王翰手中。王翰先闻了闻瓶口，一股浓郁的葡萄味混合着酒香扑鼻而来。

看这色泽，闻这酒香，莫非……

张嘉贞见王翰有些激动，是那种天上掉馅饼还直接落进嘴里的激动。他很欣慰终于遇到了懂酒的行家，便说道："这是早些时日长安的好友送来的葡萄酒，据说是西域特供，可比民间酿造的口感好太多了。"

张嘉贞的话，王翰并没听见，因为他早已开始自斟自饮了。

美酒入喉，整个人都舒服多了。

这才是上乘的葡萄酒啊，味道果然与众不同！

一杯一杯不停地饮，王翰居然喝醉了。多年以来，都是他喝倒一桌人，这一次，居然因张嘉贞的葡萄酒喝醉了。

张嘉贞轻声问道："子羽，你醉了，今晚就在我府上歇息吧？"

醉意渐浓的王翰还要逞强："谁说我醉了？我没醉！快扶我起来，我还能干三碗！"

自从在张嘉贞家喝了那场大酒，王翰整天都想着喝葡萄酒，有事没事就去张嘉贞家蹭酒。

这一蹭，就蹭了四年。四年间，王翰一直没有回京参与吏部遴选，他早就忘了自己几年前还考过科举，正等待组织分配职务。

四年后，张嘉贞奉旨调往京城。这让王翰很惆怅，以后没酒喝了该怎么办？

张嘉贞不太理解王翰对葡萄酒的痴迷，他告诉王翰："接替我的人叫张说，也是个性情中人，爱文学，爱搞创作，你跟着他好好混，不愁没有发展机会的。"

王翰很颓废："发不发展的我无所谓，我只喜欢喝酒。"

张嘉贞笑了："有发展才有机会喝到更好的酒呀！"

"哦，你说得好有道理，我竟无言以对！"

可惜，新来的张说不太爱喝酒，家里也不存葡萄酒，所以王翰很不快乐。

唐玄宗开元九年（721），张说入朝为相，他并没忘记这位整天闷闷不乐的小老弟。在张说的举荐下，王翰入朝担任秘书正字，不久又被提拔为驾部员外郎。

作为当朝宰相兼文坛领袖的小弟，王翰身边还聚集着张九龄、贺知章这等名家，换作别人，没准睡着都能笑醒。

可王翰依旧不快乐。没有好酒，他就不可能有快乐。

四

小弟不快乐，上级要负责。

张说主动叫来王翰，安排他去西北前线，输送马匹、粮草等军需物资。

自初唐至开元年间，朝廷与边境少数民族多次开战，军队里除了行军用兵的将领，还需要一批掌管文牍事务的文官。

恰恰基于此种需求，大批热血诗人才有机会奔赴前线，王翰之前有陈子昂，之后还有王昌龄、高适、岑参等一批猛人，他们以满腔的激情和过人的才华，开创了大唐诗歌界的一大新领域——边塞诗。

听闻张说的任命，王翰的第一反应却是烦躁："张大人啊，虽然我消极怠工，但工作也没啥疏漏呀，没道理这么坑我吧？"

张说见王翰面露不悦，悄悄对他耳语一句："你作为驾部员外郎，随军出征本是职责所在。再者说，西北前线邻近西域诸邦，肯定有上等的葡萄酒供应。"

"你咋不早说啊！我啥时候动身？"

很快，王翰就奔赴西北前线，并与军中某位爱喝酒的将军建立起牢固的革命友谊。

目的只有一个，蹭酒。

将军自然不能像王翰这么悠闲，他一边喝酒，一边还得部署军事力量。

某日，将军正和王翰在行营里痛饮甜美的葡萄酒，斥候忽报，万余敌军正逼近行营，看样子是要搞场大的。

军情紧急，战事一触即发，将军还没来得及饮尽杯中美酒，催他披挂上阵的琵琶声就响了起来。他放下酒杯，走出营帐，战马早已提前备好。

出发之际，将军还不忘对王翰开句玩笑："老弟，你在营中慢慢喝，我先去退敌了。"

王翰心想：你都上前线杀敌了，我就是再没心没肺，这会儿也得干点正事呀！

王翰郑重地朝将军一拱手，慷慨激昂地说道："将军，你只管上阵杀敌，军中辎重由我看守，我就在中军帐等着你凯旋！"

王翰的慷慨陈词，让将军有些意外：可以呀，小伙子觉悟挺高！

"老弟，我们这些上阵打仗的将士，哪个不是把脑袋别在裤腰上，谁知道什么时候就战死沙场了。没准这回我会醉倒沙场，你可别笑话我，因为自古至今，沙场征战的就没几个人能活着回来。"将军翻身上马，命令全军出发迎战。

"将军且慢！我来为你，也为全军将士作首诗，替诸位送行！"

　　葡萄美酒夜光杯，欲饮琵琶马上催。
　　醉卧沙场君莫笑，古来征战几人回。

一首《凉州词》，道尽从军苦与乐、喜与悲。无从得知将

军此战是否平安返回，我们只知道，这段军中时光，是王翰一生中最难忘的经历。

很快，王翰的快乐日子就到头了。

由于张说权倾朝野，又拉起一支包括张九龄、李邕、许景先等人在内的义人小圈子，引发同事的强烈不满。张说抵挡不住来自四面八方的围攻，被贬出京。作为张说的心腹小弟，王翰自然也难逃一劫。

众人对王翰的痛恨甚至高于张说，原因很离奇。

王翰跟着张说刚来京入职时，无所事事的他搞了个非官方发布的大唐文人排行榜，选了百余位名声很响的大家，分成九等各自排序，然后将榜单公布出来，分分钟使业界炸开了锅。

热议的核心问题很明确：百余人中，一等文人只有三位，分别是张说、李邕和王翰自己，并且许多被业界公认的大家都被排斥在名单之外。

如此荒唐的排名，公信力何在？我们这些人都不要面子的吗？

张说在任期间，众人不敢多说；张说刚一离职，王翰就瞬间暴露在枪林弹雨之下，被批得体无完肤。

批完后就是连续被贬。

第一站：汝州长史。

第二站：仙州别驾。

第三站：道州司马。

一站比一站远，一站比一站萧条。

不过王翰生性洒脱，做官本非夙愿，没啥好失落的。他每至一处，就在本地聚集一帮文人骚客，整天饮酒作诗、打猎游玩，连一天完整的班都没上过。

地方上知名的文人如祖咏、杜华等都是王翰的忠实粉丝。

杜华的老娘崔氏特别羡慕有钱又有才的王翰，她常对儿子说："古代有个孟母三迁的故事，如今我看咱们不妨搬家去和王翰做邻居，只要你能时常跟在他身边，我心里就踏实了。"

最终，王翰病逝于道州司马任上，终年三十九岁。

五

在王翰连续被贬的某一日，他写了一首《葡萄酒》：

> 揉碎含霜黑水晶，春波滟滟煖霞生。
> 甘浆细挹红泉溜，浅沫轻浮绛雪明。
> 金剪玉钩新制法，紫驼银瓮旧豪名。
> 客愁万斛可消遣，一斗凉州换未平。

建功立业、功成名就，远不如一杯葡萄酒对他的吸引力大。

被贬没什么所谓，喝不到葡萄酒，才是他人生最痛苦的事。

他这一生，醉生梦死的日子占了十之七八。放浪形骸也罢，没心没肺也罢，奋斗进取是一种活法，及时行乐也是一种活法。

为自己的初心而活，才能活出人生最亮丽的本色。

当王翰端起葡萄酒，他真正达到了"一杯在手，天下我

有"的状态。

端起酒杯的王翰，才是最纯粹、最自然的存在。

不过，在王翰为数不多的诗作中，讽刺权贵、感叹人生无常的居然占了绝大部分。

比如《饮马长城窟行》：

> 秦王筑城何太愚，天实亡秦非北胡。
> 一朝祸起萧墙内，渭水咸阳不复都。

比如《春女行》：

> 落花一度无再春，人生作乐须及辰。
> 君不见楚王台上红颜子，今日皆成狐兔尘。

再比如《蛾眉怨·其二》：

> 人生百年夜将半，对酒长歌莫长叹。
> 情知白日不可思，一死一生何足算。

也许，在王翰豁达豪迈的气度下，一样隐藏着才华难以施展的淡淡悲凉。

这种悲凉，他只有在端起葡萄酒时，才能短暂地遗忘。

王之涣：王氏出品，必属精品

一

先从一个国家4A级景区开始说起。

位于山西蒲州古城西面、黄河东岸的鹳雀楼，始建于北周，因时有鹳雀栖其上而得名。

从鹳雀楼拾级而上，可前瞻中条，俯瞰大河，遐标碧空，横流影倒，与武昌黄鹤楼、洞庭岳阳楼、南昌滕王阁并称我国古代四大名楼。

有名气的景点，必然会成为众多旅友争相打卡的旅游胜地。

鹳雀楼自然也不例外。大约一千三百九十年前的一个春日，三十五岁的中年诗人王之涣，正傲然迎风立于鹳雀楼顶，远望苍茫落日、浩荡激流。

既然是打卡，总得留点痕迹。

王之涣不屑于在鹳雀楼某处刻上"某某某到此一游"，那简直太弱了。他是吟游型诗人，最擅长即兴创作。

一言均赋，五言即成。

白日依山尽，黄河入海流。

欲穷千里目，更上一层楼。

无一字生僻，无一句难懂，却能浓缩万里于咫尺，使咫尺有万里之势。我们不禁要感叹，文字的巧妙组合竟有如此张力和气魄，真是"高手高于高高手"！

这首《登鹳雀楼》，被誉为唐代五言诗的压卷之作。后世的人们，对王之涣有统一的评价：王氏出品，必属精品。

武则天垂拱四年（688），"初唐四杰"已彻底走下历史舞台；土豪陈子昂刚刚跳出舒适圈，这会儿正在金华山刻苦修炼；业界真正撑场子的只有宋之问、杜审言、沈佺期这群老前辈。

这一年，王之涣出生了。

太原王氏至今已登场两位才子——王勃、王翰，王之涣是第三位。

王之涣和早一年出生的王翰虽是同宗，却早出五服，而且两人的兴趣爱好也迥然不同。

王翰喜欢喝酒、牵狗架鹰、习武游历，只要和学习无关的事，他都乐意尝试。

王之涣不同，他从小就仰慕远古圣贤，酷爱学习，十几岁穷尽经典，精通文学创作，二十多岁便已诗作频出，在业界流传很广。

出道早、抱负远大又自恃才高的王之涣，不屑于按照普通人的思路规划人生，他带着作品四处拜谒名家，二十八岁就被举荐为衡水县主簿。

二

年少有为的王之涣，很快就受到县令李涤的器重。

小王办事靠谱，才华横溢，性格又豪爽，李涤确认过眼神，是值得嫁女的人。

他叫来王之涣，关怀地问道："小王，最近工作可忙啊？"

"还行，上传下达，做好服务工作，也算一直在路上。"王之涣的回答很官方。

"是这样，今天把你叫来，是有件私事。"李涤盯着王之涣，淡然笑道，"我看你整天一个人忙内忙外，要不，我把女儿嫁给你吧？"

王之涣有些愕然："李大人，我已经结过婚了，连娃都有了。"

"无妨，我把女儿嫁与你，是看重你的人品和才学，至于你让她做妻做妾，全看你个人选择了。"

"不知令爱年方几何呀？"王之涣惊诧之中又带着几分受宠若惊的自得。

"不多不多，比你小十七岁。"

王之涣心中一凛，忽然有些犹豫："令爱正值芳龄，嫁我岂不委屈？"

李涤摆了摆手："小伙子，身高不是差距，年龄不是问题，她能有你这才子为夫君，是她的幸运。放心，嫁妆我已备好，你只管娶就是。"

很快，十八岁的花季少女就嫁给了王之涣。果然如岳父所说，作为王之涣的贤内助，李氏对夫君崇拜有加、关怀备至，

婚后二人甚是恩爱。

然而，一桩美好的姻缘却引起同行们的集体妒忌：大人把女儿嫁给你了，日后你升官，还不得爬到我们头上作威作福？

在这种地方工作，最重要的是资历，才能再出众，也不要得罪老员工，不然很可能被无止境地穿小鞋，搞得你心力交瘁，最终无奈离开。

王之涣越是春风得意，同行们越是心里不爽，加上王之涣自负才学，毫不退让，又不懂得长袖善舞、拍马经营，一时间，诬告如雪花般飞进县衙，从着装随意、不按点上下班、与同事关系紧张一直到口无遮拦、诽谤朝政。

总之一句话：不处理王之涣，以后的工作没法开展！

李涤很头大，王之涣是自己的女婿，但这帮人也是自己的下属，万一这帮人真撂了挑子，经济搞不上去，没准连自己都没脸在县令任上干了。

看来，只能牺牲女婿的前途，顾全大局了，总不能让他们集体辞职吧？

李涤把当前的死局讲给王之涣听："之涣，不是岳父不护你，我这个县令也得看他们的脸色。离开他们，整个工作系统就塌了。"

接着，李涤意味深长地说："过于优秀大概也是一种罪，让不如你的人无法饶恕。"

"岳父大人，我理解您的苦衷。没关系，这官我不做了。"王之涣始终相信：奚落是庸才对天才的颂歌，可悲的不是我，而是你们。

带着妻子离开衡水时，王之涣给李涤留下一首诗：

长堤春水绿悠悠，畎入漳河一道流。
莫听声声催去棹，桃溪浅处不胜舟。

涓涓曲水，声声去棹，我走了，不再回来了。

<h1 style="text-align:center">三</h1>

王之涣这一走，就是整整十五年。

他沿着黄河，一路向西，自山西、陕西、甘肃逶迤而去，赴河陇，出玉门，漫游西北边塞，饱览壮丽河山。

直到唐玄宗开元初年，满面风尘的王之涣接到好友王昌龄、高适邀请，赶赴长安相聚。

隆冬腊月，长安城雪花飘飘，北风萧萧，天地一片苍茫。

盛唐边塞诗派三大主力王昌龄、高适和王之涣（岑参出塞未归）约到一处酒楼，喝酒涮肉，谈古论今。

酒楼里有梨园班子驻场，三人正喝着，舞台上四个年轻漂亮的小姐姐正要选唱诗坛大咖们的成名诗歌，今天正巧是边塞专场。

搞边塞诗的，基本都是性格直爽豪迈之人，不喜欢拐弯抹角。

这三诗人平时很少有机会相聚，聚到一起总希望拼个孰高孰低。

王昌龄绰号"七绝圣手""诗家夫子"，老早就写出一句

"秦时明月汉时关，万里长征人未还"。论诗的豪迈指数，可能比同样擅长七言绝句的李白写的"飞流直下三千尺，疑是银河落九天"还要豪气干云，后人评论"七言绝句，少伯（王昌龄）与太白争胜毫厘，俱是神品"。

高适的豪气既体现在诗文中，比如"战士军前半死生，美人帐下犹歌舞""湍上急流声若箭，城头残月势如弓"；也体现在人生追求上。这位仁兄屡次干谒不中，宁愿去乡下种地，也不愿去参加科举，他只觉得，科举是普通人的事，不愿随波逐流。

三人之中，高适率先发言："两位老哥，咱们三人在诗坛也都算小有名气了，不如今日趁着边塞专场，听这四个小姐姐唱谁的诗多，就算谁赢。"

"同意！"

"没毛病！"

高适对另外二人喊道："那还愣着干吗？鼓掌啊！"接着清了清嗓子，对着舞台高喊一句："小姐姐们，请开始你们的表演！"

第一个小姐姐翩然登场，她唱的是：

寒雨连江夜入吴，平明送客楚山孤。

洛阳亲友如相问，一片冰心在玉壶。

"不好意思，我先拔头筹！"王昌龄一听是自己的《芙蓉楼送辛渐》，心里十分得意。

第二个小姐姐继续唱道：

> 开箧泪沾臆，见君前日书。
> 夜台何寂寞，犹是子云居。

"到我了，到我了！"高适自信了起来。

第三个小姐姐出场，继续唱道：

> 奉帚平明金殿开，且将团扇共徘徊。
> 玉颜不及寒鸦色，犹带昭阳日影来。

"实在惭愧，又是我的。"说着，王昌龄扭头朝还没开张的王之涣打趣，"之涣兄，怎么回事？唱了三首都没你的份呀！"

王之涣脸上有点儿挂不住，晃着酒杯怼道："这三个姑娘长相不敢恭维，选歌的品位不敢恭维，唱歌的水平就更不敢恭维了，怎么能算数呢？"

王昌龄狡黠一笑："老哥莫非想耍赖？"

"耍赖？不存在的！"王之涣指着即将出场的红衣小姐姐说道，"别说我是'外貌协会'，你们自己看，这些小姐姐之中是不是就她最漂亮？"

"漂亮又如何呢？"高适不解。

"如何？一般最漂亮的都会最后出场，最后出场的才是最好的。我先放句话在这儿，如果第四位出场的还不唱我的诗，那我就退出文艺圈！"

話音未落，红衣小姐姐出场了，三人屏息静气，只等答案揭晓。

> 黄河远上白云间，一片孤城万仞山。
> 羌笛何须怨杨柳，春风不度玉门关。

"哈哈哈，我说什么来着，你俩还有啥话说？"

四

"边塞四诗人"不容易排出个一二三四，但王之涣的这首《凉州词》，再次被誉为唐人绝句压卷之作。

到了明朝中晚期，文艺批评活动开展得如火如荼，文坛那些评论家有事没事就爱找个话题展开争论。某一次，他们争论起哪首绝句是唐朝第一，费了很多笔墨和口水。

当时公认的文坛领袖李攀龙说："王昌龄的'秦时明月汉时关'最好。"

大才子王世贞不服，他认为绝句第一当数王翰的"葡萄美酒夜光杯"。

一时间，王维、王昌龄、王之涣、高適、李白、岑参的作品纷纷被拎出来讨论，却始终争不出个所以然。

到了清朝，评论家们学聪明了。既然争第一就像"鸡生蛋，蛋生鸡"那么难解，不如只评前四比较轻松。

坚持这种观点的王士祯经过长期研究，最后得出结论，唐朝绝句最佳，当有以下四首，排名不分先后：

第一首，王维的《送元二使安西》："渭城朝雨浥轻尘，客舍青青柳色新。"

第二首，李白的《早发白帝城》："朝辞白帝彩云间，千里江陵一日还。"

第三首，王昌龄的《长信怨》："奉帚平明金殿开，且将团扇共徘徊。"

第四首，就是王之涣的《凉州词》："黄河远上白云间，一片孤城万仞山。"

到了民国，又有人不同意了：扯什么四首并列，我就认为王之涣的《凉州词》最佳，不服来辩！

提出质疑的人正是国学大师章太炎，他还有一个身份：王之涣的忠实粉丝。

章太炎的评价比较简单粗暴：《凉州词》，"绝句之最"！

这首争论千年的《凉州词》，在清朝还有个有趣的故事。

慈禧也是王之涣的忠实粉丝。有一次，她让一个大臣把这首诗题在一把扇面上，好经常看到。

大臣的书法造诣很高，办事却比较粗心，题写时居然漏掉了"黄河远上白云间"的"间"字，而且愣是没发现。

老佛爷看到扇面，瞬间勃然大怒："你小子第一句就漏了个字，难道以为我没有读过王之涣的《凉州词》？今天给不出合理的解释，我让你吃不了兜着走！"

大臣很慌，他确实是粗心漏写了。可这理由显然说不出口，太后交代的事不认真，以后还怎么混？

幸亏这人脑子活络，急中生智，他摘掉顶戴，跪着解释

道："老佛爷，您遍通唐诗宋词，臣心里佩服得紧，'间'字并非漏写，而是臣突发奇想，将这首《凉州词》改写成了词，还请老佛爷指正。"

"哦？那我倒要听听你的新词。"

大臣连忙读道："黄河远上，白云一片，孤城万仞山。羌笛何须怨？杨柳春风，不度玉门关。"

哎哟，不错哦！老佛爷接过扇子，反复诵读了几遍，果然别有一番风情。这位机智的大臣，最终也没受处罚。

五

作绝句已臻化境的王之涣，做官也是很拿手的。

离开衡水，赋闲十五年的王之涣，在五十五岁的年纪递补任文安郡文安县尉。

他办案的手法，其实很是神奇。

某日，一个三十多岁的村妇到县衙陈情，案情还挺棘手。

村妇公婆都已过世，丈夫常年在外做生意，家中只有她和小姑子相依为命。昨天夜里，她到邻居家磨麦子，小姑子独自在家缝补衣裳。

当她磨完麦刚一踏进自家院落，只听见小姑子高呼救命。她急忙往屋里跑，在门口正撞上个蒙面男人，厮打几下，不敌，为防意外，她只得放凶手逃脱。进屋后发现，小姑子胸口扎着一把剪刀，已经气绝身亡。

王之涣问："厮打时在凶手身上留下了什么痕迹吗？"

村妇答："大概是抓破了凶手的后背。"

王之涣再问："你家里养狗了吗？"

村妇答："养了一只大黄狗，昨晚却全程没听到叫声。"

"好一只忘恩负义、混吃等死的畜生！"王之涣立即吩咐下属，将那只吃闲饭不干活的大黄狗捉拿归案，还张贴布告，宣称要在两天后公开审问那只狗。

不去调查杀人犯，而要审问一只狗，你这是要做什么？

百姓们都觉得新上任的县尉很无能，却又架不住对县尉奇特举动的好奇，他们在审问当日纷纷赶到县衙大堂，想看县尉如何操作。

王之涣的操作很惊人，他并不审狗，而是命下属将看热闹的妇孺老人全部赶到门外，只将百十来个青壮年男人关在屋里。

县尉大人下令："没异性了，脱吧！"

"大人，脱什么？"

"装什么糊涂，把上衣脱了！"

"大人，这样不好吧？"

"什么好不好的，都是大男人，还害臊？赶紧的，脱完都给我背对着墙站好！"

等这些男子全部脱光上衣，王之涣开始给他们检查身体，然后将一个后背带有抓痕的青年男子当场逮捕。

案情很快审明，事后，王之涣对外界解释："案发那晚，被害人家中的黄狗没叫，我断定必是熟人作案。审讯黄狗只是掩人耳目，让凶手放松警惕，引诱他来观看审狗的闹剧，这小子果然落入我布好的圈套。"

也正是这一年，王之涣突发重疾，医治无效，病逝于县尉

任上。

很遗憾，王之涣的生平在新旧《唐书》均无记载，《唐才子传》的记载也只草草几句。

更遗憾的是，王之涣创作一生，在后世却只留下六首诗歌，这么牛的诗人，新旧《唐书》不给立传，诗作也大量散佚，显然有点说不过去。

官职太小，没必要记载？拜托，人家孟浩然一辈子都没做过官好吧。为人耿直，得罪了权贵？有这种情况的大咖很多，人家都有传记。

后人收集不力，大量诗作丢失？也许这才是比较靠谱的解释。可与他同时代的边塞诗人，个个都留存下了诗集，为何偏偏只有王之涣的诗集散佚了？他又不缺钱，出本诗集并不困难。

综上，不妨做个大胆猜测：常年在外独自漂泊的王之涣，很可能本就写诗不多，没有诗歌记述行程，身边的故事自然无从被世人得知。

万幸，王之涣还是留下了六首诗作，除了上文展示的三首，还有另外一首《凉州词》：

单于北望拂云堆，杀马登坛祭几回。
汉家天子今神武，不肯和亲归去来。

《九日送别》：

蓟庭萧瑟故人稀，何处登高且送归。

今日暂同芳菊酒，明朝应作断蓬飞。

以及一首《送别》：

> 杨柳东风树，青青夹御河。
> 近来攀折苦，应为别离多。

在唐朝，送别诗算得上是最难写的一种题材，很难写出新意。王勃比较深情，"海内存知己，天涯若比邻"；高适比较直白，"莫愁前路无知己，天下谁人不识君"；李白比较喜欢借景抒情，"孤帆远影碧空尽，唯见长江天际流"。

这首《送别》，王之涣真就脑洞大开，从杨柳入题，以攀折杨柳衬托离别之苦。

后来，李白还模仿他的写法，推出了一首《劳劳亭》：

> 天下伤心处，劳劳送客亭。
> 春风知别苦，不遣柳条青。

内容有别，思路却很一致。

王之涣虽然只留下了六首诗，却有一首五言绝句压卷之作、一首七言绝句压卷之作，以及一首别开生面的送别诗佳作。

说到这里，如果还有谁质疑"王氏出品，必属精品"，站出来，一首首诗作是最有力的反击！

孟浩然：纠结的人生好痛苦

一

盛唐那个时代，诗坛是"李杜"和"王孟"的主场。

盛唐少不了李白和杜甫，也少不了王维和孟浩然——山水田园诗派两大天王。

这四位诗人，关系还比较有趣。

杜甫崇拜李白："白也诗无敌，飘然思不群。"

李白仰慕孟浩然："吾爱孟夫子，风流天下闻。"

孟浩然盛赞王维："当路谁相假，知音世所稀。"

王维却和李白老死不相往来。

相比于少年得志、独步江湖的王维，孟浩然的人生就苦闷多了，一生都在为各种问题纠结。

孟浩然的家庭属于典型的儒学书香门第。老爹饱读诗书，恪守孔孟之道。武则天独裁那阵，孟老爹认为女流篡权，于礼不合。

伟大的孔圣人说过："非礼勿视，非礼勿听，非礼勿言，非礼勿动。"跟着不遵礼法的皇帝混，实在有违圣人教诲。

因此，孟老爹一直不愿入仕，他在山清水秀的襄阳涧南园修建房屋，清闲避世。

出生在这种儒学氛围浓厚的家庭，孟浩然从小就能接受到正统的儒学熏陶，学习成绩始终优异。孟老爹还经常给他灌鸡汤："孩儿啊！我孟家世代习儒，以入仕为核心要义。为父这辈子是没机会了，不像你，赶上了好时代，光耀门楣的重任，就全指望你了。努力，努力，千万别让为父失望！"

年轻的小孟是个乖宝，老爹怎么安排，他就怎么执行。

十七岁那年，小孟参加襄阳县试，轻松拿了个第一。主持本次县试的官员，正是时任襄阳刺史、年高八十二岁的张柬之。

张柬之可是当年"舍得一身剐，敢把天后拉下马"的一代猛人，武三思得势后，张柬之被贬罢相，来到襄阳守牧一方。

张柬之看完小孟的试卷，他对这位文笔极佳的年轻人印象深刻，特意邀请小孟来府上详谈，勉励他继续努力，早日步入仕途。

孟浩然感念前辈的欣赏，发誓要一举成名。他秒开"学霸模式"，认真复习知识点，一心为半年后的府试做准备。

就在此时，张柬之再次接到贬黜的圣旨，下一站：新州。

老人家都八十多了，以垂死之躯赶赴广东，这简直就是政治谋杀！

孟浩然出离愤怒了。张柬之不正是扶持你李家夺回皇位的大功臣吗？你不懂得报恩就罢了，有必要把人置于死地吗？！

原本对入仕充满热情的孟浩然，开始感到有些纠结。

　　唐中宗神龙二年（706）七月，距离襄阳府试还有不到一个月的时间，孟浩然再次听到噩耗：张柬之刚到新州没几天，唐中宗听信谗言，又将帝国的恩人流放泷州。

　　张柬之年事已高，却要戴着沉重的枷锁，每日翻山越岭步行几十里，加上岭南瘴气湿重，酷热难当，还没到泷州，张柬之就一头栽倒在山岭之间的泥泞古道上，再也没有起来。

　　难道如此昏庸的君王，就是我日后要宣誓效忠的吗？孟浩然突然对国家、对朝廷，陷入深深的失望和愤慨。

　　还有十天就要考试了。孟浩然无比纠结，是参加府试还是弃考呢？

　　他不得不进行衡量。

　　首先，应付这种考试，他自己很有把握，毕竟只是府试，牛人很少。

　　其次，他必须考虑家里老爷子的感受，老爷子活了大半辈子，只盼望自己能科举及第，为孟家光耀门楣，如果弃考，老爷子肯定很难接受。

　　纠结之中，他想到一句圣训，子曰："邦有道，则仕；邦无道，则可卷而怀之。"

　　既然朝廷无道，何必要勉强做内心拒绝的事呢？陶渊明说："富贵非吾愿，帝乡不可期。"与其中了进士与奸佞为伍，还不如选择洁身自好。

二

　　孟浩然罢考的消息，迅速成为襄阳城一大热点新闻。

众人的评价，孟浩然可以无视，可他一进家门，就要面对老爷子疾风骤雨般的猛批："你是不是傻？""你愧对列祖列宗！""看你以后怎么发展！"

孟浩然感到"压力山大"，决定暂时离开家，外出放松放松。除了亲近大自然外，娱乐场所自然也不会少去。

某次在歌楼听歌，孟浩然邂逅了郢州城的当红歌女，韩襄客。

韩襄客色艺俱佳，孟浩然风流潇洒，两人几乎是一见钟情。被爱神一箭穿心的孟浩然当即约上韩襄客去汉江踏春。

汉江碧水涟涟，烟波浩渺；江边弱柳扶风、花红莺啼；就连天上飘动的云，都是爱你的形状。

孟浩然写了首《初春汉中漾舟》送给爱人：

> 羊公岘山下，神女汉皋曲。
> 雪罢冰复开，春潭千丈绿。
> 轻舟恣来往，探玩无厌足。
> 波影摇妓钗，沙光逐人目。
> 倾杯鱼鸟醉，联句莺花续。
> 良会难再逢，日入须秉烛。

如果不看出身，他俩简直就是天造地设的一对。孟浩然很清楚，他已经不可自拔地爱上了韩襄客。

"襄客，我那火一般炽热的爱，你能体会到吗？"

"浩然，我体会得到，可你能娶我吗？"

……

孟浩然第二次陷入了纠结。娶个风尘女子为妻，怎么向家里交代呢？

纠结之余，他想到一条计策。

他必须要迎娶意中人，又不能让老爷子知道意中人的出身。

不管怎么样，都要先娶过来再说。

娶亲第一步，找媒人提亲。

孟浩然找到了与父亲有深交的前辈桓子，桓子常年潜心研习儒学，却不是个食古不化的腐儒。他听了孟浩然和韩襄客的爱情故事，内心很是感动，愿意帮孟浩然隐瞒韩襄客的身世，替孟浩然做媒。

很快，桓子就来到孟家，向孟老爷子提起小孟的婚事。

孟老爷子问："小儿的婚姻可大意不得啊，这女子家境可好？人品如何？"

桓子故意避而不谈女方的出身："家境殷实，文采出众，上得了厅堂，下得了厨房，而且琴棋书画、唱歌跳舞样样精通，和小孟绝配。"

孟老爷子很欣慰："既然如此，那就尽快下聘礼吧！"

激动的心、颤抖的手，孟浩然写了一首《送桓子之郢成礼》：

闻君驰彩骑，蹀躞指南荆。

为结潘杨好，言过鄢郢城。

摽梅诗有赠，羔雁礼将行。

今夜神仙女，应来感梦情。

聘礼下了，婚期也定了，麻烦也随即来了。

纸毕竟包不住火，韩襄客的出身最终还是被孟老爷子知晓了。他拍着桌子痛骂孟浩然："好啊，你小子翅膀硬了，弃考我能容你，你娶个青楼女子过门，我哪能容你？！"

"父亲，襄客不是青楼女子，她就是个歌女。"孟浩然有点惶恐。

"亏你还有脸说，歌女难道不是风尘女子！纳贱籍女子为妾尚且不光彩，你竟然三书六礼地娶回来当媳妇！你把我孟家的名声和家风都败光了，逆子啊！我怎么生出这么个逆子！"

孟浩然跪在地上继续哀求："父亲大人，您就批准吧！当初下聘礼的时候，您不是没有任何意见吗？桓叔不是已经跟您说得很清楚了吗？"

孟老爷子怒目圆睁："桓子这个滑头，枉他还自称饱读圣贤书！老东西，我要跟他绝交！"

最后，孟老爷子骂累了，给孟浩然下了最后通牒："去郢州退婚，否则别想再进家门！"

孟浩然灰头土脸地来到韩襄客家，又被韩襄客的母亲批评了一顿："年轻人，退婚是不可能退婚了，小女已有孕在身了！唉！你们这些年轻人思想也太超前了，自己做的事可要负起责任啊！若是退了婚，日后小女的脸还往哪儿放？"

孟浩然一咬牙，就在韩家把婚事给办了，然后惶恐地回到襄阳。

"父亲大人，婚事已在郢州办了，襄客又有了身孕，再说她早就从歌坛隐退了，您就答应让她过门吧！"

"你这个逆子！"老爷子一口气没上来，直接昏倒在地。

三

孟老爷子被叛逆的儿子气病了。

即便在病床上，他依然坚持己见："你私自完婚，孟家是不承认的，不准把韩襄客带回家，更不准和韩襄客同居，否则就把你逐出孟氏宗族。"

这个原本让自己满怀期待的儿子，却在入仕、婚姻这两件人生大事上如此忤逆，孟老爷子彻底失望了，对孟浩然的态度日渐冷淡。

随着与父亲之间的隔阂日渐加深，孟浩然觉得住在涧南园家里实在无趣，他决定去鹿门山隐居，每日闻听晨钟暮鼓、碧池落泉叮咚，纠结的心境才逐渐平和。

走自己的路，和家庭兵分两路。

几年间，孟浩然时常溜回郢州和韩襄客母子短暂相聚。韩家很有钱，孟浩然也不缺钱，虽然母子俩衣食无忧，可孟浩然却始终不能给爱人名分。

某次深夜赶回鹿门山，他写下一首名作《夜归鹿门歌》：

> 山寺钟鸣昼已昏，渔梁渡头争渡喧。
> 人随沙岸向江村，余亦乘舟归鹿门。
> 鹿门月照开烟树，忽到庞公栖隐处。
> 岩扉松径长寂寥，惟有幽人自来去。

此后，孟浩然多次回家恳请父亲，得到的均是冷酷无情的拒绝。

唐玄宗开元二年（714），孟老爷子在无尽的忧伤中病逝，孟浩然泪流满面，回想近年来的所作所为，他的确是个不孝顺的儿子。

孟老爷子走后，家里就剩下孟老夫人，可孟老夫人的态度更加坚决："不让过门是你父亲临终的遗言，如果我违背了他的意志，接受了这个贱籍女子的侍奉，将来到地下怎么见他？"

更尴尬的是，混了这么多年，孟浩然的同辈们大都已科举中第，谋得一官半职。

孟浩然第三次陷入了纠结：到底该不该改变初衷，对死去的老父亲有个交代呢？

他去了趟岳州，拜访张说。

入秋之后，洞庭湖水上涨，站在岳阳楼上，只见八百里洞庭烟波浩渺，孟浩然给张说写了首《望洞庭湖赠张丞相》：

> 八月湖水平，涵虚混太清。
> 气蒸云梦泽，波撼岳阳城。
> 欲济无舟楫，端居耻圣明。
> 坐观垂钓者，徒有羡鱼情。

入仕的意愿，跃然纸上。

张说欣赏孟浩然的才华，他刚一上任中书令，就开始向玄宗推荐孟浩然，并邀请孟浩然到洛阳，先适应环境、积攒名气。在洛阳，孟浩然认识了很多好朋友，比如王维、李白、王昌龄。

另一边，孟老夫人对儿子积极进取的态度感到欣慰。漫漫人生路，总会错几步，知错就改，还是孟家的好儿子。

她给孟浩然备足了资金，让他在长安和洛阳多处打点，广交朋友。

万事俱备，只等孟浩然在考场拼杀，谋取功名。

四

孟浩然参加的那场科举，笔试作文题目叫"骐骥长鸣"，翻译过来就是"宝马长啸"。

这个题目的立意来自三国时期的大才子曹植的《求自试表》：

臣闻骐骥长鸣，伯乐昭其能；卢狗悲号，韩国知其才。是以效之齐、楚之路，以逞千里之任；试之狡兔之捷，以验搏噬之用。今臣志狗马之微功，窃自惟度，终无伯乐、韩国之举，是以于悒而窃自痛者也。

据说在写这篇命题作文时，孟浩然发挥得不错，特别是一句"逐逐怀良御，萧萧顾乐鸣"，很生动传神。

不出所料，这场考试孟浩然顺利拿下，想必下面两场试策和帖经，也是小菜一碟。

孟浩然有点"飘"，写了首很"飘"的诗：

关戍惟东井，城池起北辰。

咸歌太平日，共乐建寅春。

雪尽青山树，冰开黑水滨。

草迎金埒马，花伴玉楼人。

鸿渐看无数，莺歌听欲频。

何当遂荣擢，归及柳条新。

这一"飘"不打紧，第二场第三场原本考查死记硬背的测试，被孟浩然答成了"车祸现场"，严重跑题，直接落榜。

名落孙山的孟浩然并不着急回家复读，他留在长安，时常前往张说、贺知章、袁仁敬几位政坛大佬府上，希望获得推荐。

孟同学根本想不到，很快他就迎来了人生绝佳的逆袭机会。

有一次，孟浩然跟着好友王维在内署里溜达，唐玄宗却突然驾临。

孟浩然无处可躲，一急眼，就钻进了内署床底。

王维自然不敢隐瞒床下有人。玄宗一听是孟浩然，不但没怪罪，还对王维说："朕老早就听说过他，今日这么巧，能在这里碰到，赶紧让他出来，朕要听他吟诗。"

这时候，距离安史之乱还有些年头，玄宗还是个英明神武、爱才惜才的好皇帝。

参照玄宗之前多次破格提拔优秀人才的案例，如果孟浩然能把握住这次面试的机会，很有可能一举改变命运，得到比王维更大的平台——毕竟王维的面试官才到玉真公主的级别，孟浩然却能直接面对皇帝，合格的话，估计连备考下次科举都

省了。

从床底下钻出来后，孟同学还有些恍惚，思路还有些混乱，这么多年净是游山玩水、吟诗练剑了，面试应答的技能很匮乏啊！

孟浩然第四次陷入了纠结，到底吟一首怎样的诗给玄宗听呢？

思考片刻，孟浩然给玄宗吟了一首《岁暮归南山》。

这首诗是这么写的：

> 北阙休上书，南山归敝庐。
>
> 不才明主弃，多病故人疏。
>
> 白发催年老，青阳逼岁除。
>
> 永怀愁不寐，松月夜窗虚。

"不才明主弃"及"多病故人疏"，典型的"牢骚"体。翻译过来就是：因为我没本事，所以明主抛弃了我；又因为多病，老朋友也疏远了我。

玄宗听完，脸直接拉了下来：你这意思是怪朕不识才喽？你自己从来没有主动求过职，怎么说是朕抛弃你呢？这个锅朕可不替你背。

玄宗很客气地宣布，此次面试，成绩为零："爱卿既然在南山有房子，回南山就好。"

就这样，孟浩然把别人做梦都梦不到的宝贵面试搞砸了。

每每提及此事，朋友们都很替他遗憾："你说你为啥要选这首？你的'春眠不觉晓，处处闻啼鸟'呢？你的'气蒸云梦泽，波撼岳阳城'呢？你的'野旷天低树，江清月近人'呢？"

孟浩然只能悲伤地回答一句："对不起，我忘了……"

五

自此，孟浩然重返鹿门山，时而外出游山玩水，时而也去某位官员府上做做文书工作，不过大部分时间，他都待在鹿门山的草庐之中，迎送好友。他的朋友实在很多，王昌龄、李白、王维都曾来鹿门山探望过孟浩然。

开元二十八年（740）初，王昌龄贬官路过襄阳，顺道拜访孟浩然。老孟见到老王，心情很愉悦，他特地摆下盛宴，款待好友。

宴席的菜单里，有一道美味江鲜——红烧查头鳊，查头鳊是汉江的特产鱼。

孟浩然第五次陷入了纠结：究竟该不该品尝这道美味呢？

不要误会，鱼可没毒，而是孟浩然有隐疾——他背上长了毒疮，最忌食河鲜。吃吧，怕加重病情；不吃吧，感觉过不上嘴瘾。

最终，"吃货"的本质战胜了一切，孟浩然欣然拿起筷子，和王昌龄大快朵颐，还喝了不少酒。

舍命陪君子，真就把命舍掉了。

吃完这顿饭，孟浩然的背疾迅速恶化，前来医治的大夫摇了摇头："治不了，等死吧。告辞！"

昏昏沉沉中，孟浩然自知时日无多，他最后一次陷入了纠

结：究竟入不入孟氏祖坟呢？

左思右想，孟浩然觉得自己很失败，既违背了老父亲的意志，又辜负了老母亲的期望，还让心爱的人一生都没有名分。

想想鹿门山山清水秀，又是自己的灵魂栖息之所。罢了，就把这残躯永远留在鹿门山吧！

三月，"盛唐山水田园诗派第一人"孟浩然病逝。放眼望去，鹿门山漫山遍野的松柏，正直指苍穹，一片一片，尽情展示着翠如浓墨的碧绿……

孟浩然就是这样，喜欢安静，又不想安静；有时候太认真，有时候又太放纵；挣扎在追求与放弃之中，纠结在取舍与得失之间。

最终，寄情于山水，纵情于山河，以文托思，与王维被后世人并称为"王孟"。

王维：云动与心动

一

"摩诘，你可知道，天上的云为何聚了又散、散了又聚？"

坐在石阶上玩耍的王维，听到父亲突然发问，下意识地抬头望向天空飘动的云，不由得发起了呆。

王维是个聪明的孩子，见识远胜同龄儿童。他思考了一阵，突然有了答案："父亲，我认为是风吹动的缘故。无风之时，云即不动。"

"好孩子，你观察得很仔细。"王处廉轻轻拍了拍王维稚嫩的肩膀，接着说道，"这个问题，为父却有不同的理解。云之所以聚而复散，是因为人心在动，人心不动，万籁俱静。"

"父亲，您又开始宣讲那套佛家理论喽！云动和心动哪有必然的联系呢？您听我的心无时无刻不在跳动，那云彩咋没跟着飘动？不科学呀！"

"将来，也许你会明白的。"说着，王处廉俯下身子，把王维背了起来。

"父亲，您现在就告诉我呗！"王维嘟着小嘴，闹起了

情绪。

"其实，谁又能真正解释得清呢？天色不早了，我们回家去吧。"

"骗人！你骗人！"王维边闹边喊，不一会儿就在父亲宽阔的背上打起了瞌睡。

王处廉刻意放慢脚步，生怕道路颠簸惊醒了儿子。他一直对悟性过人的王维抱有极高的期望，又不愿儿子受到一丁点伤害。纠结之余，王处廉轻声对熟睡的王维说："摩诘，父亲真希望这样的时光不要逝去，希望你永远都健康快乐。"

唐玄宗开元三年（715），一个平静的年头。

这一年，十四岁的李白正在青城山刻苦练剑，三岁的杜甫还是洛水边一个闹人的"萌娃"。一年中，唯一值得记录之事，似乎就是一个即将年满十五岁的少年，背着一把琴，提着一支笔，昂首从山西蒲州来到首都长安。

这少年能写一手好诗，精通音律，会弹琵琶，琴棋书画样样拿手，而且还是个大帅哥，这条件简直不要太优秀。

两年后，他以一首《九月九日忆山东兄弟》震撼整个诗坛：

独在异乡为异客，每逢佳节倍思亲。
遥知兄弟登高处，遍插茱萸少一人。

这位少年，正是王维。
他的前方，一片光明。

二

人在江湖飘，哪能无绝招。

像王维这种身负文采的人物，根本不愁找不到出路。

他先以一首《李陵咏》顺利成为岐王府的座上宾，整天陪着岐王李苑吟诗作对，觥筹交错中，王维悄悄向岐王透露自己有参加本年度科举的意愿。

"去吧去吧，你的水平我是最清楚的，考上记得约饭哦！"

岐王李范笑着打趣。忽然，他一拍大腿，略带遗憾地说："以你之才，足以胜过全体考生。可本次科举已将张九龄之弟张九皋定为状元第一人选，我觉得你若拿不到状元，实在是人生一大憾事。"

听完这话，王维有些失落。当然，即便当不上状元，能录取也是极好的。

不过，李范举人荐人不拘一格，他觉得只要官方没发布公告，应该还能再补救一下，于是对王维说："科举魁首乃国之英杰，我这个岐王影响力有限，看来必须带你去见一个人了。"

"敢问王爷，是哪位高人？"

岐王笑道："九公主。"

"难道就是传说中的玉真公主？"

"恭喜你，答对了！"

玉真公主，名叫李持盈，武则天的亲孙女，唐玄宗同父同母的亲妹妹，自幼和玄宗打闹着长大，一直很受皇帝老哥的爱护。

玉真公主很文艺，性格又豪爽，二十岁都没出嫁。

公主不嫁，玄宗很愁，玉真公主怕老哥为难，索性出家当了逍遥自在又洒脱快活的道士。

当道士期间，玉真公主结识了大批文人雅士，久而久之，玉真公主这里，成了文人入仕的绝佳渠道。一般玉真公主想要的，玄宗都尽量满足她；一般玉真公主推荐的，朝廷都会认真考虑，包括状元的人选。

王维有点不自信："我，一介书生，要出身没出身，要家境没家境，凭什么让公主卖这么大的面子呢？"

岐王微微一笑："就凭你有才——哦，对，还有你长得帅！"

过了几日，岐王带着精心包装过的王维，王维带着事先挑选好的诗作和拿手乐器琵琶，踏进了公主府宅。

王维结识玉真公主的整个过程，像极了一场面试。

当玉真公主瞥见岐王身后这位面若白玉、目似朗星、身材高挑、皮肤白皙的花样美男时，公主这位"外貌协会会员"非常直接地表露情感："皇兄，这位好看的小哥哥是谁呀？"

岐王很神秘地卖着关子："妹妹，他是一位诗乐双绝的才子。"

玉真公主更加好奇了："请皇兄说具体点。"

"还是妹妹亲自来问吧！"

于是，面试开始。

公主问："这位小哥哥，你都会啥绝活啊？"

内心还有些小紧张的王维谦虚地回答："不敢说绝活，我先给公主弹首曲子吧。"

公主饶有兴致地拍着手："好呀好呀，那小哥哥就赶紧演奏一曲吧。"

王维拨弄起心爱的琵琶。一曲《郁轮袍》，轻拢慢捻抹复挑，大珠小珠落玉盘，如泣如诉，深深感染了在场的每一位听众。

奏毕，公主对考生的表现很满意，有了深入了解的兴趣，于是再问："除了琵琶你还会什么？"

王维回答："我还会作诗，之前整理了一些拙作，正好请您指点指点。"并递上他的诗作。

公主翻开第一页，《九月九日忆山东兄弟》赫然在目。

玉真公主又往后翻了几页，不禁惊喜地赞道："这些名作原来都是出自你手啊！我原来以为这样的惊世之作都是古人的经典，没想到竟是你写的。你们都来看看，这句'远看山有色，近听水无声'，写得多好啊！"

王维见状，紧张的心情放松了下来，他又低声补充一句："不瞒您说，我对绘画和书法也略有研究。"

"你实在太优秀了！我就爱和优秀的人交朋友；而且我也欣赏你明明可以靠脸吃饭，却偏要靠才华的追求。恭喜，你被提前录取了！"

面试，顺利过关。

三

趁公主高兴，岐王及时替王维送上助攻："公主，王维有心参加今年的科举。"

公主答道:"这是好事啊!小哥哥这么有才,将来肯定能成为国家栋梁。"

岐王有些为难地说:"可听说状元的人选已经定为张九皋了。"

公主答:"没事没事,我看王维的水平远在张九皋之上,你们放心,我必全力推荐土维。"

玉真公主的影响力绝对不是盖的,这次科举,王维发挥出色,顺利晋级,玉真公主又在老哥面前猛推一把,助力王维成功登顶。

新科状元啊!全国第一名!

长得帅、性格率真、多才多艺的王维,一时间轰动长安城,王孙贵族争相邀请他出席各种宴会。作为特邀嘉宾,每至欢宴高潮,王维就会在鲜花和掌声中闪亮出场,写诗作画、弹琴高歌。

渐渐地,王维成了"有品位"的代名词,档期安排得满满当当。每一个有幸见到他的权贵,都会异常激动地拉着他求结交。

此时此刻,王维的心里只有一种感受:好像人生已经提前达到了巅峰!

这是一个开局领先、风生水起的人生上半场。

可惜,下半场哨声一响,王维就遭遇了滑铁卢。

状元及第后,王维连翰林院都没进,直接被安排到礼部,出任太乐丞。他擅长音乐,正好大展身手。

王维还不知道,风头正劲的他已经被许多人羡慕嫉妒恨了,他的上司早就盘算好怎么给他下套了。

对小人来说，整人根本不需要理由，就是看你不顺眼！

某日，宫中乐队彩排一种名叫"黄狮子舞"的舞蹈，太乐丞需要守在现场监督指导，高凤成却故意不对王维说明监督要求。

一支支歌舞一遍遍过，从清晨彩排到傍晚，王维看得眼干眼涩眼疲劳，好不容易挨到结尾，正准备打卡下班，宫里却突然来人兴师问罪了。

按照宫人的说法，"黄狮子舞"这支舞由于"黄""皇"同音，只有圣人能看，臣子不能看，你竟敢先看，此乃不尊圣人之大罪！

王维听罢百口莫辩，只得上书请罪。

事情很快传到玄宗耳中。刚开始，玄宗并不想严厉处罚王维，毕竟刚入职，业务不熟练，顶多给个严重警告，留职察看。

不过，当玄宗听说王维和岐王一直走得很近，交往甚密时，突然目光一冷："岐王？这小子最近结交了不少有才之人啊！传诏，贬王维为济州司仓参军，即日离京。"

四

济州司仓参军，即粮仓管理员。王维，全国状元。

让状元去管粮仓，简直是从山巅跌落深渊。

然而，王维不是李白，他一样纵情山水，却放不下功名前途。这时的他，还当不起"诗佛"之名。

去地方就去吧！还很年轻，还有大把的时间，粮仓管理员总归不是仕途的终点。

粮仓管理员的工作很清闲，上任刚满半年，王维就向上级请了年假，赶回家中照看即将临盆的妻子。

谁也想不到，临盆之际，他的儿子却因头大难产，许久都生不下来。

产婆焦急地从产房奔了出来，匆匆丢给王维一句话："保大还是保小？"

王维来不及思考："倘若母子俱危，务必保住我妻子的命。"

产婆随即奔回产房，很快，产房却传来一声痛苦的呻吟——与王维青梅竹马、恩爱异常的妻子难产而死，儿子也胎死腹中。

那一晚，王维彻夜无眠，他很想用诗来纾解内心刻骨的悲痛，却又一个字都写不出来。对于亡妻，王维没留下只言片语，却用余生践行着对亡妻的忠贞：终身不娶，孤居三十年。

开元二十三年（735），王维迎来了转机。张九龄出任宰相，将爱妻亡后一直半工作半休养的王维提拔为右拾遗，转任监察御史。

此后二十年，王维在中央和地方兜兜转转，却再也没能实现逆袭。

花有重开日，人无再少年。仕途上不温不火的王维索性在终南山上修建了一所辋川别墅，过起了半官半隐的生活。

这二十年，是王维诗歌创作的黄金时期。

在塞外，他写下"大漠孤烟直，长河落日圆"；

送别元姓友人，他写下"劝君更尽一杯酒，西出阳关无故人"；

送别好友李龟年，他写下"红豆生南国，春来发几枝"。

还有诸如"空山新雨后，天气晚来秋""月出惊山鸟，时鸣春涧中""春草明年绿，王孙归不归""深林人不知，明月来相照"等大量名作。

二十年的起起伏伏，足以让王维学会如何去面对人生。

平淡的日子很快就被残酷的战争生生撕裂。天宝十四载（755），安史之乱爆发，长安沦陷，王维不幸被叛军俘虏，被迫出任伪职。

战乱平定后，朝廷开始清算为安伪政权效命的叛官，王维因做过给事中，直接被下了大狱，按律当以投效叛军罪斩首。

生死关头，其弟刑部侍郎王缙拿出王维被俘时写的《凝碧池》：

> 万户伤心生野烟，百僚何日更朝天？
> 秋槐叶落空宫里，凝碧池头奏管弦。

"陛下，吾兄此诗，情真意切，他无时无刻牵挂着朝廷，哪会真心为叛贼效命！"王缙为搭救老哥，自愿削籍为民，经过多方努力，终于帮王维无罪开释，王维被降为太子中允，又迁中书舍人、尚书右丞。

此时的王维，早已不再关心官场上的是是非非，他完全变成了一个"佛系"官员，有事上朝，无事还家。

无论是写诗作画、钻研佛学，还是悉心整修在终南山的辋川别墅，王维真正做到了身在朝堂而心在山水，特别是接连失去三位挚友——孟浩然病危，崔希逸遇害，张九龄病逝——更让他坚定了余生的信念：不畏将来，不念过去；随心而动，随性而为。

五

人生的最后两年，王维主动把居住多年的辋川别墅整改为寺院，并将自家庄田产出的粮食捐赠出来为灾民施粥。

平日里，他或是一叶扁舟，乘兴游览；或是渔樵江渚，随性赋诗。亦仕，亦隐；亦人，亦佛。

一首《终南别业》，道尽他对人生的洒脱：

> 中岁颇好道，晚家南山陲。
> 兴来每独往，胜事空自知。
> 行到水穷处，坐看云起时。
> 偶然值林叟，谈笑无还期。

须发花白的王维最喜欢抬头看云，一看就是许久，没人知道他怎会有如此癖好，难道云里有花不成？

云里无花，却有人心。

人心不动，万籁俱静。

"摩诘，你可知道，天上的云为何聚了又散，散了又聚？"

父亲多年前的偶然发问，始终困扰着王维，他直到人生末年才最终顿悟。

"父亲，我原以为这是个物理学问题，没想到您跟我谈的是哲学问题。必须承认，还是您高明啊！"

王维终于认可了父亲的观点，云就是心，心就是云。

人心浮动，云的变幻就不会停止，只有保持一颗菩提之心，看开物我境界，看淡是非成败，才能闲看庭前花开花落，漫随天外云卷云舒。

某日，王维正在给故人写信，写着写着，感到视线有些模糊，继而有些困倦，于是停笔合目，在榻上安然坐化。

情不知所起，一往而深；恨不知所终，一笑而泯。这是属于"诗佛"最好的结局。

人生就像迷宫，用上半生寻找入口，用下半生寻找出口。当王维走过唐朝的辉煌和荒芜，走上巅峰再坠入谷底时，他终于走出了人生的枷锁和藩篱，找到了迷宫的出口。

王维一生无儿无女，然子女有亡日，诗文却可以永生。

王维，也可以永生。

李白：眼前一亮，然后历史就改变了

一

李白能成为诗仙，其实蛮惊险的。

谁都无法保证小小少年日后爱写诗。小孩子的兴趣，完全没有准头。

比如李白抓周时，随手抓了一本《诗经》，让他爹李客很欣慰：孺子可教啊！

可惜，他的原生家庭实在没什么书香气，老爹的教育水平有限，只能把李白送进私塾。

小孩子嘛，基本不太能指望刻苦用功。听话的老老实实坐在教室等放学，不听话的直接翻墙翘课，私塾先生哪里管得住。

李白，就是这种不听话的孩子。

某一天，他趁自习课老师不在，丢下书本翻墙溜了。

他一路小跑，来到一条小河边，看见了一个老婆婆，手里正拿着一根大铁棒飞快地磨。

居然磨铁棒，这么厉害吗？李白很好奇，上前问道："打扰了打扰了，请问您这是什么操作？"

老婆婆笑着回答："我想把它磨成绣花针。"

这么粗的铁棒，怎么能磨成针呀？李白实在理解不了："我读书少，可不要骗我。您这话是认真的吗？"

这时，老婆婆给李白端上了那碗流传千古的"鸡汤"——只要功夫深，铁杵磨成针。

你有没有设想过这种情景：干了这碗热鸡汤，李白眼前一亮，然后就迷上了磨制业，从此，他义无反顾地投入到磨制艺术品生涯之中。

历史就此改变了。

大唐诗坛再也没有什么"诗仙""谪仙人"，而是多了一个优秀的四川手工艺人，还有当地一块响亮的招牌——李家磨制艺术工作室。

我们有理由相信，凭借过人的天赋和那碗功力持久的"鸡汤"，李白的事业必然蒸蒸日上，他每天都会接到大量订单，石器、铜器、铁器……看着一个个艺术品打磨成型、打包发货，成了李白这辈子最快乐的事。

渐渐地，李白老了，磨不动了。凭借精良的手艺和常年百分百的好评，他挣了很多钱，养大了几个孩子。

又过了几年，李白病了，起不来了。让他感到悲伤的是，自己一辈子辛辛苦苦经营的工作室，早在自己病倒前就关张了，儿子们对自己引以为傲的手艺始终不屑一顾。

他们都想搞仕途，都想出去走走看看。近些年，他们一一离开故乡，求取功名，后来在各地成家立业，平时很少有空返乡探望双亲。

年迈的李白总会一封一封地给他们写信：我老了，你们谁能回来继承我的事业？

大儿子回信：我很忙，组织器重我，没准很快就受提拔了。您问老二吧。

二儿子回信：我从小就笨，动手能力差，玩不转您的手艺。您不常夸老三心灵手巧嘛，您问他吧。

三儿子回信：我正在京城玩命复习，备战下一次科举。都失败两次了，这次我很拼，您可别让我分心，等考完再说吧。

于是，李白的工作室只能宣布永久性关张。

不久，李白病重，时日无多。病逝前，他想到了那位磨铁的老婆婆，又追忆起这么多年的从业生涯，他很想写首诗纪念一下。

可惜，想了半天，一句也憋不出来。

李白不由得长叹一声："娘的，磨铁行，写诗真心不会啊！"

二

如果按照这样的剧情，李白的人生一定非常有趣。

我们还是回到他的童年时光——做完每天的功课后，李白最喜欢坐在青莲湖畔，听老爹李客讲《吴越春秋》里的故事。

来自西域的李客曾常年漂泊在外，习得一身好武艺，他随身佩一把祖传的龙泉剑，家中还保存着一本三十六式《李氏剑谱》。

李白和老爹一样，酷爱练武，特别崇拜春秋战国那些刺客游侠。

当李客讲到专诸刺杀吴王僚这个桥段时，绘声绘色地描述着侠客专诸是如何在戒备森严的吴王府，凭借一柄鱼肠剑刺杀成功又壮烈牺牲的。

"好男儿当如是也！"李白眼前一亮，然后就决定做个侠客。

注意，这可绝不是没节制的瞎编乱侃，唐朝建国后很长一段时间内，少年郎们都有一个武侠梦。

> 新丰美酒斗十千，咸阳游侠多少年。
> 相逢意气为君饮，系马高楼垂柳边。

对此，官方还有个专用名词——任侠。

"任侠"的重要配置，就是随身佩带的一把宝剑，谁的剑好谁就是大佬。

对于多数人而言，佩剑只是装饰，人前显摆而已，像李客这种通过舞剑强身健体的人已是少数，真正立志成为一代大侠的，更是凤毛麟角。

因此，当儿子说要做侠客时，李客并不在意，小孩子的梦想总是很傻很天真。

不久，他却发现儿子并不只是嘴上说说，而是玩起了真的。

起先，李白郑重地在木剑上刻上了"鬼见愁""干将""莫邪"等上古宝剑的名字，整天拿着木剑耍来耍去。过了一段时间，他感到木剑太轻，就老是缠着李客，打起了龙泉剑的主意。

李客怕儿子误入武道耽误学业，一直不愿把家传宝剑传给他。

可李客显然低估了李白成为大侠的决心。既然老爹不愿给剑，那就自己制作一把。

他找到一块制剑的好材料，没日没夜地在磨剑石上打磨，连续三天，双手磨出了鲜血，依然乐此不疲。

一连三天翘课，还有继续翘课的倾向。李客很无奈，但他从来不是个专制的家长，最终，他还是拗不过儿子，从腰间解下龙泉剑，还把那本《李氏剑谱》一并交给了儿子。

"孩儿啊，剑和剑谱都是先祖传下来的，如今交付给你，至于未来如何使用，就全看你自己的选择了。"

十年后，江湖上一名年轻的侠客突然名气暴涨，名号比萧十一郎还响，叫"李十二郎"。

李十二郎，一向神龙见首不见尾，干的是劫富济贫、行侠仗义的行当。

他的故事，在江湖上流传很广。

有人说他创新了家传的剑谱，把原本华而不实的招数演化为刺杀的实用技巧，从握剑、出剑、收剑，一招一式都极尽凌厉，几乎没人能在他手下走完三十六招。

有人说他自幼沉迷剑术，还曾到青城山拜访名师，苦练剑术。

有人说他藐视权贵，最看不惯仗势欺人的豪强，曾在家乡彰明县刺杀仗势欺人、草菅人命的江二太岁。江家人散尽家财，发出血杀令，召集三十余名江湖好手前去寻仇，竟无一人生还。三十余具尸首，全是一剑封喉。

……

他的剑，就像他的人，潇洒飘逸；他的人，就像他的剑，羽化成仙。

于是，他有了个新绰号：剑仙。

慕名拜师的江湖后辈成百上千，他却一个不收。

有一次，后辈们探得剑仙的下落，马不停蹄前去拜访，草庐中却空无一人。只见草庐前的一块石碑上，刻着一首李十二郎的诗作，名叫《侠客行》，内容极为热血：

> 赵客缦胡缨，吴钩霜雪明。
> 银鞍照白马，飒沓如流星。
> 十步杀一人，千里不留行。
> 事了拂衣去，深藏身与名。
> 闲过信陵饮，脱剑膝前横。
> 将炙啖朱亥，持觞劝侯嬴。
> 三杯吐然诺，五岳倒为轻。
> 眼花耳热后，意气素霓生。
> 救赵挥金槌，邯郸先震惊。
> 千秋二壮士，烜赫大梁城。
> 纵死侠骨香，不惭世上英。
> 谁能书阁下，白首太玄经。

从此，剑仙杳无音信。有人说他去了海外；有人说他去了西域；也有人说他一直隐居在青城山上，苦练武林秘籍《太

玄经》。

许多年后，热血青年们每每谈及江湖上的侠客，李十二郎总是一个热门的话题。

"你们还记得青莲湖畔的十二郎吗？"

"怎么不记得，那是高手，是真正的大侠！"

"那你们知道李十二郎的真名叫什么吗？"

"江湖上谁人不知，他叫李白！是我们一生的偶像！"

三

不妨再来换个角度。

如果李白和老爹一样，只把练剑当成一种强身健体的业余爱好。不用担心，他还有很多机会改变人生。

比如从磨铁杵的老婆婆那里得到启发，李白感到人生应该学会踏实和坚持。于是，他眼前一亮，开始刻苦读书，一门心思要走仕途。

学了一大堆儒学经典，也研究透了科举考试大纲。学子李白辞别双亲，来到长安参加科举。

他的人生，可能会出现以下三种状况：

第一种，一考就中。参照李白的智商和努力程度，考中的概率应该很高。

入仕后，李白大概会被分配到翰林院或是崇文馆，做个文字校对员或是图书管理员，慢慢熬资历。运气好点被上级看重，没准能做个图书馆馆长，然后再继续熬资历，周而复始，不在朝为官决不罢休。

第二种，多次参考终于考中。既然以科举入仕为人生唯一目标，那就得坚持坚持再坚持，不考中誓不罢休。

如果李白比较务实，他可能会选择考取相对容易的明经科目。考上之后，被分配到地方，做一个县令，先积累些工作经验，锻炼好综合素质，然后等待机会参加组织遴选。运气好的话能更上一层楼，向上一级调动；要是运气不好，只能一辈子在地方默默无闻了。

第三种，屡试不中。这个就比较惨了。我们不能认为李白是天才，就一定考得上。大唐的天才千千万，考不中科举的大有人在。

直白点说，科举考试是选拔从政人才而不是诗人；考试命题有较强的政治倾向，而不是浪漫的文学创作；题目作答有固定的格律声韵套路，而不能进行天马行空的想象。更别忘了激烈的唐朝科举，录取率低，大神多，考不上也很正常。

第一种结果美滋滋，第二种结果勉强可以接受，第三种结果就相当难受了。

在第三种状况下，李白眼前一亮……

既然考不上，干脆我换条路走走吧。

他选择了一条风险与机遇并存的路子——干谒权贵。

无数的案例证明，权贵不是你想干谒就能干谒的。就算李白运气比较好，真就干谒到玉真公主，情况也不一定乐观。

公主会问："你都会啥绝活呀？"

李白紧张得搓手手："写过一些诗，特意让您看看。"

此时忙于科举的李白没工夫游览祖国的大好河山，也没

有太多的浪漫情怀，没写出类似《蜀道难》《长相思》《少年行》《春夜洛城闻笛》这样的力作，他只能给公主献上一些普普通通的作品，内容直白，又或者乏味空洞。

可以想象，玉真公主看后，一定会皱起眉头，然后把诗作交给身边的一白衣帅哥，亲切地问道："摩诘，你来看看这些诗写得如何？我看很一般。"

这位名叫王维的帅哥随意扫了一眼，也很亲切地给出了一个礼貌而不失优雅的微笑："回公主殿下，确实不咋的。"

"水平这么次还敢来我府上，真是耽误时间！"玉真公主把诗丢还给李白，然后将他扫地出门。

李白不灰心，又拿着作品拜谒了很多政治家，比如张说、张九龄、贺知章。然而，他们最终都给出了一致的评价：小李这个人，很努力，写诗也蛮拼的，可惜天分不高，思维比较僵化，要是多培养培养写诗的情怀和格调，想必能在诗坛小有成就。

走投无路的李白只好沮丧地离开长安，临行前，他禁不住失声痛哭："早知道是这样，当初就不那么玩命备考了，好好写诗就完了！"

四

或者李白还是那个写诗的仙人，被唐玄宗招为翰林侍读，整天供着当摆设。

某日，杨贵妃要填新词，这种高端的任务必须由李白提供素材。

唐玄宗就命高力士把正在酒肆狂饮的李白拉到宫里，给了他御纸御笔，笑着说道："今日玉真要填新乐词，特招爱卿前来，为贵妃写一首新词。"

李白接过御笔，朝沉香亭外的御花园看了看，又转头望了望花容月貌的杨玉环，突然，感到脚下一阵不适，原来是方才走得太匆忙，靴子又挤脚，让李大诗人颇感不爽。

不就写首新乐词嘛，着什么急，害得我脚疼！一脸傲气的李白心里想着，迟迟不肯动笔。

玄宗很疑惑："爱卿，怎么还不落笔呀？"

"启禀陛下，靴子有些不合脚。"闹着小情绪的李白指了指靴子，然后狡黠地盯着高力士不说话。

高力士被李白盯得有些发毛，心里不免犯起了嘀咕：怎么着，你小子不会是想让咱家帮你脱靴吧？你咋不上天呢！

李白还没吱声，玄宗见贵妃面露不悦，赶紧对高力士打趣道："既然李爱卿有需求，那就劳烦你服务到家了。"

"那……好吧！"

自古深情留不住，唯有套路得人心。

高力士窝着一肚子火，正准备弯腰给李白脱靴，李白突然眼前一亮……以迅雷不及掩耳之势，把高力士扶了起来，然后会心地冲高力士点了点头，躬身对玄宗说："岂敢劳烦高大人动手，今日若非他前后奔波，想必会扫了陛下和贵妃娘娘的雅兴，我是打心眼里尊敬他老人家的。"

说着，李白自己把靴子脱了下来，然后挥笔写下三首《清平调》：

云想衣裳花想容，春风拂槛露华浓。
若非群玉山头见，会向瑶台月下逢。

一枝红艳露凝香，云雨巫山枉断肠。
借问汉宫谁得似，可怜飞燕倚新妆。

名花倾国两相欢，长得君王带笑看。
解释春风无限恨，沉香亭北倚阑杆。

　　玄宗很满意，杨玉环很满意，高力士因李白在玄宗面前对他的夸赞更是满意。

　　出宫时，高力士拍了拍李白的肩膀："小老弟，你咋这么调皮呢！我真被你的幽默打败了。"

　　李白爽朗一笑，接着，悄悄靠近高力士，在他耳边谄媚地小声问道："您看我这仕途，还能再进一步吗？"

　　"原来你小子在这儿等着我呢！这点小事，包在咱家身上。"

　　李白赶紧躬身答谢："那我以后可就仰仗您了！"

　　"好说好说！"

　　……

　　人生如戏，全靠演技；人生苦短，必须果敢。李白略施小计，靠上了高力士这棵大树，很快就从翰林待诏升为翰林学士，一步步走向人生巅峰。

五

假如以上所有假如都只是假如，我们来最终为李白做个假设。

广德元年（763）初冬，一个月光如水的夜晚，李白身着翰林待诏的官服，腰佩父亲那把龙泉宝剑，手执一壶酒，登上一孤舟，向江中慢慢漂去。

他一手执壶，一手举杯，对着中天的一轮明月吟道：

> 花间一壶酒，独酌无相亲。
> 举杯邀明月，对影成三人。
> 月既不解饮，影徒随我身。
> 暂伴月将影，行乐须及春。
> 我歌月徘徊，我舞影零乱。
> 醒时同交欢，醉后各分散。
> 永结无情游，相期邈云汉。

吟完诗，醉眼蒙眬的李白见一轮明月倒映在江水中，水波荡漾，月亮也忽大忽小、忽近忽远。

一阵江风拂过，江面上起了一层细浪，月亮好似荡在船边。醉酒的李白探出身子，把手伸进水里，想去捉那漂浮不定的月亮。只听扑通一声，江面上溅起一团水花，俄而又归于平静。

天上的那轮明月，依然在水波上荡漾着……

片刻后，江岸边，湿身的李白正架起火堆烘衣服。

刚才真的好险，差点就没命了！

想想还有些后怕的李白暗自庆幸：还好我眼前一亮，及时抓住了船身，不然可真要和这个世界说再见了。若是因醉酒捉月，落水而死，那得多不值啊！

这一年，李白六十三岁。

三个月后，唐代宗降诏，命全国各地举荐人才。离京多年的李白在地方上很有名气，虽说年纪稍大了些，诸多名人依然乐意举荐李白。

没过多久，李白就官拜左拾遗。

他轻轻地笑着，又轻轻抚了抚被微风吹乱的花白的发，还是那把龙泉宝剑，还是随身携带美酒，还是孤独又骄傲地彳亍着，一步步朝长安走去。

这样的结局，符合大家的期待吗？

杜甫：人生就像一首歌

一

多年以后，颠沛流离的杜甫将会回想起二十四岁那年科举放榜的上午，一个阳光明媚又阴雨连绵的上午。

阳光明媚属于别人，阴雨连绵属于自己。

在诸多同届"学霸"眼中，这位来自河南巩县的考生口才不行，答题思路不行，字也写得马马虎虎，考不上属于正常。

那时候科举很残酷，录取率低到吓人，每次报考两三千人，录取率往往不及百分之一。更悲摧的是，落榜者既没有调剂的机会，也没有别的选择，考不上最好赶紧打包行李回老家复读。

毕竟京城的物价，贵呀！

杜甫投考的这一年，进士科报考两千多人，只取录了前二十七名。

当进士及第和彩票中奖的概率不相上下时，大部分普通考生也只能重在参与，无奈充当"炮灰"。

小杜同学，就是"炮灰"中最不起眼的那种。

试卷下发前，杜甫的情绪很稳定；拿到试卷的那一刻，他开始慌了；做着做着，连笑容也逐渐凝固了。

天哪，这题咋恁难，不会写呀！谁出的题？

下了考场，杜甫的心凉了半截，八成是要复读了。

果不其然，录取名单里确实没有他的名字。

匆匆瞅了一眼榜单，杜甫就从人群中潇洒地退了出来，一点都不觉得落榜有什么难堪。毕竟大多数人都考不上，再说以后还有很多机会，没必要心情低落。

对于仕途，杜甫还没有足够的重视。

他目前的兴趣，在于闯荡和远游。

盛唐那阵，每一个意气风发的青年才俊，往往都有一段或长或短的漫游时期。正如李白那句"大丈夫必有四方之志，乃仗剑去国，辞亲远游"。

二十岁那年，杜甫离开家乡，一路向南来到吴越之地。江南秀美的景色和新奇的事物，深深吸引着他的眼球。

他在姑苏游览虎丘，在会稽追寻秦始皇的行踪，又去了江宁瓦棺寺，以及长洲苑、太伯庙、扬子江、钱塘江、曹娥江、天姥山……玩得不亦乐乎。

毕竟是谢灵运、谢朓、鲍照、庾信等一批南朝才子曾经生活游历的地方，杜甫有些流连忘返。直到科举开考前几个月，他才意犹未尽地返回巩县备考。人生第一次踏入科场，基本属于"裸考"。

初尝失败滋味的杜甫很快离开洛阳，去了兖州省亲。他给自己定了一个小目标：下次参加科举，必要进士及第。

结果，啪啪打脸。毕竟杜甫没有一身赚钱的本事，也没有逢考必过的运气，纯粹只过过嘴瘾。

杜甫在兖州一待就是八年。你如果以为他整日闷在家悬梁苦读，那就很傻很天真了。八年里，他大部分时间用来游山玩水，小部分时间用来拜访名家，反正就是没有时间复习备考，就这么在玩乐的路上越走越远。

据说，杜甫很懂玩乐。

春天，他会在邯郸的郊外唱歌；冬天，又在青州的青丘游猎。他游览了齐鲁燕赵一带不少雄伟壮丽的山川，还玩过鹰、射过鸽、逐过兽，生活简直不要太安逸。

在杜甫纵情山水的那些年里，同时代诸多诗坛才子都已声名煊赫。

名相张九龄政治、学术两手抓、两手硬，凭借一句"海上生明月，天涯共此时"一跃登上盛唐诗歌榜榜首。真学霸王维轻轻松松高中状元，官居右拾遗。还有猛男王昌龄，写了首"秦时明月汉时关，万里长征人未还"，为边塞诗的兴盛注上一针强心剂。

此时的杜甫，虽然也有诸如"会当凌绝顶，一览众山小""所向无空阔，真堪托死生"这样的佳句，可终究还是一个落魄青年，考试考不上，诗坛影响力约等于无。

二

唐玄宗天宝三载（744），杜甫三十三岁了。

无论此后过了多少年，他依然清晰地记得，那是一个春日

的晌午，在洛阳城的一处豪华酒肆里，他遇到了李白，大唐诗坛最闪耀的星。

四十四岁的谪仙人最近有一些糟心事，他刚因酒后失仪得罪了杨贵妃和高力士，间接让唐玄宗失去了兴趣，很快被"礼貌"地请出长安。

毕竟是常年保持超高热度的现象级诗人，杜甫对李白的崇敬之情溢于言表，赶紧迎上前去："李老师，您好，先自我介绍一下，我叫杜甫，杜是……"

杜甫还没介绍完，李白就摆了摆手："坐下坐下，我们先聊一聊。"

你有故事我有酒，不如做个好朋友？

李白和杜甫，真就成了形影相伴的朋友。

放下酒杯，李大佬直接拉着小兄弟四处游山玩水。他俩先去了宋州一带采折瑶草，又去王屋山拜访道士华盖君。潇洒飘逸的诗仙就像天空飘荡的云，像山间不羁的风，让杜甫彻底折服。

多年后回忆往事，杜甫依然会满脸崇敬地自言自语："李哥是我一生的偶像。"

这年深秋，穷困潦倒又四处流浪的猛人高适加入了"李杜驴友团"。三人相聚的日子里，或在孟渚游猎，或在酒楼畅饮，或登高远眺芒砀山的浮云，或疯狂吐槽朝廷好大喜功的国策。

那时候天总是很蓝，日子总过得太慢，你总说别离遥遥无期，转眼就各奔东西。很快，高适退团南下，李白和杜甫又来到山东齐州、兖州，并于次年秋日挥手告别。

此后，大唐诗坛的"太阳"与"月亮"再未碰面。旷达不羁的李白在日后的旅途中还会结识许多新朋友；而一往情深的杜甫无论身在何处，都始终崇拜、挂念着偶像兼导师。

他为偶像写下一首又一首赞颂诗。

"笔落惊风雨，诗成泣鬼神""白也诗无敌，飘然思不群""敏捷诗千首，飘零酒一杯""李白斗酒诗百篇，长安市上酒家眠"……

可李白却只把杜甫当作最普通的朋友。两人分别之际，他送给杜甫一首诗：

> 醉别复几月，登临遍池台。
> 何时石门路，重有金樽开。
> 秋波落泗水，海色明徂徕。
> 飞蓬各自远，且尽手中杯！

此后，他能给名不见经传的汪伦写下"桃花潭水深千尺，不及汪伦送我情"，杜甫的名字却再也没有出现在他的诗作里。

三

送别偶像，杜甫返回洛阳，再次准备参加科举。

这一次，备考近一年的杜甫又落榜了。

此次失利并非杜甫准备不足，而是全体考生一并落榜，一

个没录。

面对这种离奇的结果，连唐玄宗都表示过质疑。他叫来宰相李林甫询问状况："李爱卿，一个不录是什么操作？你想让天下的学子都骂朕糊弄人吗？"

李林甫的回答很无耻："陛下，您看天下贤才尽在朝中任职，再录进来一批只会白白浪费粮食。宁缺毋滥嘛，一个不录也好让这帮读书人认清现实，继续努力呀！"

逻辑鬼才李林甫一顿猛吹，让唐玄宗深感舒爽："原来是这样啊！那行，不录就不录了。"

应付完皇帝，李林甫对外给出的官方解释就很简单粗暴了："尔等都别嚷嚷了，一个不录证明你们的水平还不到家，都给我回家去悬梁苦读，下次再来吧！"

其实，李林甫早在朝廷各部门安排好自己的亲信，岗位严重超编，他只是不想再选进来一帮愣头青质疑自己的能力而已。

这场"野无遗贤"的闹剧对杜甫的冲击很大，"被落榜"的他整个人都不好了。迫于生存压力，杜甫不得不向偶像李白学习，走起了干谒权贵的路子。

可惜，杜甫既没李白飘逸，也不像王维有超高的颜值和才艺，更没有脍炙人口的成名之作。

与好友高适情况类似，杜甫在长安晃荡十年，都没因文获得一官半职，好不容易靠三篇《大礼赋》被破格授予右卫率府兵曹参军，其实只是个芝麻大的小官，没钱没权没品阶，琐事还很多。

某年中秋，杜甫因值勤在朝，没能和远在奉先定居的家人团聚。望着天上一轮圆月，杜甫有些想家了，更想家中妻儿。

在唐朝，一生只娶一妻的诗人不少，只有杜甫写给妻子的诗最多，特别是到了晚年，杜甫和妻子四海飘零，有欢愉，更有悲伤。

"老妻寄异县，十口隔风雪""入门依旧四壁空，老妻睹我颜色同""何日干戈尽，飘飘愧老妻""却看妻子愁何在，漫卷诗书喜欲狂"……

这年十一月，好不容易请到探亲假，杜甫马不停蹄地赶回家中。

刚进门，却望见爱妻婆娑的泪眼。见夫君返家，她飞一般地扑进杜甫怀中，哭着喊道："儿子没了，儿子没了！"

原来，在杜甫困居长安的十年间，家中已是时常断粮，他未满周岁的小儿子因缺少食物，竟被活活饿死。

噩耗传来，杜甫顿感头脑发蒙，他不住地问自己："十几年来，我得到了什么？我究竟为何沦落至此？"

四

中年丧子的杜甫变了，变得有些敏感，更多的是对统治阶级的腐败堕落，以及暗流涌动的国家局势感到深深的担忧。十年的"京漂"经历让杜甫对生活有了更深刻的体悟，创作风格也有了极大的转变。

他创作出第一首替百姓说话的诗——《兵车行》：

车辚辚，马萧萧，行人弓箭各在腰。

耶娘妻子走相送，尘埃不见咸阳桥。

牵衣顿足拦道哭，哭声直上干云霄。

又创作出第一首讽刺权贵骄奢淫逸的诗——《丽人行》：

三月三日天气新，长安水边多丽人。

态浓意远淑且真，肌理细腻骨肉匀。

统治阶级的腐败，穷苦百姓的饥寒，加之自身仕途失意、穷困潦倒，让杜甫开始发出悲愤反抗的声音："朱门酒肉臭，路有冻死骨""君已富土境，开边一何多"……他隐隐感到，大唐的权贵们注定要为自己骄奢淫逸的行为付出代价。

从奉先省亲回到长安没几天，安禄山就在北方搞了一出"渔阳鼙鼓动地来"。安史之乱爆发，长安很快沦陷，杜甫也随着风雨飘摇的大唐王朝，开始了漫长的流亡。

在长安沦陷的前一个月，杜甫已将家搬到鄜州羌村避难。搬家的过程十分艰难，由于途中缺粮，女儿饿得止不住啼哭，杜甫只能采摘路旁的野果给他充饥；随后又是接连数日阴雨，道路泥泞，还没带雨具，一家人在雨中搞得狼狈不堪。

这次第，怎一个惨字了得！

一家人挨到羌村，勉强落下了脚。此时玄宗已仓皇逃至西蜀，肃宗李亨在灵武继位。杜甫听到这个消息，把复兴大唐的希望寄托在李亨身上，为了能为社稷做点贡献，他含泪告别家人，只身北上前往灵武。

不幸的是，杜甫刚走没多远就被叛军俘虏，押回洛阳，一同被俘的还有王维等一批知名人士。

幸运的是，杜甫从政那阵实在没啥名气，审核俘虏身份时，王维名气大，最先被严加问讯，审到杜甫这里，负责人犯了嘀咕："这个叫杜甫的，你们有谁听说过吗？"

下属纷纷摇头："这老家伙没人认识啊！估计是个路人甲吧！"

"呃，既然都搞不清，那就让他一边待着吧。"

就这样，官小没名气的杜甫躲过一劫，没有遭受太多屈辱，甚至连看管都很松懈。正因如此，他才有机会重新审视这曾经雄伟恢宏的京城，如何在叛军的摧残下一步步失去所有光华。

不停地有人被抢、被杀，连婴孩都难以幸免。胜利者们恣意欺辱这座城的主人，那些奢华无度的"公子王孙"如今连低三下四的奴隶都没得做。

悲愤交加的杜甫发了首新作——《春望》：

国破山河在，城春草木深。
感时花溅泪，恨别鸟惊心。
烽火连三月，家书抵万金。
白头搔更短，浑欲不胜簪。

一切都变了……

大地在颤抖，社稷在震荡，杜甫也在浮沉。

从惊险逃出京城长安，经华州、凤翔，再回长安洛阳、秦州、同谷，流亡三年多的杜甫，基本上不是在搬家，就是在搬家的路上，这个过程足够煎熬，也足够深刻。

特别是从洛阳返回华州途中，他见到战乱给百姓带来的无穷灾难和百姓忍辱负重被逼参战的凄惨处境，奋笔创作了不朽的史诗"三吏三别"：《新安吏》《石壕吏》《潼关吏》和《新婚别》《垂老别》《无家别》。

老翁老妪、征夫怨妇在官吏的残酷驱使下承担着无处诉说的悲痛。百姓的疾苦、社稷的危亡让杜甫椎心泣血，却又无可奈何。

右卫率府兵曹参军、左拾遗、华州司功……包括后来在成都严武幕府短期任职，构成了杜甫一生的从政履历，和同时代的张九龄、郑虔、高适等人相比，实在有些拿不出手。

几经辗转，杜甫去了成都，在浣花溪畔盖了几间茅草屋。

茅草屋里的日子并不好过，刮大风时掀房顶，下大雨时屋漏水，一帮熊孩子还趁着刮风下雨来捣蛋，顺走了不少茅草。

更难受的是，武侯祠就在离茅草屋不远的地方，无时无刻不提醒着杜甫，国破家亡的日子里，每天都是冷雨夜。

在成都的四五年间，杜甫创作了四百三十多首诗，占现存作品的百分之三十。其中不乏《春夜喜雨》《茅屋为秋风所破歌》《蜀相》《闻官军收河南河北》等大量名作。

"安得广厦千万间，大庇天下寒士俱欢颜""三顾频烦天下计，两朝开济老臣心""好雨知时节，当春乃发生"……

这时的杜甫，已到奔六的年纪。

这时的大唐诗坛，早已没了李白、王维、孟浩然、高适；

李贺、白居易、元稹、刘禹锡还未出生。

这时大唐的月亮，早已不似旧时圆。

五

唐肃宗上元元年（760）五月，杜甫离开成都，乘舟东下，经过嘉州、戎州、渝州、忠州，终于在夔州以西的云安县落下了脚。

这一时期，杜甫病了，他的诗中"病""悲""孤""独"的字眼越发增多。

"名岂文章著，官应老病休""万里悲秋常作客，百年多病独登台""亲朋无一字，老病有孤舟"……

在夔州短暂休养一段时间后，杜甫再次开始漂泊，从夔州到荆州、江陵、岳州、潭州、衡州，杜甫的病情愈发沉重，生活却依旧困苦。

终于，在北上汉阳的一条小船上，五十九岁的杜甫留下一首三十六韵的长诗《风疾舟中伏枕书怀》，悄然病逝。

病逝前夕，他仍然没有忘记国家的灾难：

> 书信中原阔，干戈北斗深。
> ……
> 战血流依旧，军声动至今。

可悲的是，几乎没人在意杜甫身在何方，更没人关注他的离去。

直到很多年后，闲来无事的元稹，打开了杜甫布满灰尘的作品集。他先粗略地数了数数量，嗯，一千四百多首，那么多，质量如何呢？

他抱着试一试的态度，开始阅读杜甫的作品。这一读不要紧，元稹差点惊掉了下巴："用诗记录人生、书写历史，这也太厉害了吧！"

他把杜甫的作品拿给好友们欣赏，有人告诉元稹："这个诗人很惨，生前默默无闻，死了很多年都没人给写墓志铭。"

"岂有此理，竟然有这种事？他们不写，那我来写！"

于是，元稹给杜甫写了这样的墓志铭：

至于子美，盖所谓上薄《风》《骚》，下该沈、宋，古傍苏、李，气夺曹、刘，掩颜、谢之孤高，杂徐、庾之流丽，尽得古今之体势，而兼人人之所独专矣。

没过多久，新一届文坛领袖韩愈和元稹有了相同的看法，他这样赞美杜甫："李杜文章在，光焰万丈长。"从此，大唐诗坛有了一个无可比肩的齐名——"李杜"。

半个世纪后，杜甫终于等来时间为自己正名。

杜甫这一生，就是Beyond乐队的一首《无悔这一生》。

尽管这个时代对杜甫很刻薄，他只能是一个默默无闻的诗坛过客，没有名气，没有荣誉，也没有太多关注度。杜甫却从未有过抱怨，也不曾采取任何一种方式逃避现实。

从杜甫的人生历程中，我们读出来的是勇敢、热爱、执着、坚韧，是百折不挠的勇气，是追寻梦想的脚步，是万世不朽的篇章。

敢于直面惨淡的人生，勇敢活在真实世界里，其实也是一种洒脱。

就像歌中唱的："前方或会一生奔波，无悔这一生经过……没有泪光风里劲闯，怀着心中新希望。能冲一次，多一次，不息自强。"

自强不息，奋斗无悔，难道不是人生最好的状态吗？

高适：乘风破浪的男人

一

唐玄宗开元十一年（723），二十四岁的高适进京了。

没有银鞍白马，没有雕车美女，除了一匹瘦马，只有几本旧书。

高适，很穷。

他也曾经阔过。

祖父高侃官居左监门卫大将军，正三品高官，在禁军系统里吃得很开。无奈老爹能力有限，官只做到韶州长史，还英年早逝。

从"官三代"生生沦为"穷一代"，失去固定收入来源的高适，只能灰溜溜地离开城市，返回故乡高家庄生活。

农村的生活节奏很慢，可以很闲散，前提是把地种好，才能把饭吃饱。

贫困户高适的烦恼却不在于填饱肚子，他几乎每天都要面对一道纠结的选择题：读书还是种地。

选择种地，意味着荒废学业；

选择读书，必然招来质疑。

在面朝黄土背朝天的农家人看来，日出而作、日落而息，粗茶淡饭，娶妻生子，人生基本能望到头。

志气很高的高适却拒绝做一个种地娃，不想陷入"种地—攒钱—娶妻—生子—种地"的死循环。多数情况下，他都不愿荒废时光，选择默默关上房门拼命苦读。问题是，那个年代没有扶贫工程，不去种地只会越来越穷。

"饭都快吃不上了，还看什么书？"来自街坊邻里的质疑总是直白而伤人。每天一大早，从高适门前经过的街坊四邻听到琅琅读书声，总会忍不住质疑几句："高家这小子，耕地耕得歪七扭八，还整天不愿下地。你说连种地都种不好，读书能读好吗？"

读书和种地，哪有什么必然联系呢？这个道理，其实谁都明白。他们的质疑，不针对读书，只针对生活小圈子里的异类。

伤人的话，高适只能装作听不见。他很少因成绩优秀受到表扬，却经常因笨手笨脚遭到批评。

这样的日子也不知过了多久。直到有一天，高适丢下了课本，收拾好行装，又向亲戚勉强借够了盘缠，然后毅然决然地进京了。

伴随他离去的，仍然是一片质疑声："你看那高适，读了几天书就想做'京漂'，进京寻找机会，机会怎么会留给他呢？看吧，迟早得灰溜溜地回来！"

大唐盛世，有志青年们总是满怀豪情，"漂"入首都寻求

出路。

踽踽独行的高适，从家乡渤海郡"漂"入长安，为的正是闯出一片天地，追求高端大气上档次的生活。

年关将至，繁华的长安街头更添了几分喧嚣。

琼楼玉宇、宝马雕车、繁华的商业中心，满大街的胡人、遍地的美女……强烈的视觉冲击驱散了高适身心的疲惫，他决定找间酒肆好好吃上一顿。

"小二，一碗汤饼，再来二两黄醅！"

"客官，汤饼加不加肉？"

"嗯，加吧。"

高适正津津有味地吃着汤饼，突然听到有人喊了一声："快出来看啊！公子哥儿们结伴出游啦！"

他来了，他来了，他骑着骏马奔来了！

众人赶忙丢下碗筷，跑到街边看热闹。这帮含着金汤匙出生的京城土豪，个个骑着高头大马，身着华丽锦袍，挥动着镶金的马鞭，风一样地从人群中飞驰而过。更有甚者，还时不时漫天撒钱，让众人去捡。

在一片嘈杂声中，高适在心里暗自鄙视：有钱了不起吗？！

可转而一想：有钱多好啊！

回到酒肆，看着寒酸的酒食，高适胃口全无，给店家结了账，就匆匆找了间"京漂"聚集的旅舍，暂时安顿了下来。

这一晚，旅途劳顿的高适却失眠了，出身的巨大差距让他内心极不平衡。大唐读书的学子千千万，试问有谁不希望功成名就、一掷千金呢？

这一晚，高适写下了人生第一首诗，名字很苦涩——《行路难》：

> 长安少年不少钱，能骑骏马鸣金鞭。
> 五侯相逢大道边，美人弦管争留连。
> 黄金如斗不敢惜，片言如山莫弃捐。
> 安知憔悴读书者，暮宿灵台私自怜。

像我这样优秀的人，本该灿烂过一生。

读书为了什么？不就是人前显贵，拉平出身的差距吗？

二

高适进京，目的不同于一般的"京漂"，他的想法比较简单粗暴。

寄宿于旅舍的"漂友"们邀请他参加本年度的科举考试，他却摇了摇头，对众人说："你们去吧，我要走另外一条路。"

按传统程序参加科举，漫说竞争激烈不易录取，即便有幸从中脱颖而出，也得长期坐办公室端茶送水写材料，这种生活不是高适想要的。他希望速成，就选择了一条风险系数极高的终南捷径：干谒。

干谒，通俗点讲，就是拜见有权势的达官显贵，依靠其影响力迅速获取功名。

为此，他写下人生第二首诗，还叫《行路难》，其中就有两句：

东邻少年安所如，席门穷巷出无车。

有才不肯学干谒，何用年年空读书。

敢走干谒这种路子，一般都是极度自信的猛人。高适之前有王维，高适之后有李白。说来挺巧，王维和李白干谒的对象还是同一个人：唐玄宗的亲妹妹玉真公主，这是题外话。

他们的区别在于，王维和李白都成功了，高适却失败了。

原因很简单：没名气。

没名气绝对是硬伤。虽说唐朝那阵社会发展空间比较大，上升门路比较多，可高适在长安城晃荡数月，居然没摸到门路，投出去的"简历"不是被拒，就是石沉大海。

毕竟人家李白在干谒豪门前早就凭借一首《蜀道难》刷爆朋友圈；王维则诗词歌赋、琴棋书画样样精通，人又长得帅，还有"独在异乡为异客，每逢佳节倍思亲"这样的金句问世，硬实力摆在那儿，想不出名都难。

更糟的是，没名气的高适身上还没钱。

没钱，很限制想象。

没钱，就做不了社会活动家。

看着高适整天愁眉不展，参加完考试的"漂友"们纷纷安慰："别灰心，干谒本就风险很大，需要漫长的等待，没准哪天就有导师为你转身了。"

高适却颇感无奈："等不起了，我的盘缠快用完了，我要回去了。"

他谢绝众人的挽留，头也不回地离开了长安。

潇洒地离去并不代表高适内心毫无波澜，恰恰相反，他对仕途失意颇为沮丧。

行至宋州地界，高适做了一个出人意料的决定：他在西汉梁孝王所建梁园的遗址附近辟了一片荒地，又建了一座草庐，过起了隐居躬耕的生活。

他没有自闭，只是想保住自尊，以免回乡后沦为乡亲邻里茶余饭后的谈资，那是比仕途失意更难面对的窘境。

从开元十一年（723）到开元十九年（731），他在这座草庐中整整住了八年。

八年里，高适一边种地，一边给自己充电，平日里写写诗、会会友、种种田，生活节奏慢也充实。

每当好友来访，高适免不了要在朋友面前自嘲一番：

二十解书剑，西游长安城。
举头望君门，屈指取公卿。

当然，高适并不把失利的原因归结为自身水平有限，而是上面不给机会：

白璧皆言赐近臣，布衣不得干明主。

话里话外，高适对现状还是很不满意，特别是农忙时节，天才蒙蒙亮，他就得扛着锄头、穿着草鞋出门，一直干到夕阳西下，繁星满天。

高适并没有陶渊明"采菊东篱下，悠然见南山"的心境，

只不过辛勤劳作之余，高适也渐渐发现，种出庄稼并不比写诗来得轻松。写诗能信手拈来，粮食却远不能像艺术创作那样高产，他需要经常接受好友的接济，过得那叫一个憋屈。

烈日的酷晒，暴雨的洗礼，农具的沉重，耕种的劳苦，生存的艰辛，着实给高适上了最生动的一课，让他手心磨出老茧，双鬓生出华发。

庄稼可以年复一年地生长，人生又能有几个八年啊！

世界那么大，我想去看看。

拿起锄头，并不意味着放弃梦想；放下锄头，意味着与命运继续抗争！

高适的小宇宙，其实才刚刚开始燃烧。

三

男人的事业，在马背上，在酒杯中，在边塞的沙场上。

高适挥手与往日作别，不回乡，不进京，而是一路向北，来到了苍茫的燕赵大地。

这里是残酷的沙场，却也是边塞诗人的天堂。

大漠、烟尘、牧马、羌笛……直到此时，高适才真正领略到边塞的壮美和开阔。

在这里，他用笔记录边塞的点点滴滴。

在这里，他用诗书写人生的大开大合。

"虏酒千杯不醉人，胡儿十岁能骑马""借问梅花何处落，风吹一夜满关山""且与少年饮美酒，往来射猎西山头"。

边塞的一草一木、一山一石都融入高适燃烧的小宇宙中，他守护的精神家园都化为人生最独特的注脚。

尽管投奔朔方节度副使王珃、幽州节度使张守珪幕府接连失败，他依然固执地燃烧斗志，耐心地等待机遇的垂青。

八年的游历一晃而过，三十五岁的高适返回宋中，再次过起隐居的生活。此后十年间，除去短暂性地游历魏郡、楚地，他一直居住在这里。

他参加过"李杜驴友团"，和"草圣"张旭拼过酒，还一次次送别即将奔赴天南海北的朋友。

要知道，盛唐文艺圈里，高适不仅擅长边塞题材，也是个写送别诗的高手。

心胸日渐开阔的高适，总会为仕途失意的好友端上一碗碗开胃健体的"鸡汤"。与他交好的人，都会受到他的安慰鼓舞。

送别韦参军，"鸡汤"很香："丈夫不作儿女别，临岐涕泪沾衣巾"。

夜别韦司士，"鸡汤"很醇厚："莫怨他乡暂离别，知君到处有逢迎"。

送别李侍御，"鸡汤"很合口："离魂莫惆怅，看取宝刀雄。"

……

而高适这辈子最有名的一碗"鸡汤"，端给了一个名叫董庭兰的琴师。

那是初冬时节，夕阳西沉，千里黄云笼罩着苍穹，南归的鸿雁在凛冽的寒风中久久盘旋。高适与董庭兰短暂相逢，又将

在此地挥手告别。

> 千里黄云白日曛，北风吹雁雪纷纷。
> 莫愁前路无知己，天下谁人不识君。

干了这碗鸡汤，董庭兰心情好多了，高适却觉得不太过瘾，买一赠一，又给好友再盛了一碗：

> 六翮飘飖私自怜，一离京洛十余年。
> 丈夫贫贱应未足，今日相逢无酒钱。

一是鼓励，一是自嘲。这就是高适，总想把祝福送给别人，把悲伤留给自己。

四

天宝八载（749），高适快五十岁了。

在这个知天命的年纪，如果再没点奇迹出现，基本只能洗洗睡了。

高适没想到，这首《别董大》居然能一举冲进大唐流行诗歌榜单，自己突然就登上了大唐诗坛名人榜。

他更没想到，在离家不远的睢阳府衙，睢阳太守张九皋正捧着这首诗读得热泪盈眶。

多好的诗啊！多励志的人啊！

得益于张九皋的举荐，高适终于做官了，他当上了封丘尉。距离意气风发进京那会儿，已经过去了二十五年。

二十五年来，从青春年少到两鬓斑白，无论面临何种境遇，他始终坚信，在历尽艰辛和磨砺之后，每个人都能拥有一双翱翔天际的翅膀，在自己的岁月里破茧成蝶。

三年后的一个深秋之夜，友人来访，高适正端坐在书桌前奋笔疾书。

这是一章辞呈。高适幽幽道："我不干了，我想进京。"

友人很不解："老哥，你都五十多岁的人了，何必再折腾呢？老老实实做几年官，熬到退休的年龄叶落归根，不是很好吗？"

高适笑了笑，给友人看了首近期刚写的诗《封丘县》，然后回屋收拾衣物细软，第二日就挂印而去。

> 我本渔樵孟诸野，一生自是悠悠者。
> 乍可狂歌草泽中，宁堪作吏风尘下？
> 只言小邑无所为，公门百事皆有期。
> 拜迎长官心欲碎，鞭挞黎庶令人悲。

他心里很清楚，封丘尉这个官实在太小了，既不能施展抱负，又不忍盘剥百姓，更不会逢迎长官，这样的官做着毫无意义。

大概谁都不会想到，封丘尉并不是高适政治生涯的终结，而是一个"开挂"的起点。

五

秋冬之际，高适重新踏进梦开始的地方。

于他而言，这个年纪再去参加科举就太丢了人。过了这么多年，他仍然执着于干谒的路子。

这一回，他运气很好，"简历"刚投出去就遇到了贵人——陇右节度使哥舒翰。

长安那么大，高适遇到哥舒翰，绝对是个小概率事件。

首先，高适并不知道哥舒翰当时正在长安；其次，高适并不能保证哥舒翰一定会为自己转身；再次，即便转身，也不见得自己能发展得很好。

这一切疑虑，在高适见到哥舒翰后，纷纷化成了青烟。

哥舒翰激动地问："你叫高适？哎，你是不是那个高适？就是那个写出'莫愁前路无知己，天下谁人不识君'的高适？"

"是的，我就是那个男人。"

就这样，高适顺利进入哥舒翰幕府，直接出任掌书记。

又过了三年，安史之乱爆发，五十六岁的高适跟随哥舒翰镇守潼关。得益于上级的举荐，高适已升迁为左拾遗、监察御史。

坚持不走科举之路的高适，终于把干谒的羊肠小径走成了一条通天大道。

潼关失守后，高适从前线急速赶回京城，当面向玄宗陈诉利害得失，并极力奏请玄宗放弃长安，撤往成都。

思路清晰、临危不乱的高适给玄宗留下了深刻的印象，他特意让高适随行，还下诏晋升高适为谏议大夫：

侍御史大夫高适，气节坚贞，气质高朗，文学才能出类拔萃，言语正直，品德端正，实乃社稷之臣，理当担任谏议一职，并赐绯鱼袋。

谏议大夫任上，高适针砭时弊、遏制流言，颇得玄宗恩宠。此后，更是一路绿灯，畅行无阻。

五十六岁，转任淮南节度使，讨伐永王李璘叛乱；

五十九岁，出任彭州刺史；

六十岁，改任蜀州刺史；

六十三岁，改任剑南节度使；

六十四岁，迁任刑部侍郎，转散骑常侍，进封渤海县侯；

六十五岁，驾鹤西游，追封礼部尚书。

青年失意、中年诗意、晚年得意，这就是高适燃尽小宇宙的一生。

《旧唐书·高适传》说："有唐以来，诗人之达者，唯适而已。"

为什么这么说呢？

看一看盛唐诗坛大咖们的人生境遇，你就明白了。

"诗仙"李白因牵涉永王叛乱被判流放夜郎；"诗圣"杜甫在成都的一间破茅屋中悲苦地高吟《茅屋为秋风所破歌》；"诗佛"王维三十岁就一蹶不振，再也没能迎来人生的逆袭。

"边塞四诗人"另外三位一样很惨——

岑参正在遥远的川蜀大地辛苦搞建设；王之涣早在二十年前就病逝于文安县尉任上；王昌龄则惨遭仇家杀害，客死

他乡。

更直白点讲，大唐百余位诗坛名家，高适是"唯二"的封侯者（另一人是白居易）。只此一点，就让他跌宕起伏的人生显得格外与众不同。

其实，人生从来没有太晚的开始，更没有看似无谓的等待。很多时候，生命的激流已经奔涌到万丈峭壁，只要再向前一步，就会变成壮丽的瀑布。

也许，你应该多干两碗高适的鸡汤，学学他的奋斗历程。

也许，正在追梦路上乘风破浪的你，下一秒需要做的，就是高喊一声：燃烧吧！我的小宇宙！

岑参：沙漠骆驼

一

当岑参哼着小曲、喝着小酒，意气风发地迎着落日、踏过黄沙，随军奔赴边塞时，他的内心是极度愉悦的。

他始终认为，好男儿只有身在沙场，激素才会飙升，心胸才会开阔，才能找寻到真正的自我。

人生的前三十年，他活得太有负担了。

作为典型的"曾经阔过"的那一类人群，岑参经常公开宣称：我出身颇高（国家六叶，吾门三相）！

他并没有吹牛，"户口本"为证：

曾祖父岑文本，太宗朝宰相；

伯祖岑长倩，高宗朝宰相；

伯父岑羲，睿宗朝宰相；

父亲岑植，玄宗朝仙州、晋州刺史。

拼家世，岑参在大唐诗坛是前几位的，只可惜，到了他这一代，曾经的王者变成了路人甲。

伯祖岑长倩当宰相时，武则天有意踢开两个亲生儿子，立

侄子武承嗣为继承人。岑长倩当廷质疑了一句:"放着亲生的娃不立,却立别人家的孩子,你是不是傻?"

结果,分分钟被逮捕下狱,然后以谋反罪处死。

伯父岑羲当宰相时,碰上太平公主和李隆基分庭抗礼,老岑站错了队,加入了太平公主的阵营。

结果,李隆基在平息老姑不自量力的叛乱后,顺手将岑羲一家灭了口,还流放了岑氏亲族数十人。

父亲岑植还算幸运,侥幸躲过这次政治搏杀,在地方上战战兢兢苦干十几年,才勉强落个善终。

岑植病逝时,岑参还不满十岁。

这一番花里胡哨的政治洗牌,把一个巅峰家族生生洗到社会最底层。

原本,岑参的未来规划很简单,依靠老爹地方一把手的地位,通过恩荫总能谋个一官半职。如今老爹这一走,只能自己努力奋斗了。

此时的岑参无心奋斗。这很好理解,指望十几岁的少年自觉肩负起振兴家族的重任,不太现实。

更何况岑参还有个唠叨的哥哥,整天督促弟弟学习:"小弟,你五岁读书,九岁就能写出成篇成篇的美文。哥哥资质不如你,学习学不出个头绪。咱大伯一家死的死,流放的流放,咱爹又死得早,岑家可全指望你了!这些科考复习资料是我好不容易整理好的,你抓紧时间学,过几天我抽查。加油,我看好你哟!"

鸡汤灌多了,就有点恶心了。哥哥高强度的督促,让十五岁的岑参心生叛逆。于是，他不告而别，溜到嵩阳隐居了起来。

说是隐居，其实是放飞自我。岑参在嵩阳该游玩游玩，该练剑练剑，就是不愿学习理论知识。

时间是让人猝不及防的东西。隐居了五年，岑参突然玩腻了，周边景色早已看够，练剑也练不成绝世高手，眼看到了及冠之年，岑参决定进京谋个出路。

他心里很有数，这几年玩得太过，功课一点没做，应试能力确实不大行。

可以裸考，但没必要，毕竟近几年还写过一些作品。

不如……干谒去？

二

岑参的诗文集被恭恭敬敬地递到长安权贵们的手中后，却无一例外遭到了无情拒绝："就这水平也敢编成诗文集，谁给你的勇气？"

很快，岑参心态崩了。

从长安离开时，岑参擦了把汗，郁闷地想：太折磨人了，看来不好好学习还真不行啊！

狼狈地回到故乡，岑参心理压力很大，毕竟惨痛的事实摆在眼前：想走捷径，注定"翻车"。

岑参心有不甘，也不愿在家里干耗。闭关休养仅半年，他就重振旗鼓，再度出山。

干谒不行，那我去旅游吧！

数年间，岑参漫游河朔，一路漂泊，一路写诗，一路记述行程，还特意将旅途中创作的作品统统整理出来发表。只可惜，他的作品和他的处境一样尴尬：人气不高，阅读量一般，粉丝也是寥寥无几。

岑参默默关注着许多才子的动态，比如李白、王维、王昌龄，还有目前处境一样很苦，日后还与自己齐名的猛人高适。

唉，写诗写不成才子，递简历又无人接收，心里好苦啊！

旅游在外，身体是自由的；奔三的年纪，内心是苦闷的。岑参不止一次地用写诗来表达焦虑的心绪："丈夫三十未富贵，安能终日守笔砚？""功业悲后时，光阴叹虚掷。"

他暗自发誓：三十岁那年，一定要改变人生，这无关家族，只为自己。

唐玄宗天宝二年（743），二十八岁的岑参返回长安，租了间便宜的单身公寓复习备考。一年后，岑参一举登第，授右内率府兵曹参军。

"原来，我的水平还可以呀！科举考试也没想象中那么难嘛！"十年的苦闷一扫而空。

尽管只是八品小官，经常加班，工资还不高，补贴全靠想，但岑参却能稳住心态，踏踏实实干好本职工作。

自怜无旧业，不敢耻微官。

六年后，岑参的人生再次迎来转机：安西四镇节度使高仙芝的幕府掌书记退休了，需要增补一人入塞任职。

作为联结藩镇与中央的文职僚佐，也是节度使身边的首席文秘，掌书记既要笔杆子够硬，擅长各类奏章、文檄的写作，也得具备较强的政治素养，以免诱导节度使胡作非为。

按照惯例，掌书记多升迁为节度判官、节度副使甚至节度使（参考高适），也就是说，干好掌书记的工作，晋升空间还是很大的。

岑参很厉害，经过层层选拔，获得了这一职务。

> 脱鞍暂入酒家垆，送君万里西击胡。
> 功名只向马上取，真是英雄一丈夫。

带着满腔热忱，岑参踏上了边塞。

这里，有他真正的自我。

三

入塞路上，岑参走得飞快：

> 一驿过一驿，驿骑如星流。
> 平明发咸阳，暮及陇山头。

入塞的路却并不好走：

> 十日过沙碛，终朝风不休。
> 马走碎石中，四蹄皆血流。

在黄沙的袭裹下，岑参一行灰头土脸。可他内心却极度愉悦——身临其境地欣赏壮丽的边塞风光可比在朝中熬夜写文章痛快多了，这才是人生应有的经历，这才是人生应有的境界！

一路上，岑参见识了什么叫天山积雪、烽火烟云，什么叫大漠孤烟、长河落日。天山、弱水、流沙、轮台、玉门关，催生出岑参一首首雄浑悲壮、慷慨激昂的边塞诗篇。

边关的一草一木、一沙一石都融入了岑参沸腾的血液。

很快，岑参就来到高仙芝的军营。作为玄宗朝的名将，高仙芝作战水平一流，领导能力一流，下属也不乏精英。岑参认为，跟着高仙芝混，也许用不了多久就能获得提拔，没准还能上几次战场。

他没想到，像高仙芝这种戎马一生的名将，竟然也有打败仗的时候。

天宝十载（751），大唐与大食国在中亚地区展开激烈竞争，高仙芝亲率西域联军深入大食国国境七百余里，与敌正面交锋。

问题在于，孤军深入，粮草接应困难，加上高仙芝的部队中掺入西域数万杂牌军，这些未经训练的士兵毫无军纪可言，指望他们配合唐军上阵杀敌，那是想都不要想。

大食军边战边退，高仙芝轻敌冒进，命令将士一路疾行，猛追到怛罗斯，双方军队都到了崩溃的边缘。

这时，西域诸国的杂牌军眼看跟着唐军非但捞不着好处，反而有全军覆没的危险，私下一合计，果断选择叛变，秘密联合大食国夹击唐军。在塔拉斯河河畔，万余唐军精锐尽数被杀，仅有千余残军护卫着高仙芝仓皇撤回。

一场惨败，高仙芝引咎辞职，他的幕僚也被集体问责。岑参在西域工作两年，除了帮上级写公文外寸功未立，只得无奈返回长安，被组织安排了个可有可无的闲职——大理评事。

岑参再次陷入忧郁，好多天都称病不出。好在长安城里，岑参的好友很多。某日，高适、杜甫、薛据、储光羲等人约上岑参，一同去长安城南的佛教圣地慈恩寺游玩，帮岑参排解郁闷。

一行人登上寺中最高的建筑——慈恩寺塔（大雁塔），在众人的欢笑声中，岑参还是很心塞，他写了首《与高适薛据登慈恩寺浮图》，动了出家的念头：

> 净理了可悟，胜因夙所宗。
> 誓将挂冠去，觉道资无穷。

"佛法无边，回头是岸，阿弥陀佛！"岑参双手合十，虔诚地向佛祖叩拜。

"兄弟，别乱说啊！这才哪儿到哪儿啊，哥哥我都快五十了，连个正式的工作都没找到，你已经比我强太多了。"人生经历更惨痛的高适拉着岑参，一个劲儿地劝解。

"对呀对呀！我混了大半辈子，也才是个右卫率府兵曹参军，你刚进组织就和我平级，你比我优秀多了。再说现在找工作多难啊！哪能随随便便就辞职不干呢？"一旁的杜甫顺着高适的话继续劝说。

原来，你们都比我惨啊！感谢兄弟们，我好多了。

四

天宝十一载（752），封常清接任安西节度使一职。作为曾经在西域的同事，封常清邀请岑参再度同往，而且比此前官升一级：节度判官。

节度判官再往上提拔，就是节度副使。封常清的态度很明确：好好跟着我干，将来培养你当副手。

岑参几乎一秒钟就做出了决定：必须去！不去是傻子！

比第一次入塞时的表现更猛，岑参一生两大巅峰之作，都是在此时写成的。

先是《白雪歌送武判官归京》：

> 北风卷地白草折，胡天八月即飞雪。
> 忽如一夜春风来，千树万树梨花开。
> 散入珠帘湿罗幕，狐裘不暖锦衾薄。
> 将军角弓不得控，都护铁衣冷难着。
> 瀚海阑干百丈冰，愁云惨淡万里凝。
> 中军置酒饮归客，胡琴琵琶与羌笛。
> 纷纷暮雪下辕门，风掣红旗冻不翻。
> 轮台东门送君去，去时雪满天山路。
> 山回路转不见君，雪上空留马行处。

后是《逢入京使》：

> 故园东望路漫漫，双袖龙钟泪不干。

马上相逢无纸笔，凭君传语报平安。

岑参信心倍增，而且封常清比前任上级高仙芝更欣赏他，有事没事总爱找他谈心："小岑，安心工作，不管你有无战功，等我回朝述职之日，一定向圣上大力举荐，尽快帮你走上人生巅峰！"

上级很真诚，岑参很感动。

谁承想，意外又来了。

三年后，安史之乱爆发，封常清被急调勤王。为了稳住西北局势，他留下岑参驻守军营，以免后院起火。

由于战事仓促，安禄山的军队又举兵猛扑而来。封常清在长安临时招募的部队多为市井子弟，别说上阵杀敌，就连武器都拿不利索。

很快，洛阳失陷，封常清与老上级高仙芝退回潼关，死守不出。

此时，名将郭子仪、李光弼正从太原千里奔袭安禄山的大本营，河北各地纷纷响应。只要能守住潼关，牵制叛军主力，等郭子仪平定河朔，到时两面夹击，安禄山没准很快就穷途末路了。

只可惜，又老又昏的唐玄宗给高仙芝、封常清派去的监军，是个不懂军事又爱瞎指挥的太监。他多次插手军事部署被高、封拒绝，便向玄宗密报，诬陷高、封二人暗通叛军，意图谋反。

另一边，玄宗也对高、封二人接连惨败大为愤怒，他不由

分说，直接下旨诛杀二人，命部队与叛军决战。

决战的结果，就是潼关失陷，玄宗跑路。

两年来，岑参还远在西北大营留守，日夜期盼上级打胜仗、除叛乱。两年过去了，捷报一封没来，却等来了两位上级被杀的通告。

岑参坐不住了，为了抓住那渐行渐远的梦想，他离开边塞，千里迢迢奔赴凤翔，投奔肃宗李亨。

李亨对岑参在边塞的名声有些耳闻，封了他一个右补阙，和左拾遗杜甫同等官职。

左拾遗、右补阙，听着像左右护法，实际就是俩花瓶。岑参对现状很不满意：

早知逢世乱，少小谩读书。

悔不学弯弓，向东射狂胡。

不想当花瓶，就得站出来说话。边关汉子的脾气很冲，说话很直接，李亨并不喜欢，随后继位的唐代宗李豫也不喜欢。岑参先被调任虢州长史，又任太子中允、虞部郎中、库部郎中，官职一直在五品、六品之间徘徊，只能算差强人意。

五

唐代宗大历元年（766），岑参出任嘉州刺史，正四品实职。

奋斗一生的岑参，总算追上了老爹的脚步，可他却一点也高兴不起来。不是嫌官小，而是怕没命做。

此时的川蜀大地上，正无限循环着狗咬狗的剧情。

安史之乱白热化那阵，邻近四川的吐蕃趁乱收人头、抢地盘，朝廷任命严武为剑南节度使，击退了吐蕃的大举入侵。

严武病逝后，麾下大将崔旰等人联名请奏，希望朝廷立王崇俊为节度使。崔旰的小九九，朝廷自然一清二楚，想在四川独大，没门！

于是，郭英乂就被任命为新一任剑南节度使。

没想到，郭英乂也是个野心家。他一到成都，立即诬杀王崇俊，又召崔旰回成都。崔旰因防御吐蕃拒不奉命，郭英乂脑子一热，以协助抵御吐蕃为名，亲率部队讨伐崔旰。

结果，想一网打尽的郭英乂被崔旰反杀。郭英乂一死，他的手下不干了，再次纠集队伍讨伐崔旰，搞得四川兵荒马乱，烽烟四起。

岑参想：川蜀都乱成一锅粥了，这时候让我任嘉州刺史，不是摆明了坑人嘛！

吐槽归吐槽，岑参却不敢不去。他硬着头皮来到嘉州，沿途见到的场景却触目惊心。

战乱究竟有多恐怖呢？

川南一带，乱军到处杀人，尸横遍野，连江边的绿草、江中的流水都被染得猩红。日光下瘴气肆虐，暗夜里腥风悲飒，这哪里还是秀美的四川，简直就是人间炼狱！

岑参在嘉州只勉强干了一年刺史，就因拒绝敛财伤民被上级罢官。

大历五年（770），五十五岁的岑参在成都悄然病逝。他的人生，只鲜活于边塞。

在盛唐所有的边塞诗人中，岑参出塞时间最长，边塞诗写得最多，成就最突出。

他笔下的边塞，既有"君不见走马川行雪海边，平沙莽莽黄入天"的视觉冲击，也有"一生大笑能几回，斗酒相逢须醉倒"的热血豪迈，更有"忽如一夜春风来，千树万树梨花开""蒸沙烁石燃虏云，沸浪炎波煎汉月"的新奇趣味，这是王昌龄、高适等大咖不具备的。

他热爱这片土地，只有亲眼见到诸多奇景，才能激发无穷的想象力，成就诗篇雄奇瑰丽的浪漫色彩。

如果有可能，岑参愿意一辈子待在边塞，这里是创作的天堂，更是他灵魂的港湾。

他会像沙漠骆驼一样坚忍、执着，迎着漫天黄沙，走遍边塞每个角落。

致敬岑参，致敬边塞最敬业的诗人！

张志和：永远的渔父

一

想象这样一幅画面：

秀美的西塞山前，白鹭纷飞，桃花流水，鳜鱼正肥。江中一叶小舟缓缓驶去，舟中坐着的一位头戴青色箬笠、身披绿色蓑衣的中年男子，正迎着斜风细雨，快意垂钓。

江岸边，有人焦急地向他连连喊话："大人，皇上又喊您回去吃饭了！"

他却连头都不抬，悠然回道："你说什么？风太大了，我听不清！"

"哪有风啊！"

"小点声，有鱼咬钩！"说话间，鱼漂猛然沉入水底。只见他娴熟地拉起鱼竿，一条肥美的鳜鱼正挂在鱼钩上，飞快扑腾着身体，在江面卷起阵阵水花。

"哈哈哈，钓鱼，我是专业的！今晚又有美味的鱼汤喝啦！"整座西塞山，仿佛都能听到他爽朗的笑声。

这个渔夫，名叫张志和。每天清晨，他都会来这里钓鱼。

他最大的乐趣，就是捕到肥美的鳜鱼，然后拿回家炖汤。

张志和不是一般的渔夫。一般的渔夫家里养不起奴婢，张志和却养了俩；一般的渔夫捕鱼为了生计，张志和却只为消遣；一般的渔夫见到官差必然卑躬屈膝，张志和却连皇帝都不怵，连朝廷的旨意都敢违抗。

他并非出身渔家，也没人希望他去钓鱼，他是自愿的。

我的世界我做主，岂非人生最幸运之事？

张志和原本不叫张志和，他叫张龟龄，小名张老三（家里排行老三）。老妈在生他前做了神仙献灵龟的梦，故而为他取名"龟龄"。

注意，乌龟在古代与龙、凤凰、麒麟并称为"四灵"，江湖地位很高。"龟龄"，寓意长寿，丝毫没有骂人的意思。

张龟龄是个天才，三岁能读诗，六岁能行文，而且过目不忘，神童指数直逼王勃。

唐玄宗开元二十七年（739），八岁的张龟龄跟随在翰林院任职的老爹参观公署，转角遇到某宋氏学士。

宋学士上前寒暄："老张，听说你儿子很牛，真的假的？"

"一般一般，都是旁人吹出来的，你可别当真啊。"张老爹并不想和宋学士过多纠缠。

宋学士却不依不饶："那不行，我要考考他！"宋学士目光锐利地盯着张龟龄，继而似笑非笑地问："小伙子，《锦林文集》读过吗？"

张龟龄耸耸肩："没读过。"

"别人都说你过目不忘，我却不信，不如我抽一段《锦林文集》的内容，你背一背？"

张龟龄淡然一笑："漫说一段，就是整本书，我也能背诵下来。"

他一点也没吹牛，无论宋学士指定的段落是深奥还是简单，张龟龄总能背诵如流。宋学士有心捉弄，反被八岁的孩童戏耍一番。

二

别人家孩子的故事总是飞快地流传着，很快，唐玄宗听说张翰林的儿子非常优秀，就命张氏父子进宫，现场亲自出题，张龟龄依然对答如流，轻松过关。

唐玄宗不禁赞道："好孩子，棒棒的！"随后，心情大好的唐玄宗便对张翰林说道："张卿，此子文采出众、见识过人，如此才华实属难得，别让他回家了，直接安排在翰林院进修吧！"

张龟龄在翰林院足足进修了八年。

八年间，他的主要研究方向是"修道与从政之间的辩证关系"，在学术上取得了一定成就，年轻有为的他很快进入了太子李亨的视线。

李亨很想培养张龟龄，将来好做个股肱之臣。但又觉得张龟龄的研究方向有点偏，于是主动对他说："老三，修道那些事儿，当成业余爱好就可以了，你的主攻方向还是得和儒家治国理政相关才行。这样，我在太学给你报了个培训班，你去读个博士，拿到文凭后，我再给你安排工作。"

张龟龄无所谓，学啥不是学呢？隔行如隔山，那是对普通人说的。张龟龄是天才，从道家"跳槽"到儒家，他一样能四年顺利博士毕业，拿到学位证书。

博士毕业典礼当天，正巧是张龟龄二十岁生日，李亨亲自赶到太学，给张龟龄正冠、拨穗、授予学位，提拔他做了待诏翰林，留侍东宫。

"张龟龄，帮我写篇讲话稿！""张龟龄，帮我去兵部传个命令。""张龟龄、张老三，你跑哪去啦？"……

时间一长，李亨发现了一个问题，"张龟龄"这名字虽说寓意很好，但叫着确实有点俗，喊"张老三"又有点太不正式，不如给他改个温文尔雅的名字吧。

于是，张龟龄就变成了张志和，字子同。

安史之乱的爆发，改变了大唐的走向，也改变了张志和既定的人生轨迹。

长安沦陷后，张志和跟随李亨转战灵武，授任朔方招讨使。一年后，李亨在灵武登基称帝，张志和再被擢授为左金吾卫大将军，正三品实职。

出身肃宗的嫡系，又和皇帝在战争中培养出坚固的革命友谊，李亨始终记得，困守灵武的每一个夜晚，张志和总会陪在自己身旁，为自己出谋划策、排忧解难。

至德二载（757），官军联合回纥援军接连收复长安、洛阳，张志和随同李亨返京，由武官转任金紫光禄大夫。

此时，叛军的势力依然强大，朝廷并没有绝对的实力与叛军展开决战。而且，此前为邀请回纥军尽快支援前线，李亨展示了过量的诚意："克城之日，土地、士庶归唐，金帛、子女皆归回纥。"

回纥使者一听，两眼一亮："陛下，君无戏言！您的承诺到时候可要兑现哦。"

李亨正要作答，张志和悄悄碰了一下李亨的手臂，轻声说道："陛下，给得太多了，压压价啊！"

李亨却似乎并不在意，笑呵呵地告诉使者："回去告诉你家可汗，赶紧出兵，助朕夺回长安。酬劳一事，朕说到做到！"

三

十月，东都洛阳收复。李亨决定遵守约定，放回纥军进入洛阳。

在商讨回纥军入城的御前军事会议上，参谋长张志和却当场与李亨闹僵了。

张志和态度很强硬："让蛮夷入境劫掠，这叫引狼入室，你我都要被钉在历史的耻辱柱上！"

李亨颇感无奈："子同，我们要遵守约定啊！"

"和蛮夷之约何必守信？无论如何都不能让回纥军进入洛阳！洛阳城十几万百姓，日夜盼望着解放，我们不能坑自己的子民，请陛下三思！"

"子同，你这是站着说话不腰疼。"李亨有点生气，"三思？我早就四思、五思、六思了！洛阳百姓都是朕的子民，你以为我想坑他们吗？事到临头，不遵守约定，万一回纥这群白眼狼就地背叛，和叛军联起手来，我们就得再次搬家！是回灵

武，还是学太上皇去成都？朕不想搬家了！"

张志和猛然起身，拍着桌子大声嚷道："那就与回纥在洛阳城外决一死战！我愿担任先锋，为陛下死战到底！"

"子同，你让我说什么好，书生意气行不通的，退下吧。"

张志和怒了："我书生意气，也比某些人苟且偷安强，为一时之利牺牲自己的子民，陛下，你就是我大唐的千古罪人！"

"大胆！张志和，你也太放肆了！不要以为朕信任你，就能容你蹬鼻子上脸！"被张志和半讥讽半批判的李亨，双眼满是怒火。

"大不了我辞职，不做这糟心的鸟官，陛下你就眼不见心不烦了。"张志和说着就要撂挑子。

"官印留下吧！传旨，将张志和降为南浦县尉，即刻离京。"

友谊的小船说翻就翻，张志和的眼角慢慢渗出了泪水。这就是自己发誓效忠的君王？为了个人利益，不顾百姓的死活！这就是君王的本质吗？

"陛下，臣告辞了。"他缓缓朝李亨深鞠一躬，步履沉重地离开了宫城。

就在张志和赶赴南浦县的路上，李亨遵守诺言，放任回纥军在洛阳大肆劫掠三天，洛阳城霎时化为人间炼狱，几成一座空城。

张志和得到消息后，绝望了。

同年，其父病逝，张志和便辞去官职，回到家乡为父亲丁忧。数年间，他的母亲、妻子又接连离世，这一切使张志和对世俗彻底厌倦，决定解放天性、放飞自我。

张志和回乡守孝期间，李亨也为当时的不冷静感到后悔。他给张志和写信："子同，你快回来，我一人承受不来。"

张志和不回。

李亨认为张志和闹情绪，又送给他奴、婢各一人，降诏追赠张志和的母亲为秦国贤德夫人，赐锦罗四段、白银二千四百两，以荣葬其母，还特意让使者传话："子同，你的官印朕原封不动地给你留着，守孝期满后，赶紧回来吧！"

张志和收下礼物，给李亨回了封信，信的内容很简单，是一首诗：

世事艰难如意少，功名荣耀误人多。

浮云富贵非吾愿，且买扁舟理钓蓑。

丁忧期满后，张志和将李亨给他的一奴一婢配为夫妇，号曰渔童、樵青，然后带上两人，悄悄离开了故乡。

左等右等不见人来，李亨只好再派使者去请，却发现张家早已人去楼空。李亨懊恼地捶胸顿足："朕好后悔啊！没想到子同其志之坚，其意已决……"

四

为了避开李亨的寻访，张志和过着打一枪换一个地方的生活。他去过群峰荟萃的黄山、古老淳朴的绩溪、富庶繁华的姑苏，最后在湖州城西西塞山安顿下来，对外号称"烟波钓

徒"，过起了渔隐的生活。

西塞山前，烟波浩渺，水美鱼肥，白鹭倩影翩翩，仿佛惊鸿一瞥，便可化为悠长的岁月。

每天清晨，张志和或乘舟远去，或临溪而坐，悠然垂钓。想吃鱼的时候，他就在鱼钩上挂好鱼饵，坐等鳜鱼上钩；不想吃鱼的时候，他就把光秃秃的鱼钩扔进水中，远望西塞山秀美之景，自得其乐。

> 西塞山前白鹭飞，桃花流水鳜鱼肥。
>
> 青箬笠，绿蓑衣，斜风细雨不须归。

这就是张志和渔隐江湖的圆满画卷。

李亨在位期间，仍不厌其烦地一次次前来寻访，张志和从来是不听不理不关注。在内心深处，他依然把李亨当朋友，可受过的伤、流过的泪，早已在二人之间划下一道难以逾越的鸿沟。

唐代宗宝应元年（762），李亨病逝。自此以后，再也没人打搅张志和的生活。

他在西塞山隐居的第二年，结识了在苕溪隐居的"茶圣"陆羽和在杼山隐居的"诗僧"皎然。三人相约成立了个"佛理研讨小组"，每月定期开展研讨活动。可张志和总爱放鸽子，经常找不见人。

有一次，陆羽与前宰相裴休一起去探望张志和，陆羽含蓄地抱怨道："子同，你住在荒郊，和大家来往太少了。"

张志和轻轻抿嘴一笑："鸿渐兄，我们住在同一片天空下，就好比住在同一间房子里，早晨初升的太阳。晚上腾起的皎月，同时照耀着每一个人。如此看来，我们从来没有分开过，自然无须你来我往地见面啦！"

"嗯？你说得好像有道理，我竟无言以对……不对，你这是偷换概念！即便住得远，也要按时来参会啊！"

"晓得晓得，以后一定注意。"

张志和曾经有八年研究道家思想的经历，加上近年时常与陆羽、皎然、陈少游等资深学术大佬谈诗论道，垂钓之余，张志和完成了惊世之作《玄真子》的撰写。

无自而然，是谓玄然；无造而化，是谓真化之玄也。无玄而玄，是谓真玄；无真而真，是谓玄真。

玄真，即自然；自然，即无为；无为，即隐退；隐退，即钓鱼。

这就是张志和的话语体系。从此，他又多了一个道号：玄真子。当然，这和全真教没半毛钱关系。

由道入儒，再由儒入道，张志和在兜兜转转中，迎来人生最终的定性：我是个修道的隐士，仅此而已。

五

唐代宗大历九年（774），张志和应邀赶赴湖州，参加湖州刺史颜真卿的家庭聚会。他很有个性，摇着自己常年钓鱼的

破船，一路慢悠悠地划到湖州，差点又错过了约期。

上岸时，颜真卿见他的渔船又破又小，提议给他换一艘。张志和却悠然地说："我倒宁愿把我的房子都搬到船上，一生漂浮在苕溪和霅溪之间——您说我的船还小吗？"

"不小，很大，与你的胸怀一样广大。"毕竟都是搞文艺的，颜真卿"秒懂"。

颜真卿能请到张志和担任特邀嘉宾，心里甚是高兴，晚宴正式开始后，他请张志和现场创作，张志和也不推辞，提笔写下五首《渔歌子》。

我们只熟悉第一首，另外四首同样精彩：

> 钓台渔父褐为裘，两两三三舴艋舟。
> 能纵棹，惯乘流，长江白浪不曾忧。

> 霅溪湾里钓鱼翁，舴艋为家西复东。
> 江上雪，浦边风，笑着荷衣不叹穷。

> 松江蟹舍主人欢，菰饭莼羹亦共餐。
> 枫叶落，荻花干，醉宿渔舟不觉寒。

> 青草湖中月正圆，巴陵渔父棹歌连。
> 钓车子，橛头船，乐在风波不用仙。

"词"只存在于宋代吗？可不尽然。

其实，在盛唐那阵，已经有人开始填词了。

张志和，就是填词界的高手。

那一年十二月，某晚，张志和乘醉跟随颜真卿东游平望驿，喝得眼花耳热的他恍惚望见莺脰湖中仙鹤翩翩起舞。

来不及解释了，快上船！我要去追仙鹤！

张志和悄悄离开了颜真卿的队伍，驾着自己那艘小破船下水追逐仙鹤，不幸落水而死，年仅四十二岁。

那艘小船，就停在张志和落水之处，永远守护着世上最敬业的渔父。

《渔歌子》问世后，最初并未引起太多关注，还因流传不利，遗失了后四首。

唐宪宗在位期间，无意中读到仅剩的第一首，大呼过瘾，他找来宰相李德裕交流读诗心得。

李德裕懂行，又与张志和曾有过短暂交往，他告诉宪宗，《渔歌子》本有五首，其余四首目前已经散佚。

宪宗郁闷地问："爱卿，你有办法寻回遗失的四首吗？如此佳作，散佚实在可惜。"

"陛下若有心，臣自当尽力寻觅。"

李德裕百忙之中，亲自去了趟湖州，又跑到张志和在西塞山的故居，多方打听，终于找齐张志和另外四首《渔歌子》。

后来，这五首《渔歌子》还流传到了日本。在日本国内，上自天皇，下至歌女竞相唱和，风靡一时。嵯峨天皇在位期间大力推行"唐化"，在贺茂神社开宴赋诗，并模仿《渔歌子》填词，开启了日本填词历史的先河。

唐朝那些文人骚客，创作路子都很宽，送别、爱情、边

塞、思念、游玩……每种题材都能来那么几首，而把"渔父"这一形象设为创作主题，诗词首首离不开垂钓的，大概只有张志和这位钓鱼"发烧友"了。

他开创了"渔父"这种词牌的写作格式。此后，欧阳炯写过，李珣写过，南唐后主李煜也写过……无论他们怎么写，句式、格律总跳不出张志和的体例。可以说，自唐以降，"渔父"这一词牌，张志和独领风骚。

他是永远的渔父。

韦应物：浪子回头金更坚

一

韦应物小时候，日常主题只有一个：玩！敞开了玩！放肆地玩！

作为长安城中炙手可热的豪门望族，韦氏家族与杜氏家族共享着其他名门难以匹敌的无上美誉：（长安）城南韦杜，去天尺五。

翻译过来就是：长安韦氏、杜氏，距离天（皇帝）仅有五尺。

这么说一点不夸张。据《新唐书》记载，有唐一代，杜氏、韦氏家族中曾有二十余人出任帝国宰相，而担任宰相以下各级官员者更是数不胜数。

大唐才子中出身豪门者倒也不少，却无一人能与韦应物相提并论。比如陈子昂、王翰等只属于地方上家产丰厚的土豪，官场影响力不大；高适、岑参等都是祖上曾经显赫过，喝酒时拿出来吹吹牛可以，实际效果约等于零。

韦应物，却是切切实实从小享受着显赫家族带来的福利。

抱着金砖头出生的韦少爷，从来都不需要为生活发愁。不爱读书，可以，开心就好，家族势力强大，不需要你来光宗耀祖。

韦少爷就这么无忧无虑地玩到十四岁，到了职业规划的关键节点，家里人一样早早给他铺平了道路。

十几年没怎么学过知识，无所谓，本来也没打算让你参加科考。家人直接将韦应物送进宫中，先是以家族门荫授任右千牛备身，很快又被提拔为唐玄宗的御前侍卫（三卫郎），出入宫闱，扈从游幸。

韦应物这种人，就是穷酸书生高适首次进京时看似鄙视实则羡慕的长安阔少。所谓"长安少年不少钱，能骑骏马鸣金鞭"，韦应物不仅能骑骏马、鸣金鞭，还能时常护卫玄宗出行，要多风光有多风光。

职业很有保障，生活衣食无忧，在这种飘飘然的状态下，想让韦应物学会低调，那是不可能的。

韦少爷非但不低调，还经常仗着御前侍卫的身份胡作非为，打架斗殴、聚众赌博……

这一切，玄宗是不在意的。因为小韦相貌出众、办事靠谱，很得他喜爱。按照既定的发展轨迹，韦应物资历积攒到一定程度之时，必是人生腾飞之日。

很可惜，四年后的一场安史之乱，将一切美好设想统统化为灰烬。

天宝十四载（755），安禄山正式起兵反唐，战火瞬间蔓延至北方各地。

战乱第一年，长安城并未受到战火袭扰，朝廷上下对于平乱信心很足。也正是这一年，十九岁的韦应物向玄宗请了长假，回到老家忙碌婚姻大事。

二

就在韦应物与新婚妻子沉浸在耳鬓厮磨、你侬我侬的婚姻蜜月期之时，安禄山率领叛军渡过黄河、攻破潼关，风驰电掣般向长安袭来。

一向沉稳的玄宗坐不住了，从各地调来的勤王军相继覆没，眼看叛军已兵临城下，为了保命，玄宗悄悄带着一干人等迅速出城南下，奔赴巴蜀避难。

玄宗带走的人，有爱妃杨玉环、太子李亨、宦官高力士，当然也有侍卫亲军全部人马。

很可惜，还在老家度蜜月的韦应物，却不在这群人之中。

玄宗这一走，直接将原本锦衣玉食、希望无限的韦应物变成"三无"人员：无工作、无收入、无前途。

毕竟御前侍卫要跟在皇帝身边，皇帝都走人了，你还算什么御前侍卫？

更无奈的是，逃奔巴蜀途中，太子李亨突然选择掉头北上，抵达灵武。

天宝十五载（956），李亨在未经请示的情况下在灵武突然登基，刚在成都站稳脚跟的玄宗被迫当起了无权无势的太上皇。

消息传来，韦应物比玄宗更伤心。如果他安顿好家人再

去成都追随玄宗的话，想必职位还能恢复。可如今皇帝都换人了，李亨自然会组建自己的御前侍卫，前朝皇帝的侍卫哪里还能再谋上差事。

彻底失去了御前侍卫的光环，仿佛一切都是一场梦，如今梦已醒，曾经的繁华瞬间化为眼前的废墟，韦应物彻底蒙掉了。

安史之乱将大唐王朝直接由巅峰拉向衰弱，也将韦应物的人生由辉煌带入低谷。

显赫的家族被战争拖入谷底，失业人员无所依靠，特别是地位飞速下降，让原本优越感超强的韦应物真切感受到世态炎凉和人情冷暖。

原来，别人敬重的根本不是他这个人，而是他御前侍卫的官职。如今他身无长物，再也没人夸赞什么年轻有为、前途无量。那些他曾经得罪过的人，还公然调侃甚至随意欺压他这个乱世之中的失意者。

韦应物一度陷入惶恐和绝望中难以自拔，像他这种过惯了锦衣玉食生活的阔少，很难立即掌握安身立命的本领。

万幸的是，他娶了位知书达理又善解人意的妻子元苹。韦应物不可一世那阵，元苹基本不与丈夫争执；等到韦应物陷入困顿一蹶不振时，元苹也并未显露出一丝抱怨，反而时常给丈夫加油打气，帮助他尽快振作起来。

困顿中的夫妻情，比金子都珍贵。二十岁的韦应物很快便意识到，自己是这个家的顶梁柱，必须尽快寻找到一条稳定发展的出路，必须重新校准生活的坐标。

当一个浪子决定回归家庭、回归事业时，男性的魅力才会真正显现，人生的格局才会真正打开。

三

其实，韦应物根本没什么选择出路的余地，想要有尊严有人格地活着，只有靠自己的真本领重新进入仕途。

道路千万条，入仕只一条：读书。

从此，长安城中少了个任侠浪荡的富二代，多了个静下心来钻研书本的年轻人。

鉴于自己知识水平有限，韦应物戒了酒，坚持足不出户、鲜食寡欲，读书前必先打扫书房，再在书案边焚上一炉香，随即进入苦读状态，边读边思，很快就学有所得。

与此同时，为了恶补曾经不屑一顾的科考知识，韦应物还在太学报了个临时补习班，专攻考试题目。

沉迷学习日渐消瘦的韦应物逐渐发现，读书不但能增长见闻，还能磨炼意志。他真正理解了什么叫得失成败，什么叫修为担当；他变得越来越理性，越来越沉静，越来越知道旧日的时光是多么荒唐。

他从来没想到，自己居然有一天也会爱上学习，爱上写诗；他更没想到，日后自己居然会成为山水田园诗派的代表人物，成为与王维、孟浩然齐名的诗坛明星。

安史之乱是国家的大不幸，却可以说是韦应物的大幸。正是这场大动乱，让浪子不得已回头，并脱胎换骨成一个全新形象。

没有人生的剧烈变动，就不会有韦应物的自强不息，大唐诗坛也会损失一个伟大的诗人。

唐代宗广德元年（763），韦应物顺利实现再就业——任洛阳丞。这是他完全凭借个人努力辛勤耕耘后收获的果实。

与再就业同时起飞的，还有韦应物的诗作。默默研习好几年，他的诗作如井喷般不断涌现。

由于人生经历不同，韦应物并不具备以李白为代表的浪漫主义诗派那种天马行空的想象，也不具备以高、岑为代表的边塞诗派那种描写塞外壮美景色的豪情，甚至虽与王维等人同属山水田园诗派，对于山水景色的刻画，也没有那么深邃，或像王维那样禅意绵绵、天高云淡。

他的诗作风格和曾经静心读书、自我反思的经历密切相关：他并不注重词句的雕琢、对仗的精准或是音律的和谐，而是完全将个人某时某刻的所见所闻、所思所感，用最自然古朴的词句展现出来，避免浮华以及情绪上的波动，真正剩下的，只有作者内心的清幽、自然。

比如他这首最著名的《滁州西涧》：

独怜幽草涧边生，上有黄鹂深树鸣。
春潮带雨晚来急，野渡无人舟自横。

韦应物从来不愿刻意尝试融情于景或是人景合一，他就像是个独孤的旁观者，将幽草、黄鹂、春潮、孤舟这些物象当前的状态简单叙述出来，不露情感，就能让景色如画般铺展开，光影变幻、浓淡交替，以及大自然的一切动静状态都被调动起来，让诗作的韵味愈发清静悠长。

四

此后很多年，韦应物历任河南兵曹、朝请郎、京兆府功曹、鄠县县令、栎阳县令、尚书比部员外郎，总归都是一些七八品的小官。

他曾因惩办不法军卒被人诬陷丢掉官职，也曾因家境困顿心中大惭。

无论所处何种境遇，他都选择用诗来记录——

生活困顿时，他感慨："生长太平日，不知太平欢。今还洛阳中，感此方苦酸。"

视察灾情时，他愤懑："仁贤忧斯民，贱子甘所役。公堂众君子，言笑思与觌。"

友人团聚时，他欣喜："欢笑情如旧，萧疏鬓已斑。何因不归去，淮上有秋山。"

思念家乡时，他悲叹："闻雁故园眇何处，归思方悠哉。淮南秋雨夜，高斋闻雁来。"

四十岁那年，爱妻元苹重病去世。此时家境相当困顿的韦应物，只能在长安城含光门外太平坊临时租借的房子里为爱妻举行葬礼。

可以说，如果没有爱妻多年来的照顾，特别是人生至暗时期里那些温暖的鼓励和呵护，就没有浪子回头，就没有如今响遏诗坛的韦应物。

肝肠寸断的韦应物亲手为爱妻写下墓志铭："昧然其安，忽焉祸至，方将携手以偕老，不知中路之云诀。"终身未再续弦。

唐德宗建中四年（783），韦应物改任滁州刺史，后又转任江州刺史、苏州刺史。

常年在地方任职，韦应物始终坚持着清静淡泊的品性，尽心竭力为百姓造福。

除了那首脍炙人口的《滁州西涧》，韦应物还有大量名作问世。

比如《简卢陟》：

> 可怜白雪曲，未遇知音人。
> 恓惶戎旅下，蹉跎淮海滨。
> 涧树含朝雨，山鸟哢馀春。
> 我有一瓢酒，可以慰风尘。

比如《寄李儋元锡》：

> 去年花里逢君别，今日花开又一年。
> 世事茫茫难自料，春愁黯黯独成眠。
> 身多疾病思田里，邑有流亡愧俸钱。
> 闻道欲来相问讯，西楼望月几回圆。

时代抛弃韦应物的时候，连招呼都没有打，可韦应物却并未随时代沉沦，更没有自暴自弃。他耗尽一生，完成凤凰涅槃，他用诗记录人生的风风雨雨，他用情挥洒人性中至纯至美的真挚。

俗话说：浪子回头金不换。放在韦应物身上，却是浪子回头金更坚。

五

因为失去，所以珍惜。

因为懂得，所以感恩。

晚年的韦应物怀着无比感慨的心情，写下一首追忆往昔岁月的佳作——《逢杨开府》：

少事武皇帝，无赖恃恩私。

身作里中横，家藏亡命儿。

朝持樗蒲局，暮窃东邻姬。

司隶不敢捕，立在白玉墀。

骊山风雪夜，长杨羽猎时。

一字都不识，饮酒肆顽痴。

武皇升仙去，憔悴被人欺。

读书事已晚，把笔学题诗。

两府始收迹，南宫谬见推。

非才果不容，出守抚茕嫠。

忽逢杨开府，论旧涕俱垂。

坐客何由识，惟有故人知。

这是对他一生经历的总结，更是他完成人生逆袭后的圆满纪念。

青春时代留下的光荣和苦痛，都已不会给心灵造成太大的波澜，内心平和淡然的韦应物，于苏州刺史任职届满、正待回京候旨期间，静悄悄地客死于苏州无定寺中，终年五十五岁。

元代文学家辛文房在撰写《唐才子传》时，给予韦应物极高的评价：

诗律自沈、宋之下，日益靡嫚，镂章刻句，揣合浮切，音韵婉谐，属对藻密，而闲雅平淡之气不存矣。独应物驰骤建安以还，各有风韵，自成一家之体，清深雅丽，虽诗人之盛，亦罕其伦，甚为时论所右。

韦应物的诗作成就，自然不必过多叙述。

他那独具特色的人生经历，才是真正值得关注的闪光点。

几乎可以说，大唐才子中，没有任何一位像韦应物这般经历过人生的大起大落。最可贵的是，被现实无情击溃的韦应物，忍受了常人难以想象的落寞，经受了常人无法体会的孤独，最终完成了逆袭。

他用实际行动证明，他不是长安城中养在富贵人家笼子里叽叽喳喳的金丝雀，而是放逐于荒野、在熊熊烈火中涅槃重生的凤凰！

面对困境踌躇不前，那是弱者的表现；而痛定思痛的韦应物，在人生岔路口的韦应物，毅然决然与往日划清了界限，走上了一条鲜花与荆棘同在、光明与黑暗共生的新路。

　　韦应物正是在这条新路上栉风沐雨、披星戴月，净化了心灵，也重塑了人生。

韩愈：大唐的"韩"流

一

被尊称为"子"的牛人，基本都活在上古。

皇皇盛唐，才子云集。李白、杜甫够牛吧？没人称他俩为"李子""杜子"；贺知章、高适官够大吧？也没人称他俩为"贺子""高子"。

真正有资格称为"子"的，千百人中只有一个。

这个男人，就是韩愈。他来自中唐。

古往今来，崇拜韩愈，从来都是件光荣的事。

"诗魔"白居易是"韩粉"：

学术精博，文力雄健，立词措意，有班（固）、马（司马迁）之风。

"诗豪"刘禹锡是"韩粉"：

山无穷，太华削成。人文无穷，夫子挺生。

苏洵也是“韩粉”：

韩子之文如长江大河，浑浩流转，鱼鼋蛟龙，万怪遑惑。

一代宗师苏东坡很少拍人马屁，可夸起韩愈来绝对猛烈。

文起八代之衰，而道济天下之溺，忠犯人主之怒，而勇夺三军之帅。

“韩粉”的队伍排得很长很长。明朝文坛领袖王世贞、明末大儒王夫之、晚清名臣曾国藩等都对韩愈无比崇拜。

韩愈不是“小鲜肉”，不是流量小生，更不靠炒作当网红，但他却以毕生经历，在自己生活的那个时代，引领了一股长盛不衰的“韩”流。

大唐才子中，说韩愈才华最高，肯定有人不服，但要说他命最苦，基本没有争议。

韩愈出生不到两个月，母亲病逝；三岁左右，老爹也驾鹤西游。年幼的他，甚至记不得父母相貌：

吾少孤，及长，不省所怙。

此后，韩愈跟着兄嫂一起生活。十岁那年，噩耗再次传来。

兄长韩会遭遇政治风波，被贬为韶州刺史，结果还没干几

天，就因忧愤过度而亡。

至此，韩愈的双亲和三个兄长全部病殁，至亲仅剩侄子韩十二郎以及寡嫂郑氏。

这就是韩愈的青少年时代，除了悲伤，只剩漂泊。他在《祭十二郎文》中回忆往昔，字里行间满是辛酸：

> 吾上有三兄，皆不幸早世。承先人后者，在孙惟汝，在子惟吾。两世一身，形单影只。嫂尝抚汝指吾而言曰："韩氏两世，惟此而已！"

注意，这是《祭十二郎文》。原来，和他相依为命的侄子也死在了他前面，可以想见韩愈有多难过。

二

唐德宗贞元八年（792），韩愈很焦虑。

科举应试三连败，和同时代一考即中的白居易、刘禹锡、柳宗元相比，韩愈简直弱爆了。

大家都有腰间盘，凭啥你们那么突出？

韩愈不信邪，开启疯狂复读模式，熬了不知多少个通宵，终于在第四次科举高中进士。那一年，他二十五岁，还很年轻。

韩愈小小地骄傲了一下，进士顺利过关，剩下的就是跨过博学宏词科这道坎，正式被授予官职了。

科举那么难，我都考过了，博学宏词科肯定手拿把攥呀！

结果，啪啪打脸。

博学宏词科，继续三连败！

子啊！我真有这么弱吗？失魂落魄的韩愈在长安举目无亲，盘缠也基本用完，再不想招儿只能灰溜溜地离开京城了。

迫不得已，韩愈走上了干谒的路子——他连续给宰相写了三封信。

第一封信：倾诉悲惨。

我韩愈惨啊！考了四次进士，参加了三次遴选，到现在还一无所成……

宰相，没搭理。

第二封信：卑微求助。

我韩愈正处于水深火热之中啊！宰相大人请伸个援手，好人一生平安……

宰相，还是没搭理。

接连两次杳无音信，韩愈出离愤怒了。

于是第三封信：人家周公一沐三握发、一食三吐哺，不就是爱才惜才吗？可是您呢，您做到野无遗贤了吗？我也不指望您学周公他老人家，好歹尽尽责任，吸收一拨人才。我都写三封信了，给个回复不行吗？

铺天盖地一通吐槽，结果，还是毫无反应。

行，算你狠！

悲愤交加的韩愈在人生至"丧"至暗时期，写下了千古名篇《马说》：

世有伯乐，然后有千里马。千里马常有，而伯乐不常有。

故虽有名马，只辱于奴隶人之手，骈死于槽枥之间，不以千里称也。

……

呜呼！其真无马邪？其真不知马也！

这些亲贵权臣都瞎了眼，我能有什么办法？撤吧！

灰头土脸地离开长安，韩愈却突然来了运气。

贞元十二年（796），韩愈被宣武节度使董晋看中，在宣武军中做了推官。六年后，韩愈顺利通过遴选，任四门博士。

既然当了"讲师"，那就继续努力评教授。韩老师鼓足勇气，拿下"国家社科基金重大课题"："论提倡古文、反对骈文的重要价值——兼论复兴儒学的现实意义"。也就是后世常说的"古文运动"。

可能有人会问：骈文多美呀，我想写还写不出来呢，为啥要反对呢？

太年轻了！

骈文讲究声律铿锵、对仗工整，却有一个致命漏洞：想写得很美，就必须迁就于句式，堆砌辞藻。形式的僵化，必然导致内容的空洞。

写文章是为了夸夸其谈吗？

非也！

文以载道，文以兴儒。文章要直面现实，体现意志。提倡自然而然的古文，反对格式死板的骈文，才能更好地彰显文章的价值和意义。

然而，文学复古的大旗是不好扛的。

由于唐朝开放的格局、灵活的关系网络、多样化的求职平台，加上恩荫制度官职世袭，久而久之，在学界形成了一种耻于求教、耻于尊师的奇葩风气。

韩愈出身底层，考了四次进士，参加了三次遴选，这么低端的人还敢妄谈振兴儒学，自己啥水平，心里真没点数吗？

面对质疑和讥讽，韩老师不急不躁，推出一篇新作《师说》，鲜明陈述自己的观点：

古之学者必有师。师者，所以传道受业解惑也。

老师，是用来传道授业解惑的，人不是圣人，谁能没有疑惑？有疑惑，就要跟随老师学习。干吗纠结谁的年龄大、谁的资历深呢？干吗羞愧于向老师求教呢？老师一定要比学生聪明吗？学生一定比老师懂得少吗？

非也！

闻道有先后，术业有专攻，如是而已！

总之一句话：好好学习，不懂就问，才能天天向上！

三

经过一番刻苦研究和说教，韩老师进步了，当上了国子博士，收了一大批高徒，还特别乐意提拔后进，替遭到不公待遇的学生出头。

比如李贺，因其父名字李晋肃中的"晋"与"进"犯讳，终生无缘科举，韩老师听闻后，气得把手里的杯子狠狠摔在

地上。

"荒唐啊！这等理由毁人前程，简直欺人太甚！"

韩老师并不是吐槽几句就算了，他决定为李贺做点什么，于是洋洋洒洒写下一篇《讳辩》，并在文中特意强调：

父名晋肃，子不得举进士；若父名"仁"，子不得为人乎？

还有好友兼学生孟郊，屡试不第，韩老师深刻理解孟郊的不易，经常写诗鼓励：

> 长安交游者，贫富各有徒。
> 亲朋相过时，亦各有以娱。
> 陋室有文史，高门有笙竽。
> 何能辨荣悴，且欲分贤愚。

他还想方设法向各界积极推荐孟郊，帮助孟郊扩大知名度。孟郊中举后，韩老师比他还高兴，敲着桌子打着节拍说："吾愿身为云，东野变为龙。"

韩愈一生桃李满天下，李翱、李贺、贾岛、张籍等诗坛才子都是他的学生。韩老师为人真诚，乐于助人，平时关心学生的学业和生活，关键时刻还能尽力推一把。这种尽职负责的"最美教师"，打着灯笼也难找。

韩老师教学功夫了得，干起实事一样勇猛。

贞元十九年（803），韩老师刚晋升为监察御史，就搞出一个大动作：弹劾皇室宗亲——京兆尹李实。

李实，李渊第十六子道王李元庆的四世孙，刚愎自用，贪婪成性。

这一年，关中大旱，灾民流离失所，连长安周边的城镇都出现饥荒。面对满地饿殍，身为京兆尹的李实居然视而不见，还封锁灾情消息，对朝廷谎称关中粮食丰收，百姓安居乐业。

灾民四处乞讨，甚至卖儿卖女，你眼瞎了？

俗话说：当官不为民做主，不如回家卖红薯！韩老师下定决心，这次一定要让李实去卖红薯。

经过实地调查，韩老师向朝廷递交了一份证据确凿的调研报告——《御史台上论天旱人饥状》。他在报告中将受灾情况如实上奏，希望朝廷减免灾区赋税，并严惩李实。

结果，朝廷既不体恤受灾百姓，也没把李实撤职，反而一纸谪令，将韩老师贬往广东连州，安了个七品县令。

这是什么操作？护短护得这么丧心病狂！

韩老师被这兜头的一盆冷水，浇了个透心凉、心飞扬。

我心如冰剑如雪，不能刺谗夫，使我心腐剑锋折。

决云中断开青天，噫！剑与我俱变化归黄泉。

纵然心中苦涩，却无人可与之诉说。

韩老师走了，但他还会回来的。

四

兜兜转转十几年，韩老师归来不改其志。

唐宪宗元和十四年（819），基本实现"元和中兴"小目标的宪宗李纯膨胀了。作为一个隐藏的"骨灰级"佛学爱好者，事业小有所成的宪宗开始解放天性，释放压抑的热情。

朕要敬佛！

宪宗计划将扶风法门寺的释迦牟尼佛骨迎至宫中供奉，以求增寿添福。

圣人如此敬佛爱佛，那我们臣子也得表示表示啊！

于是，长安城顿时掀起一股信佛狂潮。有给佛寺施舍钱财不惜倾家荡产的，有头脑一热直接剃度出家的，有丢下课本跑去诵读佛经，以有限的生命投入到无限的理论研究中的。

敬佛是个无底洞，花多少钱、投入多少人力、花费多少精力都没底。

在这股"我为佛狂"的巨大浪潮中，有一人非但不为所动，还公然表明立场：人人都去佞佛了，谁来振兴大唐？谁来复兴儒学？

韩老师开战了，千古奇文《论佛骨表》诞生了：

伏以佛者，夷狄之一法耳，自后汉时流入中国，上古未尝有也。昔者黄帝在位百年，年百一十岁；少昊在位八十年，年百岁；颛顼在位七十九年，年九十八岁……帝舜及禹，年皆百岁。此时天下太平，百姓安乐寿考，然而中国未有佛也。

佛教，夷狄之奇淫技巧，不足学也！上古贤君个个高寿，那时候有佛吗？没有！能指望靠佞佛得高寿吗？不能！

不信你接着看：

汉明帝时，始有佛法，明帝在位，才十八年耳。其后乱亡相继，运祚不长。宋、齐、梁、陈、元魏已下，事佛渐谨，年代尤促。惟梁武帝在位四十八年，前后三度舍身施佛……其后竟为侯景所逼，饿死台城，国亦寻灭。

看到没？这些信佛佞佛的前辈，都是短命鬼！皇上，赶紧醒醒吧！

下面的内容，更加刺激：

乞以此骨付之有司，投诸水火，永绝根本，断天下之疑，绝后代之惑。使天下之人，知大圣人之所作为，出于寻常万万也。岂不盛哉！岂不快哉！佛如有灵，能作祸祟，凡有殃咎，宜加臣身，上天鉴临，臣不怨悔。

韩某人郑重请求将佛骨水煮火烧，挫骨扬灰，永绝后患！如果释迦牟尼法力无边，能作祟降祸，那就让他来找我吧，老子没在怕的！

想象一下，这封谏书送到宪宗眼前，他会是何等震怒。

朕为了多活几年，好多做点事，你偏说信佛的皇帝都不长寿！

朕希望振兴大唐，国祚永续，你偏说敬佛的朝代加速灭亡！

朕把佛骨奉若神明，那毕竟是佛祖的舍利子啊！你偏要将佛骨挫骨扬灰，胆也太肥了！

朕和你韩老师什么仇什么怨？不给你点颜色瞧瞧，你还真要蹬鼻子上脸了？

宪宗下诏，将韩老师打入死牢。你想把佛骨挫骨扬灰，朕先把你挫骨扬灰！

如果不是韩老师在朝中好友甚多，宰相裴度等一干大臣极力劝谏，韩老师绝对要以身殉国了。

杀不了，也得贬！

宪宗飞起一脚，把韩老师踢到了广东潮州。

那首大气磅礴的《左迁至蓝关示侄孙湘》，就是韩老师在被贬的路上创作的：

> 一封朝奏九重天，夕贬潮州路八千。
> 欲为圣明除弊事，肯将衰朽惜残年！
> 云横秦岭家何在？雪拥蓝关马不前。
> 知汝远来应有意，好收吾骨瘴江边。

彪悍的韩老师，其实一直不曾走远。

五

唐穆宗长庆元年（821），五十四岁的韩老师转任兵部侍郎。这一年，镇州兵变，节度使田弘正被杀，都知兵马使王廷凑自称留后，然后向朝廷叫板：赶紧派使臣前来授衔，不然就反！

出兵镇压？拜托，醒醒酒吧！朝廷要是有这实力，哪里还会忍气吞声，让藩镇坐大？

为今之计，只有派人前去授衔，并安抚乱兵。

谁去？唐穆宗很头痛。

韩老师果断从队伍里站了出来。

得，那就你了！

韩老师出发前，好友元稹怕他出意外，就去找唐穆宗："韩老师性格刚猛，此行凶多吉少。"

唐穆宗也担心韩老师真的在镇州出事，便派人追上韩老师，告诉他："在镇州边境转悠一圈，意思意思就得了，到时候随便找个借口搪塞王庭凑，节度使让他做，使臣就不过去了。"

结果韩老师霸气回应："止，君之仁；死，臣之义。安有受君命而滞留自顾？"

到了镇州，眼前全是耀武扬威、全副武装的乱兵，韩老师大义凛然，疯狂批评王庭凑："朝廷认为你有统兵之才，特命我来封你做节度使，没想到你居然连手下的兵都管不住！"

想给我扣帽子，没门！王庭凑极力辩解："这些将士目无法纪，杀害节度使，可不是我的本意啊！我一向是个遵纪守法的好市民。"

"既然如此，让叛军头目进来和我说话！"

叛军头目果然够猛，进帐后直接拔出佩刀指着韩老师大呼小叫。

韩老师临危不乱："年轻人，不要太气盛。自古叛乱之军，无不祸及全族，安禄山、史思明、吴元济、李师道……这些乱党，他们的子孙事后还有活着的吗？"

头目摇了摇头。

"既然如此，何必走这条不归路呢？朝廷亦知尔等皆忠君之士，杀害田弘正一事就此作罢，你等跟随王庭凑好生戍守镇州，也免得落个妻离子散的下场，如何？回话！"

头目盯着韩老师怒睁的双目，感受到这神情中蕴含的无穷力量，终于，服气了。

一场潜在的叛乱，就此平息。

长庆四年（824），始终胸怀"致君尧舜上，再使风俗淳"的崇高追求，一心振兴儒学、改革文风的韩老师悄然病逝，享年五十七岁。

他是全能型人才，集文学家、政治家、思想家、教育家等头衔于一身。

他的名号巨多，除了被尊为"韩子"外，还是"唐宋八大家"之首、"千古文章四大家"之一，还有"文章巨公""百代文宗"的美名。

且不谈文学层面的成就，单论人格魅力，韩老师亦堪彪炳千古。

穷且益坚，不坠青云之志；饱经磨难，始终愈挫愈勇。他这一生，正是大唐才子们人生经历的缩影。

出身孤寒，是通命；

屡试不中，是通命；

敢怒敢言，是通命；

屡遭贬谪，是通命；

赴汤蹈火，是通命；

归于平寂，是通命……

很少有人能有韩老师那么丰富的人生经历，满满的正能量。

也许，这就是榜样的力量，催人奋发，助人成长。

韩老师，引领大唐"韩"流的绝世贤人，才是真正的国民偶像。

无论何时何地，无论时代如何变迁，我们都应该向他致以崇高的敬意，并亲切地喊上一声：韩老师！

柳宗元：捕蛇者说

一

永州本地人爱组团抓毒蛇，是柳宗元柳司马深入基层调研时得知的。

此前，他只听说这种黑底白花的蛇毒性很强，所到之处寸草不生，人一旦被咬，分分钟就要抬走安葬。

然而，不知哪里来的专家名医，声称把这种毒蛇剥皮晾干后制成药引，可以有效治愈麻风病、手脚肌肉萎缩症、甲状腺肿大和皮肤顽疾，还能杀死人体内的各种寄生虫。

"永州毒蛇竟是抗病神药"的新闻一度在医学界炒得很热，宫里的太医们为了搞到这种药材，联名向圣人请命："陛下，好药不能等，赶紧让当地百姓抓蛇吧！"

"这种蛇不是有剧毒吗？朕不能坑老百姓呀！"圣上的回答很崇高。

"当然当然，肯定要给老百姓补偿。我们计划每年在永州两次征蛇，自愿参加抓蛇的百姓，可以用蛇来充抵赋税额度。"

"好想法！一举两得，抓紧落实下去！还是那句话：不可强迫百姓。"

圣上想多了，强迫是不可能强迫的。因为捕蛇的政策甫一下发，踊跃报名的百姓就挤破了县衙。

官府很纳闷：这么毒的蛇，一旦被咬连小命都没了，何必铤而走险呢？在家好好种地不行吗？

起初，柳宗元也是这么想的。他在一蒋姓人家走访时，就捕蛇问题专门进行了询问。

老蒋头衣衫褴褛，精神倒还矍铄，一提到捕蛇，他就打开了话匣子："捕蛇可是我们蒋家的祖业，我的祖父因捕蛇而死，我的父亲也是如此。如今算算，我继承祖业已经十二年了，好几次也险些丧命。"

说着，老蒋头给柳宗元看了他伤痕累累的双手——常年拨草寻蛇、舍命捕蛇，让老人的手像两根即将腐朽的枯树枝。

柳宗元同情地问："你痛恨捕蛇这差事吧？要不我把你的情况告诉官府，以后你就别继续干了。"

老蒋头暗淡的双眼突然一亮："那我还用缴纳赋税吗？"

"必须的啊，两码事呀！"柳宗元有些疑惑。

"这真是个愚蠢的问题，瞧我这脑子，胡思乱想什么呢！"老蒋头暗叹一声，垂首说道，"感谢大人关怀，我不愿放弃捕蛇。"

"你这么不惜命，不就是为了捕蛇充抵赋税吗？身为大唐百姓，按时缴纳赋税难道不是义务？我真搞不懂你们究竟是怎么想的。"柳宗元疑惑地凝视着身边的老人，眉头微微皱了

起来。

"大人，您若是不忙着离开，我老汉倒是很乐意跟您详细聊聊。"

"老丈，本官今日正为此事而来，但说无妨。"柳宗元精神一振，坐直了身子。

二

"大人，您从村东头一路走过来，村里的情况您以为如何？"

"你们村人丁不算兴旺，而且一些住户屋门紧锁，连锁头上都生了青苔，看得出是离家许久不归了。"

老蒋头幽幽回道："您看到那些门户上锁的，不是家里人全死光了，就是外出逃命去了。他们都有一个共同的情况：没拿到捕蛇职业资格证。"

"捕蛇还要资格证？"柳宗元愕然。

"那太需要了！我们这一行玩的是心跳，更是技术，技术不过关肯定不让做。这一行讲究十六字心得：眼神要准，动作要快，姿势要帅，下手要狠。不瞒您说，我捕了十二年蛇，十里八乡算是一等一的好手。"老蒋头骄傲的神情一闪而过。

柳宗元继续发问："你的邻居们拿不到捕蛇证，就得被迫逃命去吗？"

老蒋头抿着嘴唇，慢声回道："大人，蒋家村从前也是个人丁兴旺的大村。可从我祖父那一代开始，人口逐渐减少。曾经和我祖父住在一起的，如今十家剩不到一家；和我父亲住在

244

一起的，如今十家只剩两三家；而和我从小长起来的伙伴，如今十家只剩四五家了。"

说到这里，老蒋头愤然以拳捶地，提高了说话的声调："您说对了，拿不到捕蛇证，他们就得去逃命！"

柳宗元明显感到老蒋头语言的力度在不断增强，正思量着换个方式询问，老蒋头又开口了。

"我们家三代都住在此屋，算算差不多六十年了。国家大事我们看不见、摸不着，也不懂，我们能看到的是乡邻们的日子一天天窘迫，能听到的是大家哭喊着四下逃命。您知道为什么吗？"

"难道是缴不起赋税？"柳宗元有些忐忑。

"正是！您既然知道缘由，也就该明白我为何甘愿冒着生命危险捕蛇，而不愿缴纳赋税。假使我不干这个差事，没准都活不到今天！"

柳宗元不解："朝廷赋税缴纳额度，自有明文规定，我在长安特别留意过，赋税的额度完全控制在合理的范围之内，不会对百姓的生活构成太大的压力呀！"

"大人，我们不妨来算一笔账。假设一个四口之家原本有三亩薄田，按照朝廷规定缴纳的赋税额度，确实能剩下不少余粮，节衣缩食大概能满足一年的用度。可您想过没有？赋税是死的，老天爷是活的，而且还经常发脾气。他一发脾气，连续闹出几场水灾、旱灾或是蝗灾，百姓的收成就不够了。收成不够，赋税的压力一下就大了许多。勒紧裤腰带、节衣缩食勉强能缴得齐，万一家里再有人患病，可就一点办法都没有了。"

老蒋头看了柳宗元一眼，突然悲愤地问："大人，在这种情况下，百姓该如何过活？"

不等柳宗元回应，老蒋头紧皱着眉头继续说道："如若这样不幸，就只能把田卖了救命，然后去做雇农，再接着就一无所有了，不逃命又能到哪里去呢？"

柳宗元心中隐隐一痛，一时不知如何应答。

<h2 style="text-align:center">三</h2>

更触目惊心的还在后头。

老蒋头大口喝了一碗水，眼角却慢慢渗出了泪水。

"大人，我刚才跟您讲的是朝廷规定的赋税，您可知道落在地方，赋税额度凭空加了几成吗？"

柳宗元不禁倒吸一口凉气，窘迫地摇了摇头。

老蒋头伸出了三根手指："我们乡算多的，一共三成！"

"三成？"

"没错，就是三成！过路要缴税，生娃要缴税，连杨柳结柳絮都要缴税！我那些没资格捕蛇抵税的乡邻，把粮食和收入全拿去缴纳苛捐杂税了。他们一个个饥寒交迫，体质差的窝在家中等死，身体好的只能背井离乡去外面乞讨苟活了！"

柳宗元忧心忡忡，惭愧地擦了擦额头的冷汗，继而问道："像你这种职业捕蛇人，靠捕蛇抵税，平时日子过得好吗？"

老蒋头挠了挠头："也不能说好，我只知道每次催讨赋税的官吏来到我们乡里，就到处吵嚷叫喊，骚扰百姓，就连鸡狗也不得安宁。这时，我就会不自觉地起身，小心翼翼地查看我捕蛇的瓦罐，见我的蛇还在，才敢放心地睡。"

老蒋头凝视着自己沟壑纵横的手掌，感慨地说："我仔细喂养着毒蛇，到规定的时间把它们献上去，然后就能安心享受我家田地间生产的农作物，踏踏实实过完一整年。"

聊到这里，柳宗元停下了一直不停写着谈话记录的笔，半是悲伤半是同情地问了最后一个问题："老丈，你觉得这样危险的捕蛇生活值吗？"

"怎么不值？我一年中只需要经历两次危险，其他时间就能过上安乐的日子。哪像我的乡邻们那样，天天都要面对死亡的威胁呢！即使我下次就被毒蛇咬死，但比起我那些可怜的乡邻，都已经多活了许久，我怎么会怨恨这差事呢？"

老蒋头抬头望了望天，倏地满眼热泪，兀自感慨："我已年近半百，没多少时日了。现在我最担心的是，我儿子捕蛇的技术还不到家，拿不到捕蛇证，就没法接替我继续捕蛇，他以后该怎么生活呢？像我们这种贫苦百姓，又哪里有选择生活的权利呢？不说了不说了，说多了都是泪啊！"

这轻飘飘的几句话就像一记重拳，直直打在柳宗元的太阳穴上，他感到耳边嗡嗡作响。看着老蒋头那坚定而痛楚的光芒在眼中流转，柳宗元再也无法控制自己的情绪。

"苛政猛于虎啊！原来永州并不是蛇毒，而是人毒！"

四

柳宗元，有一个与众不同的人生。

他天资聪颖，二十岁科举及第，二十五岁通过吏部博学宏词科遴选而任集贤殿正字，二十八岁下到基层任蓝田县尉，三十岁调回中央任监察御史里行，不到一年又升任礼部员外郎。

他的晋升速度，就像摁了快进键一样。那时的柳宗元，意气风发，立志要干出一番事业。

他的机遇很好，参与了中唐时期一大重要事件：永贞革新。

永贞革新有三大改革目标：

一、打压藩镇，强化中央集权；

二、罢黜宦官，强化君主权威；

三、废除苛税，减轻百姓负担。

唐顺宗永贞元年（805），以王叔文、王伾为首，韩泰、刘禹锡、柳宗元等为主要力量的革新派，轰轰烈烈地展开了革除弊政、重塑权威的革新运动。

可惜，这帮年轻的文人有一个历朝历代改革运动普遍存在的毛病：热血有余，后劲不足。

革新派不分白天黑夜，呕心沥血地谋划着施政大计。免除赋税，放还宫女，罢宫市，禁五坊小儿，贬惩贪官，打击宦官，奖用贤臣，抑制藩镇……每一项都利国利民。

问题是，这场革新进行得太急切，涉及面太广，以致皇室宗亲、满朝文武无不受其波及，损害了多数人的利益。而且革新派的核心成员个个名声在外，性格桀骜，不太能听进群众意见，言行举止又得罪了很多人。

还有一个最重要的原因：支持革新的唐顺宗李诵生命力太

不顽强，常年徘徊在生死边缘，无法给予革新派稳定的保障。

很快，反对派以圣人久病无法理政为由，联手拥立反对革新的太子李纯继位，王叔文、王伾两大首脑，以及柳宗元、刘禹锡等八大主力先后被贬，这场革新瞬间土崩瓦解，仅仅维持了一百四十六天。

柳宗元的下一站，是在当时较为偏远的湖南永州。

他的官职，全称为"永州司马员外置同正员"。所谓"员外"，就是编制外；所谓"同正员"，就是享受国家官员待遇。

永州司马，听着高级，实际上就是个闲职，不能干预地方政务，加上柳宗元朝廷要犯的背景，永州甚至连公用住房都没给分配。

柳宗元带着一家老小到达永州，只能暂时寄宿在一座荒凉的破庙里，和野生动物做了邻居。

勉强安顿好住宿后，苦闷的生活就开始了。

永州这地儿的建筑多用竹木。

永州多火灾，五年之间，四为天火所迫。徒跣走出，坏墙穴牖，仅免燔灼。书籍散乱毁裂，不知所往。

五年之间，柳宗元遭遇四次火灾，每次都不得不扒墙撬窗，光脚跑路。

防火防盗之余，柳宗元还要防毒，不是黄赌毒，是真毒：

涉野则有蝮虺大蜂，仰空视地，寸步劳倦；近水即畏射工沙虱，含怒窃发，中人形影，动成疮痏。

田野到处都有剧毒的蝮蛇和马蜂，水里还有各种有毒的虫子，一不留神，就会生出毒疮。

在永州没待多久，柳宗元的健康状况就开始急转直下。失眠、眼花、脱发、记忆力减退不说，他还双脚肿胀、脾脏肿大、消化不良。他想买一些茯苓调理脾胃，结果集市上卖的都是假冒伪劣产品，吃了病情反而加重。

我太难了！

生活上的苦难都能靠意志克服，柳宗元最难以接受的，是政敌无止境的污蔑和诋毁，骂他是"怪民""丑民"。而且前后十年，朝廷数次大赦，宪宗每次都会特意注明：韦执谊、韩泰、刘禹锡、柳宗元等八人，纵逢恩赦，不在量移之限。

圣上，你好狠！

悲愤郁闷的柳宗元索性拿起钓竿，在隆冬腊月独钓一江寒雪。

千山鸟飞绝，万径人踪灭。
孤舟蓑笠翁，独钓寒江雪。

苦日子过惯了，也就不觉得苦了，剩下的，只有浪漫的山水气息了。

渔翁夜傍西岩宿，晓汲清湘燃楚竹。

烟销日出不见人，欸乃一声山水绿。

回看天际下中流，岩上无心云相逐。

五

永州十年，柳宗元最难忘的还是那次基层调研、那位瘦骨嶙峋的职业捕蛇人。

捕蛇者的心声，难道不正是阻碍社稷振兴的症结所在？

富者田连阡陌，贫者无立锥之地，地方政府巧立名目苛捐杂税，致使百姓流离失所、生活窘迫，难道不需要改革吗？

通过与老蒋头的交谈，柳宗元意识到革新之路是正确的。如果上天再给一次机会，他依然愿意与王叔文、刘禹锡等人携手与共，革新图强。

元和十年（815），柳宗元接到诏书，要他立即回京。

经过一个多月的跋涉，柳宗元风尘仆仆赶回长安。可惜，还没停下脚，他又被调任柳州刺史，即刻上任。

这么老远跑来跑去，玩儿呢？

在没有高铁的年代里，从长安到柳州，柳宗元足足花了三个月的时间。刚到比永州还荒凉偏僻的柳州时，柳宗元忍不住吐槽了起来：

城上高楼接大荒，海天愁思正茫茫。

惊风乱飐芙蓉水，密雨斜侵薜荔墙。

岭树重遮千里目，江流曲似九回肠。

共来百粤文身地，犹自音书滞一乡。

所幸此次赴任柳州，是做掌握实权的刺史。柳宗元暗下决心：既然你不让我在上面改，我就在下面改！

当柳宗元不再拘泥于个人得失，他乐意做的，就是尽量在职权范围内兴利除弊，革新柳州政务。

他进行了一系列有益于民生的改革。

比如废止当地杀牲畜祀鬼的陋习，改变陈旧的思想观念；

比如释放奴婢，废除用人抵押借钱，过时不赎沦为奴婢的恶习；

比如兴办学堂，发展教育事业，推广医学，有病治病，别搞鬼神迷信；

比如大力推广植树造林，在柳江边广种柑橘和柳树，改善城市面貌。

地方上的改革是极富成效的。经过不断努力，柳宗元不仅使柳州百姓生活得以改善，幸福指数不断提升，更为柳州经济、政治、文化、社会和生态建设打下了坚实的基础。

元和十四年（819），朝廷再次大赦，宰相裴度抓住机会，主动向宪宗劝谏："陛下，这回该让柳宗元入朝任职了吧？我听说他在柳州为政得力，很受百姓拥戴。"

宪宗仍然模棱两可："这样啊，看来柳宗元还有燃料能为朝廷服务。先召他进京，朕考量后再议。"

可惜，朝廷发往柳州的诏令还没到位，柳宗元就病逝在刺史任上，再也没能回到那个让他激情燃烧过、又爱又恨过的朝廷。

曾经，有个朋友听说柳宗元在柳州过得很艰苦，就远道来探望，没想到柳宗元自始至终一点都不悲伤。

"老柳，总听人说你最近很困苦，看来并非如此呀！"

柳宗元闭目轻笑："你知道吗？长歌之哀，过乎恸哭。我早已流尽了悲愤的泪水，可我依然要把坚定的意志贯彻到革新事业中，哪怕用尽余生。"

友人不解："柳州地僻，瘴气横行，你已至暮年，何必如此固执呢？"

柳宗元风轻云淡地从袖中掏出一张纸："最近我一直忙着在柳江边种树，顺手写了首戏谑的诗，你看看吧，也许就明白了。"

> 柳州柳刺史，种柳柳江边。
>
> 谈笑为故事，推移成昔年。
>
> 垂阴当覆地，耸干会参天。
>
> 好作思人树，惭无惠化传。

重要的事情说三遍：不后悔！不后悔！不后悔！

生命不息，革新不止。这，就是柳宗元。

和柳宗元一样执着于革新事业、长期漂泊江湖的，还有刘禹锡——一位撞上南墙也要穿墙而过的诗人。

刘禹锡：我就是我，不一样的烟火

一

我叫刘禹锡，是个很骄傲的人。

我骄傲的资本，并非源自我的出身（中山靖王之后，与刘皇叔刘备同宗），也并非因我九岁拜师诗僧皎然、灵澈，十九岁游学长安，二十二岁进士及第，仕途一帆风顺。

真正令我感到骄傲的，是我三十四岁那年，加入了一个高端大气、群英荟萃的优秀团队。

我们的团队规模虽小，成员却个个是当世奇才——

队长：王叔文。

副队长：王伾。

队员：韦执谊、韩泰、陈谏、柳宗元、我、韩晔、凌准、程异。

我们这个团队成立于唐顺宗永贞元年（805），团队的终极目标只有两个字：改革。

坦白说，我大唐王朝在风风雨雨中立国近两百年，那该死的反贼安禄山叛变后，王朝的辉煌繁盛就戛然而止。

安史之乱平定后，一大批握有实权的节度使在藩镇自立门户，动不动就向组织叫板，朝廷权威日渐衰弱。

与此同时，朝廷内部也一团糟，机构庞杂、政策混乱、腐败疯长……加之安史之乱中武将专权的破坏性过强，后世之君变得越来越不信任大臣，更不信任武将，他们宁愿把禁军的统治权交给宦官，由此又引发除藩镇割据外的另一大痼疾——宦官专权。

这帮阉宦平日里兴风作浪、惑乱朝政，惹得天怒人怨、群情激愤。

火车跑得快，全靠车头带。同样的道理，国家想要振兴，想重塑辉煌，就必须改革。

这一点，现任皇帝唐顺宗看得很透彻。他虽然饱受伤病困扰（中风瘫痪），脑子却很清楚：希望有所作为，也敢于放权用人。

圣上比较信任我们的队长王叔文，改革的重任就落在了我们肩上。

队长接到任命，马不停蹄地召开团队会议，起草改革方案，成立"改革领导小分队"，韦执谊、韩泰等主抓政务改革，我和凌准主抓财政改革，柳宗元主抓礼制改革。

团队的改革目标非常清晰：整顿吏治，维护组织权威，废除苛捐杂税，开创一个风清气正的盛世。

我们搞得风风火火，同行们看不下去了：风光都让你们团队占了，凭什么？想做大做强、一枝独秀，没门！

他们自发合起伙来打压我们，说我们风气不正、做事太

急，扯大旗拉山头，搞小圈子文化、小团体主义。

队长王叔文脾气很暴躁，整天和这帮智商不在线的反对派争论。时间一长，我的脾气也上来了，经常怒发冲冠，和保守势力华山论剑。

我的态度很强硬：这么个庞大的组织，暮气横秋、百病横生，不用点急药根本治不好病，需要你教我们怎么做吗？你行你就上，不行就别说话！

二

就在各项改革以高铁运行的速度飞快向前冲时，一向对团队信任有加的顺宗实在撑不住了，反对派趁机暗通太子李纯，在一个月黑风高的深夜，把顺宗强行转岗为"太上皇"，然后宣布太子监国。

太子上位后，队长王叔文被赐死，副队长王伾被贬后病亡，团队八大成员被迫退团后相继被贬为州司马各谋出路，史称"二王八司马事件"。

我被贬到一个叫朗州的地方，一干就是十年。

我那个靠谱的队友柳宗元，也在永州苦闷地熬了十年。

相比本人的悠闲，柳宗元的日子过得有点悲惨，他经常化身寓言家，讲一些隐晦的寓言故事，比如《临江之麋》《黔之驴》《永某氏之鼠》《罴说》。

他压力很大，时常生病。为了缓解负面情绪，他会在隆冬时节披上蓑衣、带上钓竿，独自乘舟去江中钓鱼。

本人就不会如此自虐，心情不好，就去朗州刺史窦常府中

256

蹭酒。

窦常比较感性，算是性情中人，最见不得晚秋草木枯萎、生命衰败的景象。每回喝到兴起，窦常就会突然崩溃："这该死的秋天，我讨厌秋天！哎呀，日子没法过了！"

本人不是心理医生，却擅长创作，总能用诗歌的力量鼓舞眼前这位伤感的刺史：

> 自古逢秋悲寂寥，我言秋日胜春朝。
>
> 晴空一鹤排云上，便引诗情到碧霄。

"梦得，你在朗州待了那么久，莫非还不认命？"

"认命？"我不禁一怔，看来没写到位，必须再来一首：

> 山明水净夜来霜，数树深红出浅黄。
>
> 试上高楼清入骨，岂如春色嗾人狂。

窦常摇了摇头："命由天定，人力何为？不如'佛系'一些。"

"'佛系'？"我猛灌一杯苦酒，意气难平，"谁说人的命运由天定？我就偏偏不信命，别人的看法都不值一提，你是谁只有你自己说了算。若天命不公，就和它斗到底！"

十年流放贬谪后，我与好友柳宗元同时被召还长安。

那是一个阳光明媚的春天，桃花开得灿若云霓。我约上柳宗元，一同前往玄都观赏花。

想到十年来受到的委屈和不公，想到朝中那些尸位素餐的大人，我愤然提笔，写下一首《玄都观桃花》：

> 紫陌红尘拂面来，无人不道看花回。
> 玄都观里桃千树，尽是刘郎去后栽。

我实在没料到，尽管过了十年，朝中仍然有人对我视若仇雠。

这人，名叫武元衡。

永贞革新那阵，队长王叔文欣赏武元衡的才能，想拉他进队，武元衡却坚决不入队。队长很生气，下一秒就使计让武元衡罢职。武元衡心生怨恨，总想找机会报仇。

这首诗，恰是借口。

武元衡觐见宪宗皇帝（李纯）时，直截了当表明来意："刘禹锡身为戴罪之人，不思陛下宽恕之恩，反而在玄都观大放厥词，将咱们满朝君臣统统说成是他走后栽培的桃花，叛逆之心昭然若揭。"

宪宗虽然对永贞革新团队的成员从来没有好感，却仍有些犹豫："朕刚把刘禹锡等人召还京城，若仅凭此诗将其治罪，有损我仁德形象。"

武元衡誓将整人进行到底，继续爆料："皇上，刘禹锡这伙人被贬十年，始终不思悔改。您可能还不知道，此人在《华佗论》一文中，将王叔文比成华佗，将您比成曹操——不知好歹、枉杀恩人的曹操！"

宪宗怒了："这个失了智的贼子，贬黜十年，看来心里还是没数！"

三

很快，朝廷的旨意就下来了。

"命永州司马柳宗元为柳州刺史，朗州司马刘禹锡为播州刺史！"

我直接傻了。

播州地处黔北，只有五百户，极度荒凉，属于大唐疆域内条件最差的州县之一。

可旨意说得很清楚：刘禹锡卖弄文采，讽刺圣明，罚当其罪！

我一度认为，自己的从政生涯，基本到此结束了。

众叛亲离之际，挚友柳宗元却敢于出手搭救，温暖了我的心。

他找到能在皇上面前说上话的裴度，感慨万千地说："梦得家有老母，若赴播州，必将生死离别。我等无法尽忠，切不可再失孝。我父母皆逝，了无牵挂，甘愿以柳州换播州，让梦得去柳州，我去播州。"

裴度很感动，主动向宪宗请奏。宪宗沉吟片刻，点头应允："柳宗元虽是罪人，亦知孝义，值得嘉奖，让他仍去柳州任职。念在刘禹锡老母在堂，免去播州任职，改为连州刺史。"

我得知柳宗元舍身相助后，忍不住泪流满面："子厚，感谢你。"

柳宗元深情一笑："别客气，我们是朋友！"

临别之际，我与柳宗元喝得酩酊大醉。

想到此后天各一方，也许将无缘相逢，柳宗元与我依依不舍，互留诗文。

柳宗元写了首《重别梦得》：

二十年来万事同，今朝岐路忽西东。

皇恩若许归田去，晚岁当为邻舍翁。

心有光明，何惧黑暗！梦得，他日告老还乡，我愿与你为邻，再论诗文！

我写了首《重答柳柳州》：

弱冠同怀长者忧，临歧回想尽悠悠。

耦耕若便遗身老，黄发相看万事休。

子厚，你我相知相识二十年，情深义重。相信你我老去之时，必能重聚一堂，同看万事沉浮！

可惜，我与挚友的约定没能实现。

五年后，柳宗元病逝于柳州任上。听闻噩耗，我当即放下手头工作，赶往柳州处理挚友的丧事，并请文坛领袖韩愈韩老师来为挚友撰写墓志铭。

呜呼！士穷乃见节义。今夫平居里巷相慕悦，酒食游戏相征逐，诩诩强笑语以相取下，握手出肺肝相示，指天日涕泣，誓生死不相背负，真若可信；一旦临小利害，仅如毛发，反眼若不相识。落陷阱，不一引手救，反挤之，又下石焉者，皆是也。此宜禽兽夷狄所不忍为，而其人自视以为得计。闻子厚之风，亦可以少愧矣。

在墓志铭中，韩愈大赞挚友高尚风骨，令人不禁泪落如雨。

我暗自发誓，挚友的诗文由我整理，挚友六岁的幼子由我抚养。

此后二十多年，我倾尽全力，将挚友的诗文结集成《柳河东集》，又培养其幼子长大高中进士。

做完这一切，我长叹一声："子厚，如果有来生，我们还做好兄弟！"

四

其实，除了柳宗元这一人生挚友，我还有另外一个好朋友：白居易。

刚认识那阵，我对白居易并不感冒，总感觉这位才华横溢的文人有点物质，动不动就抱怨长安房价太贵，攒不够钱买房。

拜托，人生得意须尽欢，看看我，常年居住在陋室之中，也没见过得多糟心呀！

后来我又从连州刺史调任和州刺史，朝廷只给我分了间简陋不堪的寓所，我却坦然自处，还写了首《陋室铭》自我调侃：

山不在高，有仙则名。水不在深，有龙则灵。斯是陋室，惟吾德馨。苔痕上阶绿，草色入帘青。谈笑有鸿儒，往来无白丁。可以调素琴，阅金经。无丝竹之乱耳，无案牍之劳形。南阳诸葛庐，西蜀子云亭。孔子云：何陋之有？

写完《陋室铭》，我很得意，又想到多年不见的白居易，不禁暗自忖度：看看咱这境界，一般人能比不？白居易能比不？

肯定不能！

在外贬居二十三年后，我终于回到了朝廷。

人这一生，能有几个二十三年？

我再次去了趟玄都观。当初的青涩少年，如今已是白发苍苍；当初那身自傲的羽毛，如今也已黯然失色。

可我刘禹锡还是那个不撞南墙不回头的刘禹锡，依然凶猛。上次写诗被人陷害，这次还得再写一首：

百亩庭中半是苔，桃花净尽菜花开。

种桃道士归何处，前度刘郎今又来。

我又回来了！

欢迎你们继续陷害！

五

然而，狠话发出去很久，却一点动静都没有。

唉，寂寞啊！

我心里清楚，时间早已把一切都化整为零，然后一股脑儿丢进历史的垃圾堆。恩怨情仇湮灭殆尽，貌似不会再有仇人搭理我了。

既然如此，我也不陪你们玩了。

此后我又历任苏州、汝州、同州刺史。无论任职何处，我都坚持造福一方的初心，开仓赈济、减免赋税、兴办教育。据说我从苏州刺史离任后，当地百姓还自发修建了"三贤祠"，纪念韦应物、白居易和我三人为苏州做出的贡献。

混了一辈子，我被组织安了个检校礼部尚书的头衔，只拿俸禄，不用干活。

终日无事可做，只能找一找曾经的老朋友叙旧了。

这一年，白居易从苏州返回京城。我就拉着他喝酒谈天，畅忆往日时光。

这时候，我俩一个被称为"诗豪"，一个被称为"诗魔"，江湖上到处流传着我俩的传说。

"乐天，还记得大明湖畔的……哦，不对，还记得扬子江畔的初次相识吗？"

"怎不记得，我还给你写了首诗呢！"

为我引杯添酒饮，与君把箸击盘歌。
诗称国手徒为尔，命压人头不奈何。
举眼风光长寂寞，满朝官职独蹉跎。
亦知合被才名折，二十三年折太多。

"当时我因你的遭遇而伤感，二十三年啊！你在外漂泊了二十三年，多辛苦啊！你真不觉得苦吗？"说到这里，白居易泪目了。

"呵呵，对于人生的风风雨雨、起起伏伏，我早已习以为常，还练就了随遇而安的传世绝学，这项技能，一般人哪能学得会呢？"我饮尽杯中酒，心绪一振，"当时我也给你回了首《酬乐天扬州初逢席上见赠》。"

巴山楚水凄凉地，二十三年弃置身。
怀旧空吟闻笛赋，到乡翻似烂柯人。
沉舟侧畔千帆过，病树前头万木春。
今日听君歌一曲，暂凭杯酒长精神。

沉舟侧畔，千帆竞过；病树前头，万木逢春。新事物必然取代旧事物。世事变迁又如何？宦海沉浮又如何？你我终将走向生命的尽头，即使这个世界并非尽善尽美，即使你我同是天涯沦落人，看尽风云变幻，我仍然选择本色出演！

人生最后几年，我与白居易先后患了眼疾和足疾，再也看不清人间美景，也没法在春日相约踏青，甚至连书的内容都看不出个所以然。

对此，白居易时常唉声叹气，无限伤感："梦得，我俩都老了，咋办呀？我心里难受！"

于是，我给他写了一首《酬乐天咏老见示》：

人谁不顾老，老去有谁怜。

身瘦带频减，发稀冠自偏。

废书缘惜眼，多炙为随年。

经事还谙事，阅人如阅川。

细思皆幸矣，下此便翛然。

莫道桑榆晚，为霞尚满天。

乐天呀，老就老了，谁不会老呢！但无论何时，都请你抬起头，看那满天的红霞，不是依然很瑰丽吗？请你记得，你、我、柳宗元，还有千千万万胸怀天下的有志之士，都在奋力奔跑，都在勇敢追梦！

终于，到了告别的时候了。

病重之际，我僵卧在床上，回想一生的波澜壮阔。

"巴山楚水凄凉地，二十三年弃置身。"没关系，我始终坚信"千淘万漉虽辛苦，吹尽狂沙始到金"。

我实在有些得意：我的那些对手，那些时刻想把我们团队往死里整的奸佞，你们谁有我活得久？

俱文珍：二十九年前病死。

武元衡：二十七年前被杀手割了脑袋。

圣上唐宪宗：二十二年前被宦官谋杀。

谁能熬到最后，谁才能看得最远，才是真正的赢家！

诗坛上的后起之秀喜欢尊称我为"诗豪"，这个绰号，我并不是特别喜欢，我最喜欢的绰号还是"晴空一鹤"。

正如我一生创作诗文无数，最得意的作品还是那首《秋词》。

唐时华韵

自古逢秋悲寂寥，我言秋日胜春朝。

　　你们都逢秋而悲，我却偏偏说秋胜于春，就是这么任性，就是这么特立独行！

　　我叫刘禹锡，字梦得，希望大家永远记住，我是才华与容貌并存，性情与格调同在，永不屈服、永远乐观的人中之杰。

　　鹤飞冲霄，英姿勃发。

　　人生无常，唯有自强。

　　我就是我，是不一样的烟火！

白居易：帝都买房记

一

我叫白居易，关系好的朋友习惯喊我乐天，或是老白。

我是个"京漂"，很早就来到长安，一直居无定所。

在我刚到帝都那一刻，我就由衷地感慨：长安是真大，房屋是真多，真想拥有一套属于自己的房子啊！

那时的我身着一件破旧的青衫，冒着盛夏的炎热，行走在帝都的大街小巷。

千万别误会，我可不是寻觅烟花场所，没那么多闲钱。我只想租一间五环开外的便宜单人居室，好在接下来的时间里有个落脚之地。

好不容易找到一处邻近富人聚集区的空房，房屋主人却一脸凶相，没好气地领着我看房。就是这个面积很小的房间，花去了我将近一半的盘缠。

割肉啊！我当时心想，在我老家符离集，这些房租肯定够买几百只烧鸡了，可我又毫无办法，既然选择了当"京漂"，含着泪也要坚持下去。

这年头，想靠个人努力混知名度还是蛮难的，必须要有名人推荐，帮你造势，只要宣传到位，就不愁没人关注。

经多方打听，我发现著作郎顾况在帝都的名气很大。他不仅是当代著名诗人，还是宰相李泌的挚友，经他推荐的文人骚客，无不红遍大江南北。

不过听说顾况这人高傲得很，工作又忙，平时很少接受年轻人的拜见。虽然我没有投奔名家的意愿，可还是硬着头皮去拜访顾况了。

毕竟机遇这东西，一阵风吹过就没了。你把握不住，就无法成名。

我永远忘不了顾况初见我的眼神，犀利、冷漠，很不友好。我理解，那是对寒门学子的不屑。

他很随意地问我："你叫什么名字？"

我回答："晚生名叫白居易，字乐天，特地从吴越远道而来。"见到文坛偶像，我不免紧张地搓手手。

顾况显得很讶异："长安物价很贵，房价更贵。你叫居易？我看你在这儿可不大易居，还是早些回乡去吧！"

我不服："晚生想靠文才在帝都谋生，面包会有的，房子也会有的。"

顾况不屑道："那就赶紧把你的诗文拿出来看看，我档期很满，尽量别耽误我工作。"

于是，我带着满肚子的火气，把事先备好的诗文集递了上去。

顾况接过诗集，仍是漫不经心，信手翻看着。突然，他眼睛一亮，目光直勾勾地盯住我写的那首《赋得古草原送别》，轻声朗诵起来：

> 离离原上草，一岁一枯荣。
> 野火烧不尽，春风吹又生。
> 远芳侵古道，晴翠接荒城。
> 又送王孙去，萋萋满别情。

读罢，顾况对我的态度有了个一百八十度的大转弯。他竖起大拇指，笑着说道："我收回刚才说的话，你这么有才，别说在五环开外，就是二环以里，居住都很容易。"

其实，我心里仍然很不高兴，觉得顾况虽名声显赫，格调却很低下。

亏你还自诩风流名士，如此前倨后恭，真是说不过去！

但是我要感谢顾况，凭借他的大力推荐，我在帝都文艺圈顺利起步，还在皇宫外的一条繁华街道上谋了个代写书信的职业，有了人生第一份收入。

当时我真的好开心，终于不用再伸手向家里要钱了！

为了方便每天上班，我只好把家搬到临近街道的巷子里。商业区的房价可真贵，我租不起好的，只在一处牲口交易市场旁租了间简陋的住所。

夏天酷热，牲口又臭又腥，味道从白到黑经日不散，搞得我整晚整晚地失眠，简直不要太悲惨。

二

虽然我没钱，但我有梦想。为了梦想，我能忍受一切磨难。

而且这不是我一个人的梦想，还有我老妈的期望。

自记事起，我就在老妈的严厉管教下野蛮成长。老妈不让我跟同村的孩子玩，整天看着我读书。

老妈有句口头禅：地球一日不毁灭，你都要去写作业。

老妈还有句高屋建瓴的经典语录：我们是官宦人家，你爸是彭城县令，你叔是溧水县令。作为官宦子弟，你长大后要以此为志，要去考科举、做大官！

听听，多直接，多深刻，多有奋斗意识。

老妈在家掌握着话语权，我又是个打小就听话孝顺的孩子，因此只好认认真真去读书。白天学诗词歌赋，晚上背孔孟之道，累得舌头都生了疮，手都磨出了茧。

因为刻苦读书，我的成绩在班上名列前茅，期末考试总得第一。教书先生每次家访，都会向我老妈对我大加赞赏："乐天这孩子，聪明勤奋，性格又好，将来必定大有作为，你可得抓紧，不要让他懈怠。"

老妈骄傲地点着头，我想她心里一定乐开了花。

坦白讲，读书之余，我也经常望着窗外发呆。别人家的孩子爬树、摸鱼、捉迷藏、荡秋千，我却只能与书为伴，那种感觉着实心酸。

最让我对老妈感到不满的是，她干预了我的恋爱自由。

我有一个青梅竹马的初恋女友，名叫湘灵。

我喜欢她的天真烂漫，特别是那双澄澈的眼睛，仿佛会说话，还有她那悦耳动人的嗓音，能唱出令人沉醉的歌谣。

湘灵很喜欢我，我也很喜欢她。问题是，我妈不喜欢她，嫌她出身低贱，嫌她不会女红。

"一个农家姑娘，不学好针线活，会唱歌管什么用？去做歌女吗？去参加选秀吗？"老妈一听我说起湘灵，就忍不住吐槽人家。

"妈，湘灵是个好女孩，勤劳善良，孝顺父母，唱歌只是人家的业余爱好。"我赶紧解释。

我妈不乐意了："这丫头片子整天打扮得不伦不类，像我们这种官宦世家，是绝无可能娶一个农家女子的。"

老妈知道我的心思，我还没提迎娶湘灵的打算，就被老妈一口否决。

"妈，湘灵待我情深义重，不用买房，不用买车，不用给彩礼，您就不能考虑考虑？"我还在垂死挣扎。

"你不要说了，我说不行就是不行！赶紧和她分手，将来妈给你说一门门当户对的婚事。"

我很无奈，又舍不得湘灵，只好继续这段没有未来的"地下恋情"。

不久，老妈发现我跟湘灵还在交往，她老人家气得直接找到湘灵家。老妈威严的利剑斩断了我们相爱的连理枝，湘灵终于离开了我。

分手之际，我为湘灵写下这首《潜别离》，祭奠我俩逝去的爱情：

不得哭，潜别离。不得语，暗相思。两心之外无人知。
深笼夜锁独栖鸟，利剑春断连理枝。河水虽浊有清日，
乌头虽黑有白时。惟有潜离与暗别，彼此甘心无后期。

我想起那天夕阳下的奔跑，那是我逝去的青春。

此后，我结了婚、成了家，可我知道，那只是婚姻，并不
是爱情。

三

二十八岁那年，老妈认为我学业已成，就帮我打点行装，
命我进京赴考。

我实在没想到，平日里那么要强的老妈，在送我出门时居
然眼含热泪："儿啊，到了帝都要好好照顾自己，缺钱的话就
寄封信。为娘相信，今后的白居易，不只是个人名，更是一个
名人！"

刹那间，我明白了，那是期望的泪水，是耗尽心力等待种
子开花结果的泪水。

我不会让老妈失望的，因为我是白居易，注定要做一个出
类拔萃的人！

"京漂"的日子很艰苦，我在忍受牲口交易市场刺鼻气味
的同时，代写书信的薪水还十分微薄，很快我就入不敷出了。
生活窘迫如我，只能每天煮粥为食，喝热水驱寒。为了顺利参
加科举，我一狠心，在交易市场低价卖了我那匹代步瘦马，勉
强凑足了银两。

后来想想，那时自己身体倍儿棒，没生过病真是万幸——不是不能生，是不敢生！

医药费吓死人！

唐德宗贞元十六年（800），一个阳光明媚的春日，礼部放榜了。

那年科考，报名三千人，录取前十七。

猜猜我是第几？

你们肯定猜不到。

我是第四，差点名列三甲！很优秀，有没有？

进士及第后，我被授任秘书省校书郎，结识了一生的挚友元稹，还有学长刘禹锡。

元稹的性格与我很合拍，刘禹锡学长稍稍次之。

同在一片屋檐下，总免不了谈天说地、喝酒吹牛。

学长问我："乐天，你的梦想是什么？"

元稹抢着回答："我知道，老白想买房。"

学长有些轻蔑："大丈夫济世安民，以天地为家，买什么房子呢！"

元稹打趣道："以天地为家，那是乞丐吧？没有房子哪有家？老白，别听学长的，兄弟支持你！"

元稹，还是懂我的。

其实，我也没有那么现实，买房只是一个短期的目标。

毕竟，我的偶像杜甫当年在成都，可没少受住茅草屋的罪。一刮风下雨，必然掀房动屋漏水，一帮小屁孩还公然偷茅草，搞得我偶像大抒情怀："安得广厦千万间，大庇天下寒士俱欢颜。"

我当然也理解刘禹锡学长的质疑，人家天性乐观，家里又有钱，想法自然很高大上，后来学长还写了篇《陋室铭》，特别强调：思想品德好，就算是陋室也很气派（斯是陋室，惟吾德馨）。

我不知道学长是不是针对我的，反正这气度，我服。

可我的生活却不支持我活得洒脱，正式入仕后，我就开始了漫长的租房生涯。

五环以外是不用住了，我搬到了三环以内的长乐坊小区。租金很贵，不过离上班地点近，不会因堵车迟到扣工资。

三年后，我又进一步，搬到了二环以内的永崇坊华阳观小区。这里环境优美，夜晚很宁静，我有充足的时间来搞诗文创作。

比如，我写了一首篇幅很长的诗——《长恨歌》，将唐玄宗和杨贵妃的故事，重塑成理想化的爱情。

此诗一出，迅速风靡帝都，成为少男少女们必备的爱情宝典。

也是这首《长恨歌》，让我在文艺圈迅速站稳脚跟。我又把家搬到市中心的昭国坊小区，顺利完成租房三级跳。

四

"京漂"了十五年，我依然没有属于自己的房子。

不是没钱，而是没时间看房。

卸任左拾遗这出力不讨好、容易得罪人的职务后，我本想抓紧时间去各大楼盘扫一圈。毕竟耽搁了这么多年，房价一直噌噌往上涨，越晚下手就越亏钱。

可惜，元和十年（815）六月三日发生了一件震惊朝廷的大事，让我彻底无法达成买房的目标。

那天凌晨，宰相武元衡照常乘轿去上早班，走到半路上，迎面遇到一群黑衣人拔剑行刺。结果，武元衡被砍了脑袋，身首异处地惨死在马路牙子。

堂堂帝国宰相，居然在京城被人行刺，治安怎么管的？究竟是谁干的？

凶手其实很好猜，武元衡得罪了谁，谁就是凶手。

满朝文武，谁都知道唐宪宗李纯手腕很硬，行事很刚猛，藩镇谁敢不服就干谁。偏偏武元衡也是一样的暴脾气，君臣俩整天谋划削藩。

最近，武元衡把注意力集中在淄青节度使李师道身上，他觉得这小子是个双面人，平时小动作不断。削藩大业，正好从李师道这里下手。

李师道收到情报，气得火冒三丈："老东西！天下诸多藩镇不去搞，偏要来搞我，我弄死你！"

结果，武元衡就被李师道派杀手弄死了。

出了这么大的事故，包括宪宗在内，大多数人都沉默不语。有的害怕站出来说话会遭李师道毒手，有的担心宪宗会因武元衡之死放慢削藩的进程。

反正死的不是我，我干吗要说！

你们不说，我来说！我白居易不怕！

于是，我第一个站了出来，义愤填膺地上奏朝廷："宰相街头遇刺，乃国之奇耻大辱，若不严查凶手，为武相讨回公道，天理何在？"

没想到，奏折递上去，上级还没说法，同行们就开始热议了。

"白居易越职了。""白居易这小子多管闲事，唯恐天下不乱。""白居易叫嚣着为武相报仇，实际是借机标榜自己，沽名钓誉！"

说着说着，我就稀里糊涂地被定了个越职言事罪，贬为江州司马。

浔阳江头，秋风萧瑟。

从一线退回三线，我的心情并未因江州房价跌落而抒畅，反倒因无端遭贬极为苦闷。

某日夜间，我来到浔阳江头送别好友。正准备握手话别时，忽听江中琵琶声飘然而来，其声悲切，如泣如诉。

我被这琵琶声吸引，索性对好友说："没有什么是一顿饭解决不了的，如果有，那就两顿。"

我拉着好友登船拜访，这弹琵琶的女子却"千呼万唤始出来，犹抱琵琶半遮面"，我只好拜托她为我俩这失意之人弹奏一曲。

琵琶女这才拨动琴弦，开始了自己的表演。

> 大弦嘈嘈如急雨，小弦切切如私语。
> 嘈嘈切切错杂弹，大珠小珠落玉盘。
> 间关莺语花底滑，幽咽泉流冰下难。
> 冰泉冷涩弦凝绝，凝绝不通声暂歇。

经过打听，我才得知她原是长安歌女，曾名动一时，后来嫁给了重利轻别离的商人，如今容颜憔悴，不复青春韶华。

本来听此琵琶曲就够悲伤的了，如今这女子的遭遇更让我悲戚难堪。

你的丈夫不体贴你，我的君王不器重我，咱俩同是天涯沦落人，干脆你再弹一曲，我给你写首诗吧！

琵琶女很感动，再次拨动琴弦，我也在这琴声中提笔写下一首长诗《琵琶行》。

琵琶弹奏完，我的诗也写完了。正当好友上前观赏时，突然惊愕不已："老白，你咋哭了呢？"

是的，我哭了，还哭湿了青衫，我并不只为琵琶女凄楚的遭遇而哭，更为自己浮沉半生，始终不遂心愿的经历而哭。

五

十二年后，我终于在帝都重新安顿下来。十二年来，我兜兜转转，足迹遍及江南各地，却总也活得不痛快。

回到帝都任秘书监的我，已经五十五岁了。我租了二十七年房子，却总没机会买一套真正属于自己的居所。

两年后，我因病离职，来到东都洛阳。这一次，我终于可以买房了！

经过多方实地考察，综合考虑各种因素，我选择了履道里小区，买了一栋独院的小楼。

就连卖房的人都不相信，我这么个老头子，房子居然还是"刚需"。

当时我就吐槽这帮商人："你们把房价炒得这么高，普通老百姓哪能买得起！"

他咧嘴一笑，不说话。

道理大家都懂，不需要解释得那么清楚。

我买了履道里小区的房子，是看重这里安静、交通便捷、排水系统良好，总之各项指标都非常适合养老。

我就在这栋房子里，住到了人生的终点。

平日里，闲来无事的我，经常和学长刘禹锡在龙门一带游玩、拼诗。

可惜，学长早我一步驾鹤西游，元稹也早在十几年前就撒手而去。

孤独的我，又纠集了胡杲、吉皎、郑据、刘真、卢贞、张浑六人组建"七老会"，不久，僧如满、李元爽加入队伍，一同玩耍。

晚年的我，笃信佛教。在钻研佛家经义的过程中，我渐渐悟透了人生的至真之道：天下之大，怎会没有容身之地、安身之所呢？没有房子，难道就不能生活？

我渐渐发现：房子充其量只是身体的栖息地，当一个人选择将视野向外扩大，将注意力向报效社稷、造福苍生转移，将人生志向与思想境界不断拔高时，他就会主动放弃一些不必要的想法、尝试，就能够牢牢控制住私欲的膨胀和世俗的追求。

房子算什么呢？个人名利、荣辱又算什么呢？

人不过是沧海一粟罢了。

尽管人生坎坷多于坦途、苦闷多于欢乐，尽管我建功立业、忧国忧民的满腔热血被现实一次次冰冻，但我始终有梦，始终坚持用笔下的诗篇关注社会、关注家国，用宽广的胸襟笑对磨难、笑对人生。

就像大多数人始终在练习微笑，终于变成了不敢哭的人。

为什么不敢哭呢？

何必把神经绷得那么紧呢？

我叫白居易，字乐天，乐天安命。

我知道，我会哭。

我更知道，即便是哭，我流的也是快乐的眼泪。

元稹：一半是海水，一半是火焰

一

每逢科举季，总有一大批应试者梦想破灭，其中不乏众多诗坛才子。

李白、高适等人比较自信，不爱考试爱干谒；杜甫、孟浩然属于考不上的；李商隐的情况稍微好点，复读了好几届，最后还是托人推荐才考上的。

本篇的主人公元稹，虽然比不上王维那种天才型的考霸，一考就是全国状元，却属于勤奋型考霸，一样能在科举之路上披荆斩棘。

唐德宗贞元九年（793），十五岁的元稹明经及第，这在同龄人中已属不易。

唐代科举，科目很多，其中报考最多的科目是进士和明经两科。进士科考诗赋，明经科考经义。两科相比，进士科难，明经科易，故有"三十老明经，五十少进士"之说。

在大部分考生眼里，越难考越体现水平，越难考进步空间越大。因此，尽管进士科录取率低到吓人，多数考生还是更看重进士科。

元稹却和大多数人想法不一样，他很务实，脑子也很清楚。

家境一般，资源少，父母期待也不高，为尽快获取功名，元稹选择报考相对容易的明经科。一战告捷，元稹随后被分配到山西蒲州当上了办事员。

办事员的工作清静而悠闲，元稹情商很高，脑子很活，口才又好，上上下下关系处得极为融洽。上级每次考核工作，都会拍着他的肩膀鼓励："小伙子，好好干，绝对能朝上走！"

其实，鼓不鼓励不重要，元稹从来没打算长期留在蒲州这个小地方。

就在元稹即将任职期满，返回京城参加吏部遴选前夕，他却在一次偶然的宴请中，收获了一份真挚的感情。

蒲州崔氏，是元稹的远房亲戚。某次崔府摆下酒宴宴请元稹，正寒暄着，元稹突然瞥见一妙龄女子正从后厢来到客厅。

还没等元稹开口，就听崔夫人说道："莺莺，还不快来给表哥敬酒。"

原来，这是我的远房表妹。

元稹倒没像宝玉那样说什么"这个妹妹我曾见过的"，而是很礼貌地向表妹问好。

双目对望。糟了，是心动的感觉！

理智告诉元稹，他已经爱上了莺莺表妹。

起初，莺莺对元稹没什么感觉，幸有崔家侍女暗中协助，毕竟是集颜值与才华于一身的花样美男，凭借侍女牵线搭桥，长得帅又有才且敢把爱说出来的元稹终于赢得美人的芳心，两

人度过了一段花前月下、你侬我侬的美好时光。

可惜，爱情来得太快就像龙卷风，还没等爱情长出花骨朵，元稹就永远离开了她。

二

元稹选择来蒲州，只是想在地方增长见识，有机会必然要走。

贞元十六年（800），元稹含泪告别初恋，踏上进京求官之路。

即便是元稹这种重量级的选手，和全国各地的优秀人才一起竞争，还是费了些工夫。他接连考了两次，才被朝廷授予秘书省校书郎。

校书郎官阶低、发展潜力大，对大龄考生吸引力不强，年龄耗不起，可对元稹这种二十出头的年轻人，这却是份再适合不过的工作。

意气风发的元稹很快就被新任京兆尹韦夏卿纳入人才培养计划。在与韦氏子弟的长期交往中，元稹再次赢得妙龄女子青睐——韦夏卿之女韦丛。

同时，韦夏卿很希望招才华横溢的元稹为婿。元稹想了又想，还是决定放弃莺莺，欣然娶了韦丛为妻。

消息传到蒲州，崔莺莺极度失望，只好另嫁他人。

这本是一段无疾而终的初恋，很美好，却也现实。

也许对崔莺莺不公平，可对元稹来说，娶到韦丛，实在是人生一大幸事。

韦丛非但不是那种有钱任性的刁蛮公主，还贤惠端庄、通晓诗文，对元稹温柔体贴，即便元稹无权无势更没钱，韦丛始终对嫁给元稹无怨无悔。

家里没有闲钱，野菜也能充饥；

买不起昂贵的衣服，缝缝补补还能继续穿；

家中来客没酒，韦丛就拔下金钗，换钱买酒。

夫妻俩琴瑟和鸣、恩恩爱爱，可惜天不遂人愿，婚后没几年，韦丛便因病去世。肝肠寸断的元稹为亡妻写下三首《遣悲怀》："今日俸钱过十万，与君营奠复营斋""诚知此恨人人有，贫贱夫妻百事哀""惟将终夜长开眼，报答平生未展眉"……

字字句句，椎心泣血。

很多年后，念及亡妻，元稹仍是悲从中来，又写下五首《离思》，其中第四首便是流传千古、被称为千古第一悼亡诗的名作：

曾经沧海难为水，除却巫山不是云。

取次花丛懒回顾，半缘修道半缘君。

当然，多情浪漫又才思过人的元稹，从来不缺少红颜知己。

唐宪宗元和四年（809），元稹受命前往东川视察民情期间，遇到人生中又一个深情似海的恋人：薛涛。

与刘采春、鱼玄机、李冶并称"唐代四大女诗人"，又与卓文君、花蕊夫人、黄峨并称"蜀中四大才女"的薛涛，通晓

音律，擅长作诗，又性格豪爽，满足了才子对梦中情人的所有
幻想。

毕竟都是搞艺术创作的，实在很能聊得来。元稹和薛涛一
见钟情，感情迅速升温，陷入了不可自拔的热恋阶段。

元稹很得意，得意就写诗：

> 身骑骢马峨眉下，面带霜威卓氏前。
> 虚度东川好时节，酒楼元被蜀儿眠。

薛涛很幸福，幸福也写诗：

> 双栖绿池上，朝暮共飞还。
> 更忙将趋日，同心莲叶间。

元稹返回洛阳后，两人时常往来书信，互诉衷肠。

薛涛写信问他："你不会忘了我吧？"

元稹回答："我当然没有忘了你，更忘不了你给我写的
诗啊！"

薛涛翻出了元稹给自己写的情诗——

> 锦江滑腻峨眉山，幻出文君与薛涛。
> 言语巧偷鹦鹉舌，文章分得凤凰毛。
> 纷纷辞客多停笔，个个公卿欲梦刀。
> ……

锦江水滑峨眉山秀，孕育出你这般优秀的诗人。

你的口才比鹦鹉还要动人，你的文章就像那凤凰的羽毛般稀有。

全都怪你呀！你那么优秀，别人都不敢轻易写诗啦！

分别后天各一方，希望你永远像菖蒲花一样开得五彩斑斓。

然后，薛涛又翻出自己给元稹的回信——

> 诗篇调态人皆有，细腻风光我独知。
> 月夜咏花怜暗澹，雨朝题柳为敧垂。
> 长教碧玉藏深处，总向红笺写自随。
> ……

写诗的风格人各有异，我独关注感情的细腻。

我们曾一起欣赏暗淡月光下可爱的花，晨雨细风中诗意的柳。

我们经常在柳树下散步，随时在红笺上记录下灵感来临的诗句。

然而，情诗写得再真挚，爱情仍是无疾而终。薛涛心里明白，虽然三十一岁的情郎风华绝代，四十一岁的自己依旧明艳，但感情却难以维持。

曾经的海枯石烂，抵不过好聚好散。

薛涛痴痴地笑了笑，泪水顺着脸颊落在红笺上，元郎大概不会回来了，但她并不后悔。从此，薛涛脱下平日爱穿的红

裙，换上一袭灰色的道袍，任凭门前车马喧嚣，内心却早已平淡如水。

三

此后，元稹又娶了好友李景俭的表妹安仙嫔、涪州刺史裴郧之女裴淑，并用一首《赠刘采春》征服了"唐代四大女诗人"之一的刘采春：

> 新妆巧样画双蛾，谩里常州透额罗。
> 正面偷匀光滑笏，缓行轻踏破纹波。
> 言辞雅措风流足，举止低回秀媚多。
> 更有恼人肠断处，选词能唱望夫歌。

刘采春迅速被才华无限的元稹征服。被爱情冲昏头脑的她想都没想，便毅然离开了丈夫，住进了元稹在浙东的府宅。

好日子没过几年，元稹再次奉诏回京，被迫终结了这段恋情。

崔莺莺、韦丛、薛涛、安仙嫔、刘采春、裴淑……元稹对这些或风华正茂、或色艺双绝、或温婉可人的恋人，付出了如大海般深邃的感情。

这些人中，有人先行离世，有人被迫退场，有人被辜负……一次次美好的邂逅、相逢、热恋、分离，一首首真挚的诗作，构成了元稹一半的人生。

元稹把拥有海水般的温暖和柔情的一半人生留给了恋人，另一半，就是疾恶如仇、不畏权贵的熊熊烈火——

科举入仕后，元稹得益于岳父韦夏卿的帮助，很快授任专挑朝政毛病的左拾遗。

初出茅庐的元稹办事极其认真，今天挑挑皇帝的言行，明天质疑质疑宰相的水平。

没过几个月，皇帝和宰相都不乐意了，随便找了个借口，将元稹贬为河南尉。

元和四年（809），元稹以监察御史的身份出使剑南东川。也正是这一年，元稹与薛涛结识并迅速陷入热恋。

不过，元稹可不是来度蜜月的，而是奉旨查案的。

在东川，热血满怀的元稹大胆弹劾不法官员，平反冤假错案，由于手段强势、铁面无私，赢得当地百姓一致好评。

好友白居易听闻此事，特意写下一首《赠樊著作》，高度赞赏元稹的表现：

> 元稹为御史，以直立其身。
>
> 其心如肺石，动必达穷民。
>
> 东川八十家，冤愤一言伸。

四

秉公执法的元稹，却连续受到藩镇与朝廷给予的双重压力，他们大肆批评元稹办事过火，丝毫不顾及社会影响。

结果，案子还没办完，元稹就被提前调回京城，改任东台

（洛阳）御史，用意在于排挤、闲置元稹。

排挤这种勾当，雷厉风行的元稹根本不屑关注，东台御史还没干几天，元稹继续加大力度，弹劾河南尹房式（房玄龄后人）横行不法。房式闻讯，立即动用关系，将元稹退回长安，还罚了一年俸禄。

没承想，就在途经华州留宿敷水驿当晚，元稹又搞了件大事。

由于驿站只有一间上房，元稹先到先得，可碰巧外出公干的大宦官仇士良、刘士元也至此地，蛮横地威胁元稹让出上房。

元稹本就火大，十分硬气地大喊大叫："想抢上房，除非从我身上踏过去！"

仇士良冷哼一声："咱家不但要从你身上踏过去，还要让你今晚睡不着觉！"

说着，随行的十几个小宦官立即蜂拥上前，给元稹来了一顿结结实实的胖揍，揍完又将元稹直接扔出驿站，确实让元稹疼得好几天没睡好觉。

宦官与御史打架，成何体统！

唐宪宗专门为此开了次座谈会，结果又挨打又憋屈的元稹直接以"轻树威，失宪臣体"的罪责，被贬为江陵府士曹参军。

挨打不要紧，只要有尊严。耿直的元稹提笔写下一首《酬别致用》：

修身不言命，谋道不择时。

达则济亿兆，穷亦济毫厘。

此后多年间，元稹一次又一次因得罪权贵被贬，也曾因满腔报国热情被短暂召回，担任过中书舍人、工部侍郎、尚书左丞，甚至一度官拜宰相。

可元稹无论身处何职，都本色不改。

他曾规劝过唐穆宗不要去骊山泡温泉，也曾强烈要求彻查科场舞弊案被众人弹劾，多年来上上下下、兜兜转转，几乎从未消停。

尽管大唐王朝在昏庸的皇帝与一帮心机的朝臣带领下，早已日薄西山，元稹却始终胸怀振兴国家的愿望，希望以实际行动唤醒皇帝，唤醒逐渐睡去的王朝。

臣自离京国，目断魂销，每至五更朝谒之时，臣实制泪不已。臣若余生未死，他时万一归还，不敢更望得见天颜，但得再闻京城钟鼓之音，臣虽黄土覆面，无恨九原。

这是元稹被贬同州之时写的《同州刺史谢上表》。无论皇帝和朝廷对自己如何不公道，如何不仁义，元稹却依然深爱着江山社稷，深爱着天下苍生。

五

唐文宗大和四年（830），元稹被贬武昌，最后一任妻子裴淑同往。

次年，岳州山洪暴发，数万百姓流离失所，饿殍遍地。元稹作为武昌军节度使、鄂州刺史，立即上奏朝廷，请求开仓赈济，减免赋税；还不顾日益加重的病情，没日没夜地视察灾区，指挥救灾。

就在灾情得到迅速控制的同时，元稹病情加重，病逝于武昌任上，爱妻裴淑陪伴丈夫走向人生的终点。

一年后，一个秋日的黄昏，终生未嫁、独居梓州的薛涛香消玉殒，永远闭上了寂寞的眼睛。

元稹一生正直敢言，秉公执法，多次触犯权贵。他做过知制诰、中书舍人，也做过地方司马、观察使、刺史。他每到一处，必有惠政；在朝则力求肃清吏治、整顿朝纲。

他一生多次被贬，却始终不改初心。那些志同道合的朋友，无一不对他称赞有加，他与白居易的友情，更是被后人津津乐道。

他一生致力于乐府诗创作，铺叙详密，优美自然，感情真挚，表现有力，与挚友白居易并称"元白"。

他爱过，也辜负过；

他痛过，也争取过。

国学大师陈寅恪在著作《元白诗笺证稿》中这样评价他：

微之以绝代之才华，抒写男女生死离别悲欢之情感，其哀艳缠绵，不仅在唐人诗中不可多见，而影响及于后来之文学者尤巨。

　　一言以蔽之，只有重情重义之人，才能一边与恋人缠绵悱恻、追求至爱，一边对事业耗尽心血、无限热衷。

　　这就是元稹的人生，一半在爱情的海洋中尽情徜徉，一半在炽热的火焰中苦苦抗争。

贾岛：大国工匠

一

无本很上进，时常有点"本领焦虑"。

这一点，寺院的住持很清楚。

当年收留无本和他堂弟无可这俩无依无靠的农村娃时，住持就发现，无本是个相当沉默的少年，内心隐藏着一份不易察觉的敏感。他的堂弟，性格却截然相反，整天大大咧咧，和谁都能聊上几句，还总爱问些无聊的问题。

师父，哪里有菩提呀？舍利子真有那么神奇吗？死后真能去西天极乐世界吗？

阿弥陀佛！你这种《走近科学》类的话题，师父也回答不出来呀！

一般情况下，安静恬淡、沉默寡言的性格适合坐禅、理佛，这在无本身上却不适用。

虽身在佛门，无本却未能抛下尘世的烦恼。枯寂的寺庙生活，使他变得越发孤僻冷漠、心事重重。

相较而言，堂弟无可爱偷懒，有些小聪明，但待人热情，心地也很纯净，就像一张白纸，可以任意折叠，或是在上面大胆勾画。

喜欢独来独往、不爱交流的无本，却早已在心灵的白纸上留下太多抹不去的印记，他渴望竞争，喜欢得到表扬，还总希望自己比师兄弟优秀一点。

每次住持单独授课，无本最常挂在嘴边的一句话就是："师父，我还想多学点。"

住持轻捻佛珠："别学了，你已经学得够多了。"

无本摇头："不，还不够，我想做到尽善尽美。"

住持悠然看着无本："尽善尽美，就不是佛了。"

"佛？我不懂。"

"也许你永远不会懂。"

……

无本不会忘记，十八岁那年，他和无可自愿剃度出家，住持却坚持不让他剃度。无本只能继续以俗家弟子的身份留寺。

后来，无可得道，精通佛法和禅诗，成了晚唐时期颇有诗名的高僧，被誉为"诗僧"。

无本一样酷爱写诗，常常为推敲佳句废寝忘食——虽行坐寝食，苦吟不辍。

无本也喜欢饭后出寺散步，可惜官府近期发布通知，僧人午后不得出寺。

无本很气，写了首《句》吐槽身心受缚：

晴风吹柳絮，新火起厨烟。

长江风送客，孤馆雨留人。

古岸崩将尽，平沙长未休。

不如牛与羊，犹得日暮归。

住持见诗，若有所思，看来是时候让无本离开寺庙了。

一日午后，住持叫来无本，语重心长地说："你在本寺修行多年，整日以青灯为邻、与古佛做伴，想必已经足够了。你和无可不同，不必困守在这乡野山庙之中。人生处处都是修行，人世代代都有高僧，你有才华、有见识，出去看看诗和远方吧！"

无本早有此意，又得到住持首肯，便决定离去。谢别时，住持真切地嘱咐无本："徒弟，今日离寺，你可改回自己的本名贾岛，也可还俗，或入仕或隐居。为师有一言相赠：执着过头，就犯了佛家三戒之痴。很多时候，追求尽善尽美，只会把自己局限在狭窄的空间里。人生苦短，切记切记！"

"师父，徒儿记住了，您保重！"贾岛叩谢住持，便跨上一头瘦驴，离开了寺庙。

二

贾岛很不简单，其实又很简单。

简单地游历，简单地生活，简单地写诗。

作为一名才华横溢的游方和尚，他去过很多地方，也交了很多朋友，比如孟郊，比如李凝。

某日，长夜漫漫，无心睡眠。贾岛自己睡不着，认为心有灵犀的好友李凝也睡不着。他一时兴起，穿上衣服就朝李凝家中奔去。

一条杂草丛生的小路，直通李凝简陋的小园。明月清辉，万籁俱寂，贾岛情绪高涨，畅想着深夜与李凝品茶论诗、结伴出游的情景。

是兄弟，就玩耍到天亮！

咚咚咚，咚咚咚……

贾岛在门外敲了许久，却一直不见李凝开门。这小子，居然不在家！

通宵的想法破灭了。贾岛乘兴而来，却败兴而归。

原路返回时，一路尽是绿意盎然的原野，笼罩上一层洁白如银的月色。贾岛即兴发挥，创作出一首《题李凝幽居》：

> 闲居少邻并，草径入荒园。
> 鸟宿池边树，僧敲月下门。
> 过桥分野色，移石动云根。
> 暂去还来此，幽期不负言。

老弟，我来过，你不在，改日再约吧！下次千万别放我鸽子了！

折腾了一夜的贾岛骑着他的小毛驴，一大早就奔赴长安。一边晃悠，一边思索：昨夜那句"鸟宿池边树，僧敲月下门"，究竟是用"敲"好呢？还是用"推"好呢？

贾岛一向执着，还是个"选择困难症"晚期患者，想不通

就接着想，搞不定就一直搞，不疯魔不成活。

贾岛在毛驴上吟咏着诗句，还时不时做着敲门、推门的动作。不知不觉间，毛驴闯入了韩愈韩老师的出行仪仗队，直接被侍从叫停。

韩老师并不计较贾岛的冒犯，问他因何事如此沉迷。

贾岛就把自己作的诗念给韩老师听，还把"推""敲"的纠结一并告知。

韩老师一听，很受触动，心想：这年轻人功底不错，还那么爱钻研，现在真不多见了。

他饶有兴致地凝眉思索，不一会儿给出了自己的意见："还是'敲'字好些。月夜访友，即便门没上锁，也不好鲁莽推门而入，'敲'门说明你懂礼貌；再有，'敲'这一动作，在夜深人静之时，可达动静结合之效，岂不活泼？"

贾岛听后，连连点头："您好专业呀！敢问尊姓大名？"

韩老师淡笑："我叫韩愈。"

"哇！您就是大名鼎鼎的韩老师啊！久仰久仰！"贾岛激动地上前握手致敬。

韩老师轻轻拍了拍贾岛的手背，神色悦然："别客气，若你不嫌弃，交个朋友吧，以后可以常联系。"

三

韩老师坚信贾岛是个读书的好苗子，劝他还俗："阆仙，虽说这年头比较流行信佛，可佛门中人一辈子也只能青灯古卷，除了浪费资源，对社稷有何贡献？好男儿，就是要从政！"

贾岛对韩老师崇拜得紧，还有一颗时常躁动的心。出家这么多年，没感到生活更美好，干脆还俗吧！

还俗后，贾岛蓄起了长发，切换了学习的频道，开始学起诗赋、经义和骈体文。

半路出家，半路还俗，半路又想入仕，贾岛把自己搞得很忙。可惜他不是王翰那种裸考也能考上的天才，多年研习的佛法，对科举应试毫无帮助，甚至还会带来负面影响。

菩提本无树，明镜亦非台。三句话不离老本行，能考上就怪了。

偏偏贾岛太执着，始终不相信自己考不上。

第一次应试，失利；

第二次应试，失利；

……

第N次应试，失利。

屡战屡败，还要屡败屡战，韩老师觉得贾岛的弦绷得太紧，想帮他放慢节奏："阆仙，你太用功了，科举不是靠死学，天时地利人和样样都很关键。暂时缓一缓吧，多反思一下存在的问题。"

屡试不第，加上恩师指点，贾岛决定给身心放个假，好好推敲几首诗作。

于是，他又骑上小毛驴，在长安街市闲逛，一边寻找灵感，一边放松身心。

时值深秋，长安街头秋风萧瑟，落叶纷纷，贾岛触景生情，琢磨出一首《忆江上吴处士》，思念南下福建的好友：

闽国扬帆去，蟾蜍亏复圆。

秋风生渭水，落叶满长安。

此地聚会夕，当时雷雨寒。

兰桡殊未返，消息海云端。

"秋风生渭水，落叶满长安。"金句呀！我真棒！

贾岛像打了鸡血一样兴奋，他急促地拍打着毛驴，加速向前冲去。

说时迟那时快，激素飙升的贾岛错把刹车当成了油门，毛驴负痛狂奔，一头撞上正在街头视察民情的京兆尹刘栖楚的大轿。

事实证明，并不是每个人都像韩老师那样随和，刘栖楚对贾岛的冒犯很是恼怒："你这小子冒冒失失，在闹市驾驶居然不减速刹车，酒驾了吧？"

贾岛很慌："大人，我从不喝酒。"

刘栖楚狐疑地盯着贾岛："今天不给个合理的解释，你就别想走了。"

贾岛面色苍白："大人，我刚刚构思出一首好诗，一激动没控制住，实在抱歉。"

"胡说，写出好诗的人多了，哪有像你这么激动的？"

贾岛赶紧解释："大人，我还俗还没几年，出家人不打诳语的。"

刘栖楚冷哼一声："够了！本来看你年纪不大，只想教育教育你，你却不说实话，还说自己出过家，你拿啥证明？得了，带走带走！"

就这样，贾岛因交通肇事罪被关了一个晚上，第二天才放了出来。

四

次年，贾岛第N＋1次参加科举。

这一次，贾岛觉得很有希望。

自己最不擅长的诗赋环节，居然是以自己比较擅长的"蝉"为话题。

关于"蝉"的名诗，有唐以来公推两首：一是虞世南的《蝉》，"居高声自远，非是藉秋风"；一是骆宾王的《在狱咏蝉》，"露重飞难进，风多响易沉"。

贾岛稍作思索，大笔一挥，即兴写了一首《病蝉》：

> 病蝉飞不得，向我掌中行。
> 拆翼犹能薄，酸吟尚极清。
> 露华凝在腹，尘点误侵睛。
> 黄雀并鸢鸟，俱怀害尔情。

贾岛没想到，这个话题可不是送分题，而是送命题。

蝉的一生极为短暂，很容易让一些郁郁不得志的考生借题大发牢骚。

敢发牢骚，就是对朝廷不满，政治立场都不坚定，你还当什么官？

贾岛的这首《病蝉》，标准的牢骚体。把自己比作病蝉没毛病，有毛病的是把朝廷比作黄雀、鸢鸟，还赤裸裸地吐槽朝廷有害你之心，拜托，朝廷哪知道你是哪个啊，失了智吧？

没过几日，贾岛便因这句"黄雀并鸢鸟，俱怀害尔情"被朝廷抓了典型，还被扣了个"无才无德、考场十恶"的帽子。

贾岛的科举入仕之路，就此走到终点。

唐穆宗长庆二年（822），韩老师在镇州兵变中力挽狂澜，晋升为吏部侍郎，贾岛跟着老师沾了光，在长安谋了一份小差事，薪水不高，足够过活。

某日，贾岛到青龙寺游玩，玩得兴起，他索性准备熬个通宵，把近期创作的诗稿细细琢磨推敲，以求尽善尽美。

夜色将晚，贾岛依然陶醉在文学创作的海洋中无法自拔，边改边读。忽然，屋外传来一阵急促的脚步声，贾岛刚有察觉，一个中年男子便推门而入，吓了贾岛一大跳。

男子二话不说，抄起桌上的诗稿，自顾自地吟诵起来。

"哎！这位帅哥，看你衣着光鲜，肯定看不懂这些。"贾岛对来人的无礼举动很生气，忍不住冷嘲热讽起来。

那人冷冷扫了贾岛一眼，没有任何回复，便大步走了出去。

贾岛不知道，此人就是后来的宣宗皇帝李忱，正巧乘夜来青龙寺游玩，听到有人吟诗，就进来看看，没想到被贾岛一通奚落。

后来，贾岛因诽谤罪被贬往四川蓬溪担任主簿，极有可能与此事有关。

在四川，贾岛依然不停地苦吟，精心创作了大量精品。

比如《寻隐者不遇》：

松下问童子，言师采药去。

只在此山中，云深不知处。

比如《暮过山村》：

数里闻寒水，山家少四邻。

怪禽啼旷野，落日恐行人。

初月未终夕，边烽不过秦。

萧条桑柘处，烟火渐相亲。

开成五年（840），贾岛调任普州司仓参军，三年后卒于任上，终年六十四岁。

五

大唐文人中，贾岛是个另类。

相较于盛唐那些诗坛名家，贾岛的天赋有限，格局不如他们开阔，也没什么浪漫情怀。比起信手拈来、出口成章的"李杜""王孟"，贾岛的级别显然不够。

别人作诗，讲究随心所欲，心随事发。贾岛作诗，却执着于在一字一句上狠下功夫，一板一眼，字斟句酌。

对文字过度拿捏，既是一种执着，大概也有几分不自信，生怕操作不当，留下遗憾。

贾岛，必须苦吟，必须推敲。他写过一首《戏赠友人》，很能说明问题：

一日不作诗，心源如废井。

笔砚为辘轳，吟咏作糜绠。

朝来重汲引，依旧得清冷。

书赠同怀人，词中多苦辛。

写诗，很累。

那为什么要写？

因为热爱，一天不写就浑身难受。

为什么如此执着于字句，写诗难道不是一种自我表达的形式吗？

因为要对作品负责，搜肠刮肚也得写好。

贾岛有句很夸张的自嘲：

两句三年得，一吟双泪流。

用三年光阴写出满意的一联，中间得有多少次修改、加工和完善，想想都让人泪目。

贾岛身上有股韧劲，认准的事，就要执着地实现；想写的诗，不急不躁，不慌不忙，哪怕消磨岁月、燃尽激情也要写好。

那么，究竟是什么品质支撑着贾岛一句句苦吟推敲，一次次摧残身心，在"冷冷清清，凄凄惨惨戚戚"的创作过程中，寻觅满意的金句呢？

答案只有四个字：工匠精神。

在韩愈的一干弟子中，贾岛与韩老师的交集很多。作为一名优秀的教师，韩老师在好友孟郊病逝后，特意写了首《赠贾岛》：

孟郊死葬北邙山，日月风云顿觉闲。

天恐文章浑断绝，再生贾岛在人间。

阆仙！小孟走了，你可得多多保重，争取多出些好作品啊！

普通也罢，奇葩也罢，水平有限也罢，不可否认的是，贾岛以其独步江湖的苦吟和推敲，在星光璀璨的大唐诗坛，赢得了鲜花和掌声。

在他身后，积攒了一大批粉丝。

晚唐诗人李洞是贾岛的头号"真爱粉"，他特意托人铸了一座小小的贾岛铜像，固定在头戴的方巾中，还模仿贾岛煞有介事地手持念珠，一天口念"贾岛佛"一千遍，只为提升写诗技能。

南唐诗人孙晟，比起李洞有过之而无不及。你铸铜像，我挂画像！他画了贾岛的全身像，恭敬地挂在正堂，朝夕礼拜。

北宋大文豪苏东坡亦十分欣赏贾岛苦吟推敲、孤峭幽静的风格，将贾岛与孟郊并称为"郊寒岛瘦"。

《菜根谭》中有句名言，用在贾岛身上完全契合：

文章做到极处，无有他奇，只是恰好。

刚刚好的背后，是贾岛苦兮兮、宁缺毋滥、精益求精、千锤百炼的人生。他也曾意气风发，热血满怀：

十年磨一剑，霜刃未曾试。

今日把似君，谁为不平事？

可惜，不是每个人都能成就剑客英名、仗剑行走江湖的。有些人注定做不成剑客，只能做铸剑师。

贾岛，就是在无数个日日夜夜的磨炼中，铸造出一柄柄绝世好剑的铸剑师。

他是大唐建国近三百年，最执着、最笃定的诗坛工匠，以精湛的技艺、旺盛的精力，不厌其烦地打磨，留下了千古不朽的作品，也在日夜推敲中过完一生。

这就是贾岛。

其实，世上哪有随随便便的成功。

肉眼可见的荣誉，都凝聚着无数不为人知的艰辛。

孟郊：不能承受的生命之重

一

孟郊是个小人物，八岁之前从没见过大场面。

他出生在湖州武康的一户普通人家，父亲孟庭玢在遥远的昆山做了个小官，平时很少回来，只是每月定期往家中寄些薪水，勉强够妻子和孟郊三兄弟生活所需。

因为极为有限的家庭收入，孟母很少给孟郊买新衣服，孟郊那件绿色的破棉袄，已是新三年、旧三年，缝缝补补又三年。

孟母的手很巧，一件棉袄改来改去，总能让孟郊穿着合身、舒适。

这年冬天，湖州闹了灾害，朝廷派了名监察御史来武康体察民情，辅助赈灾。武康县令不敢怠慢，在驿站大摆宴席，为钦差大臣接风洗尘。

此时，孟郊正在街上玩耍，他还是头一次见到这么隆重的场面，忍不住跑到驿站门前看热闹。

"这是哪里来的小乞丐，吃饭有什么好看的？还不赶快轰

走！"县令高声呵斥衙役。

"说谁是小乞丐呢！人小志气大，将来未必比你们这些大人差！"孟郊红着脸，不服地怼了回去。

御史听到门外有人叫板，挥手阻止了县令，把孟郊放了进来。

"小家伙，年纪不大，口气不小！"御史上下打量着孟郊，哂笑道，"既然你自认为有才，本官就出个对联考考你吧。"

见孟郊穿着一件粗布制的绿棉袄，御史戏弄地出了上联："小小青蛙穿绿衣。"

我穿绿衣，你穿红衣，比我强不到哪儿去。

孟郊提气对出下联："大大螃蟹着红袍。"

我是青蛙，你是螃蟹，大家彼此彼此。

御史听后，面子上有点挂不住，却又不好当场发火，免得旁人笑他心胸狭隘，连个小屁孩都搞不定。

想了片刻，御史再出一联："小小猫儿寻食吃。"

孟郊不假思索："大大老鼠偷皇粮。"

我的天，真是童言无忌！御史和他的小伙伴们都惊呆了。

原来，武康县衙早已出现财政赤字，这顿饭是挪用了朝廷拨的赈灾款。御史气得猛拍桌子。县令见状，意识到不能再让御史和这小屁孩对对联了，于是命衙役赶紧把孟郊轰出驿站。

看着弱不禁风的孟郊被提溜出去，御史不禁大为感慨："这小孩小小年纪竟如此桀骜，长大怎么得了！"

二

御史没有看错，孟郊的确是个性格独特的少年。

尤其是十岁那年父亲去世后，孟郊性格愈发内向，不爱与人交往，平时极少和邻家小伙伴们玩耍。

他唯一的爱好，就是整天窝在家中读书。

可是，家里的藏书也不多，翻来翻去，一套四书五经都凑不全。

即便如此，孟郊还是只愿意沉浸在读书的世界。伙伴们邀请他出门，他几乎总是拒绝。

时间一长，大家就忍不住吐槽："整天读书是为了啥？"

"燕雀安知鸿鹄之志哉！"

"啥意思？给解释解释。"

"我给你们作首诗吧！"

> 击石乃有火，不击元无烟。
> 人学始知道，不学非自然。
> 万事须己运，他得非我贤。
> 青春须早为，岂能长少年。

孟郊虽然嘴上不解释，可心里清楚，他是不能和这些小伙伴长期混在一起的，人可以穷，却不能自我放逐。

他的志气很高，自尊心也强。

> 我愿分众泉，清浊各异渠。

我愿分众巢，枭鸾相远居。

此志谅难保，此情竟何如。

湘弦少知音，孤响空踟蹰。

　　没有知音，曲高和寡，窝在家中难以进步，孟郊决定换一种生活。

　　上嵩山！

　　上嵩山，可不是去少林寺学功夫。

　　孟郊是个孝顺的娃，父亲死后十余年，整个家庭全由母亲操持。母亲靠一双巧手，替富贵人家做针线活维持生计，含辛茹苦将他和两个弟弟抚养长大，不知在油灯下熬了多少个夜，白了多少根头发。

　　孟郊想想自己都二十多岁了，不能再待在家中无所事事。他和母亲有着极深的感情，一方面想为母亲减轻点负担，一方面也想出去看看大山大河，这才选择离家。

　　孟郊躲在深山里，每日与孤云相伴，晨钟暮鼓、青灯黄卷，吃野菜，住草棚，几年都没沾荤腥。这么看来，其实和少林和尚也差不太多。

　　隐居近十年，孟郊丢下翻得破旧的书本，从容出山。

　　读万卷书，该去行万里路了。

　　此时，盛世大唐已被安史之乱冲击得满目疮痍。在洛阳，他看到战乱之后荒凉破败的景象："天津桥下冰初结，洛阳陌上人行绝"；在黄河中下游一带，他看到战争对生命的无情戕害："徒言人最灵，白骨乱纵横。如何当春死，不及群草生"。

中原大地，一片狼藉。孟郊不忍继续向北，而是掉转方向，一路向南，游历祖国大好河山。

三

在信州，孟郊结识了"茶圣"陆羽，还特意为陆羽新开的山舍题诗；游苏州，他又结识了诗人韦应物，两人饮酒赋诗，相交甚欢。

除了行踪飘忽不定，孟郊这十年，几乎是空白的十年。

不仅如此，孟郊也和千千万出身贫寒的读书人不同——他读书，不为追求功名，只是一种单纯的爱好。

至少在四十岁前，他就是这么想的。

过了不惑之年，孟郊突然觉得应该做些什么，人嘛，总要有点追求。

究竟做什么呢？

干脆入仕吧！

唐德宗贞元七年（791），孟郊返回家乡湖州，轻松考中吴兴乡贡。

看来，科举考试不过如此！信心满满的孟郊次年赶赴长安，参加进士考试。

第一场诗赋，就把孟郊考蒙了。

原来，自己一向不感兴趣的科考试卷，居然这么难做。

孟郊不服气，第二次再来，还是落榜。

一夕九起嗟，梦短不到家。

两度长安陌，空将泪见花。

失意的孟郊接连写下好几首落第诗，负能量满满的那种：《落第》《下第东归留别长安知己》《下第东南行》《再下第》。

心灰意冷的孟郊，自闭了。

和高适、岑参这种性格刚强、越挫越勇的猛人相比，孟郊并不是个坚强的人。在孟郊眼中，长安是个名利场：

长安车马道，高槐结浮阴。

下有名利人，一人千万心。

黄鹄多远势，沧溟无近浔。

怡怡静退姿，泠泠思归吟。

在追名逐利的无声战场上，孟郊严重缺乏安全感，更没有所向披靡的信心。

孟郊的性格，他的母亲最清楚不过。

第二次科举失利后，孟郊在家窝了整整三年，就是鼓不起勇气再次备考。

原来的桀骜少年，变成了如今不思进取的中年大叔。

孟母看在眼里，急在心里。她倒不是怕儿子啃老，而是担心儿子失去奋斗的热情。

"儿啊，男子汉大丈夫，可不能那么容易被打倒。"孟母在灯下一边做着针线，一边鼓励孟郊。

"母亲，我……"孟郊侧头避开母亲的目光，忧虑地喃喃自语，"我实在被科考虐得够惨了，不想再受伤了。"

"再试一次吧！既然选择了，就要给自己一个答复。你都四十多岁了，娘并不逼着你做官，只希望你不要留下遗憾。"

孟郊眼圈一红，忧郁地嗫嚅着："那我再考一次吧！"

四十六岁的孟大叔笃定自己不是这块料，第三次坐在考场，心情很放松，目标很清晰，赶紧做完赶紧解脱。

没想到，这一次居然考中了！

放榜之日，孟郊的目光涣散地游移在皇榜上。突然，他双目精光一闪，"孟郊"二字，赫然在列。

他看了一遍，又念一遍，双手拍了一下，笑了一声："噫！好了，我中了！"

别误会，中了进士还不至于让孟郊像范进那样一跤跌倒，牙关咬紧，不省人事。孟郊没疯，却极度狂喜，挥毫写下生平第一快诗《登科后》：

> 昔日龌龊不足夸，今朝放荡思无涯。
> 春风得意马蹄疾，一日看尽长安花。

喜悦之情，跃然纸上。

四

及第之后，孟郊发现，自己高兴早了。

毕竟考中进士，只具备了为官的资格，如果暂时没有官职

空缺，就只能坐等。

一天看尽了长安花，却用了四年才等到一个溧阳县尉的官职。

这四年间，孟郊过得并不枯燥。他加入了韩老师的文学圈子，结识了不少诗坛名家。韩老师很乐意向文艺圈推荐孟郊，帮他增加关注度和存在感。很快，孟郊在中唐诗坛一跃而起，成为一颗冉冉升起的诗坛新星。

贞元十七年（801），孟郊正式上任溧阳县尉，虽然职位不高，但勉强足以糊口，对于出身贫寒又追求不高的孟郊而言，算是安身立命的合理安排。

孟郊上任后的第一件事，就是把年迈的母亲接到身边安度晚年。

在母亲即将抵达溧阳县的前夜，孟郊感慨万千，思绪回到了二十岁时离开家的那天夜晚，母亲在灯下为他缝补衣裳，告诫他注意身体，照顾好自己的生活。

孟郊又想起儿时那件补了缝、缝了补的绿棉袄，一针一线都是母亲的恩情。他从来没有因家境贫寒心生自卑，始终以拥有一个伟大的母亲而骄傲。

每次从家中外出，母亲都会为他缝制一件游子衣。许多年来，孟郊买过不少新衣服，却总感觉不如母亲缝制的合身、温暖、充满力量。

想着想着，孟郊不禁潸然泪下。他提起笔来，满怀深情地写下那首流传千古的名作《游子吟》：

慈母手中线，游子身上衣。

临行密密缝，意恐迟迟归。

谁言寸草心，报得三春晖。

年近五十的孟郊，有能力回报母亲，却没心情当好县尉。

上面千条线，下面一根针。基层工作琐事多、难点多、负担重，孟郊活了大半辈子，从来没坐过一天办公室，处理过一件行政事务。

而且，孟郊还极其厌恶官场那套尔虞我诈的恶劣风气，以及形式主义、官僚主义的不良作风。混在官场中，孟郊心情很糟，对处理政务毫无兴趣。

溧阳城外，有个叫投金濑的地方，此处山水幽寂、景色优美，心情糟糕的孟郊常常翘班到此游玩，徘徊赋诗，导致很多本该孟郊经手处理的事务，拖延好几天了都没人批复。

溧阳县令每次查岗，孟郊基本都不在。

县令气极：你小子懒政、怠政，不想进步，别拖累我啊！他找来差役，劈头盖脸一顿臭骂："孟县尉哪去了？这才几点就早退，太散漫了吧？赶紧去把他找回来！"

很快，孟郊就被差役请了回来。县令见他懒散的样子，面色阴沉："东野，本官知道你生性洒脱、不爱俗事，但你为官一任，就要做实事，不可任性。你要么就别干，要干就得负责任！"

一顿批评说得孟郊张口结舌，仓皇不能语。

县令回首吩咐下属："我也算看明白了，孟县尉大概不屑与我等为伍。你记录下来，本官会另行选派一人代理孟县尉的事务。"说着，县令冷眼望向孟郊："既然是替孟县尉办事，

那酬劳自然从县尉的薪水里扣除了，如何？"

"下官不敢不从命。"

五

原本的薪水刚好够用，如今被人分去一半，孟郊的生活质量瞬间跌了下去。

贞元二十年（804），孟郊无奈辞去县尉一职，重返长安。

举目无亲的孟郊找韩老师帮忙，韩老师毫不推辞，在长安帮孟郊广发简历。两年后，孟郊收到河南尹郑馀庆的邀请函，出任郑府幕僚兼水陆运从事。

相比县尉，幕府的生活轻松多了，平时写写文书，传传消息，而且待遇很好。孟郊在洛阳盖了房子，又将老母接来洛阳奉养。这几年，孟郊过得很舒心，想想自己年近花甲，还有多少时日可活？为母亲养老送终，让儿子科举入仕，这辈子也就无憾了。

然而，命运再次和他开起了玩笑。四年后，老母病逝，孟郊丁忧去职。丁忧期间，三个儿子又相继离世。

六十岁的孟郊悲痛欲绝，整日以泪洗面，孤独像针一样刺入孟郊的每一个毛孔，让他沉浸在无尽的苦痛与辛酸中难以自拔。

> 一闭黄蒿门，不闻白日事。
> 生气散成风，枯骸化为地。
> 负我十年恩，欠尔千行泪。

洒之北原上，不待秋风至。

更凄惨的是，孟郊丁忧期间，韩愈、郑馀庆等人相继离开洛阳，孟郊再次失业，完全没了经济来源。

一年后，走投无路的孟郊给曾经共事的上级郑馀庆写了一封悲催的乞讨书，中心意思很明确：

憋人年六十，每月请三千。

郑大人啊，我六十岁了，种不了地搬不动砖，只能无地自容地请求您赏口饭吃了。

一个名声显赫、性格孤傲的诗坛才子，早年丧父，晚年丧母、丧子，无依无靠，茕茕孑立，一生饱经风霜，晚年还要靠乞讨度日。这种凄惨的经历无论放在谁身上，都是不能承受的生命之重。

唐宪宗元和九年（814），郑馀庆出任山南西道节度使。他不忘拉孟郊一把，表奏朝廷让孟郊做他的节度参谋。

尽管在长期的压抑和痛苦中，孟郊已经身染重病，他还是死撑着踏上了赴任之路。

他需要生存，需要咬牙继续活下去，同时，已近末年的他也想真正替郑大人做些事，为当地百姓做点事，毕竟报答知遇之恩、报效朝廷的时间真的不多了。

可惜，孟郊行至河南灵宝，突发暴疾病逝，终年六十四岁。

由于一生孤苦贫寒，孟郊死后，竟然无人为其处理丧事。

"棺椁一直停在灵宝可不是个事啊！我是东野的挚友，必须帮他入土为安！"

韩老师很给力，不但将孟郊的棺椁运回洛阳安葬，还为他题写《贞曜先生墓志》，算是替孟郊做了最后一件事。

孟郊的一生，绝对令人感慨万千。很难想象，一个人居然能在有限的生命里，把人生所有可能遭遇的苦难全部经历一遍。

家境贫寒，失去双亲，仕途坎坷，晚景凄惨，白发人送黑发人。而且，孟郊在自己擅长的领域，也和与之齐名的贾岛一样苦涩——

贾岛有"一日不作诗，心源如废井"，孟郊有"一生空吟诗，不觉成白头"；贾岛感慨"两句三年得，一吟双泪流"，孟郊怅叹"驱车旧忆太行险，始知游子悲故乡"。

与贾岛不疯魔不成活地推敲诗句相比，孟郊的游子情怀更重。

常年在外漂泊，吃，可以乞讨于人；住，可以寄人篱下。而穿，始终是母亲亲手为其缝制的针脚细密、宽窄合身的游子衣，这是孟郊情感的寄托，穿着它是孟郊对母亲最深厚的思念和最真挚的感恩。

除了《游子吟》，孟郊还写过许多游子诗，比如"秋风游子衣，落日行远道""长为路傍食，着尽家中衣""商山风雪壮，游子衣裳单""岁新月改色，客久线断衣"。

其实，真正能代表孟郊一生经历的，并非《游子吟》，而是《苦寒吟》：

百泉冻皆咽，我吟寒更切。

半夜倚乔松，不觉满衣雪。

竹竿有甘苦，我爱抱苦节。

鸟声有悲欢，我爱口流血。

潘生若解吟，更早生白发。

哀莫大于心死，而人死亦次之。

孟郊经历了太多不能承受的生命之重，才把自己生生熬成一代苦吟诗人。

只是这样的头衔，谁想要呢？

李贺：遥不可及的远方

一

下了一整夜的雨，翌日清晨又淅淅沥沥下了起来。

沈述师结识李贺，就是在一个阴雨连绵的清晨。

那天，李贺带着精心准备的作品，正在前往拜访权德舆的路上，迎面就被沈述师胯下疾驰的骏马惊呆了。

骑得忒快了吧！

惊慌之中，李贺手里的卷轴掉落在地，被一摊泥水打湿。

李贺很气，拦住沈述师的马讨说法："闹市超速行驶，你不怕出车祸吗？！"

"实在抱歉得很。"沈述师下马替李贺捡起卷轴，只可惜白纸经泥水一泡，基本作废了。

"卷轴毁损，责任在我，我一定赔偿。"

李贺喟叹一声："算了算了，里面都是我的作品，又不值什么钱。"

说着，李贺把卷轴展开，上面一共列有《河南府试十二月乐词》《官街鼓》《南园》等二十余首诗作。

"原来你是昌谷才子李贺啊！久仰久仰！"沈述师激动地拍着手，"早就拜读过你的大作，今日得见甚感荣幸，在下沈述师，不知李兄是否有空到寒舍一叙？"

既然卷轴已湿，没法再去拜访，见沈述师这么热情，李贺就答应了他。

自此，沈述师和李贺一见如故，成了无话不谈的好友。

李贺给沈述师讲了很多近期发生的故事。

比如自己如何去拜谒人见人崇拜的韩愈韩老师——过了多年，沈述师依然清晰地记得，李贺在讲述这个故事时是多么神采飞扬。

那是一个燥热的午后，炎炎烈日照得人昏昏欲睡。韩老师神情倦怠，倚靠着床榻午休。

再有一个月，河南府秋试就要开考。近日来，上门投简历的考生踏破门槛，韩老师虽然精力旺盛，可架不住数量太多、质量有限，看来看去，一篇让韩老师心动的作品都没有。

这时，李贺来了，带着他的《雁门太守行》：

> 黑云压城城欲摧，甲光向日金鳞开。
> 角声满天秋色里，塞上燕脂凝夜紫。
> 半卷红旗临易水，霜重鼓寒声不起。
> 报君黄金台上意，提携玉龙为君死。

韩老师读后，激动得猛拍桌子："如此才华，我必力荐！年轻人，好好努力，你的未来注定一片光明！"

二

李贺继续给沈述师讲着他的故事。

那是唐宪宗元和五年（810），初冬的晨曦格外迷人，河南府衙门前，早已挤满了人。

这一天，是河南府试放榜的日子。

只听吱呀一声门响，府吏从门中阔步而出，众考生的目光一下就被府吏手中的皇榜吸引，两个文职打扮的官吏小心翼翼地将皇榜张贴到告示栏中。

考生们等府吏走后，立即蜂拥上前，飞速在榜单上寻找自己的名字。

自始至终，李贺都表现得非常淡定。

他榜上有名，而且很好找，就在第一位，一眼就能看到。

"恭喜李兄，高中府试第一！"同行的"考友"刚一开口，瞬间引来众人注目。

"原来他就是昌谷才子李贺，果然很有水平，来年长安科举登榜，想必早已胸有成竹。"

在众人的赞誉声中，李贺傲然离去。那时的李贺多自信啊！他还没料到，自己短暂的一生，未曾经历过收获的金秋，转眼已是凛冽的寒冬。

剩下的故事，不再需要李贺讲述。多年以来，沈述师从来不曾忘记挚友是如何被僵化的礼仪制度折磨得遍体鳞伤的。

府试放榜的当年年底，全国各地中举的考生齐聚长安，挤在礼部贡院门前领取解状（准考证）。

叫一个名字，发一张解状。几乎所有考生都顺利拿到解状，河南省考状元李贺却迟迟没有拿到。直到领取解状的举子们一一散去，焦急的李贺才忍不住上前询问："在下河南举子李贺，请问为何没有我的解状？"

礼部官员查了查名单，冷冷地说："李贺，回去吧！你的科举资格被取消了，无法下发解状。"

李贺脸上一阵煞白，颇为恼火："请问是何原因？我李贺出身清白，从无犯罪记录，为何无故取消我的应试资格？"

这人漫不经心地嘲讽道："这个问题，还是回家问问令尊的好。"

"应试与我父亲有何关系？请你务必告知清楚。"

这人只好详细解释道："你父名为李晋肃，'晋'与'进'同音，你来考取进士就是不避父讳，是大不敬，我朝素以孝义为本，我们怎敢录取你？回去吧，这辈子不要走这条路了！"

听罢，李贺愣在原地，久久回不过神。

这人怕李贺寻短见，只好稍作安慰："千万不要怪我们，我们也是接到举报，按照规章办事而已。看你才气纵横，想必招来不少人的嫉妒。年少成名，看来并不见得是件好事呀！"

这半规劝半嘲弄的解释，一刹那将李贺抛入绝望的深渊。

还没来得及争取，未来已是一片苍白，可这又怨得了谁？

长安的天是蔚蓝的天，长安的街市车水马龙、热闹异常，长安高楼林立、富丽堂皇，这一切，在李贺眼中却愈发昏暗、模糊。

他已然找不到来时的路……

三

避名讳，自古就有，以后也有。

白居易的爷爷名字中有个"锽"字，与"宏"字音相近，白大才子不得已放弃报考热门专业"博学宏辞科"，改考"书判拔萃科"。

苏东坡的爷爷名叫苏序，搞得苏东坡给别人的文章作序时，不能用"序"，只能改写成"叙"，不知道的还以为他写了错别字。

前有古人，后有来者。尽管大批"吃瓜群众"都觉得李贺很冤，可谁都无可奈何。

沈述师想替李贺出头，他准备找礼部官员理论，实在不行就去向朝廷喊冤。

他的提议很快被韩老师否决。既然他们一口咬定李贺不避家讳，就一定不会退让。万一逼急了，他们宣称让一个缺乏孝悌之行的举子及第，是对大唐礼法的藐视、对伦理道德的践踏，到时候只会让李贺陷入更难堪的境地。

韩老师感叹着给出最无奈也是最合理的建议：不要胡思乱想了，人生还很漫长，还有很多机会，不一定非要走科举这一条路。

婉转的鸟鸣，把李贺从昏沉中唤醒。半个月的时间，他就这么不言不语地躺着，唯一听到的动静，便是一阵阵带血的剧烈咳嗽。

沈述师不止一次前来安慰，温暖了李贺的心。李贺提笔写下《高轩过》：

华裾织翠青如葱，金环压辔摇玲珑。

马蹄隐耳声隆隆，入门下马气如虹。

云是东京才子，文章巨公。

二十八宿罗心胸，九精耿耿贯当中。

殿前作赋声摩空，笔补造化天无功。

庞眉书客感秋蓬，谁知死草生华风。

我今垂翅附冥鸿，他日不羞蛇作龙。

想了很久，李贺终于放下了心中的执念：既然这是天意，那我就换一种活法吧！

李贺决定离开京城，去北方闯荡一番。

男儿何不带吴钩，收取关山五十州。

请君暂上凌烟阁，若个书生万户侯。

沈述师清晰地记得，那是一个冷冷清清的日子，李贺在长安郊外和自己把酒作别。

这时，一只大雁孤独飞过。

李贺抬头望天，突然对他说："子明，麻烦你把它射下来。"

辽阔的苍穹下，大雁的身影显得格外渺小，难道没有雁群的护佑，它只能这样孤苦伶仃、无依无靠吗？

沈述师张弓搭箭，大雁坠地，一头栽在枯草丛中。

沈述师第一次见李贺如此兴奋，他的眼中燃起病态的熊熊

烈火，面向北风，纵情高歌：

> 鸦翎羽箭山桑弓，仰天射落衔芦鸿。
> 麻衣黑肥冲北风，带酒日晚歌田中。
> 男儿屈穷心不穷，枯荣不等嗔天公。
> 寒风又变为春柳，条条看即烟濛濛。

在歌声中，李贺与挚友挥手作别。

四

当李贺一身风霜、满面沧桑地出现在沈述师面前时，沈述师几乎已经认不出他了。

二十七岁的人，俨然七十二岁的模样。蓬乱的双鬓点点白发，瘦削的身子仿佛一碰就倒，特别是那双能写出"雄鸡一唱天下白""天若有情天亦老"的妙手，几乎瘦成了一根毛竹，骨节嶙峋，令人心惊。

长吉，你究竟经历了什么？

沈述师心酸难禁，眼里的泪珠扑簌簌地跌落。他拉着李贺的手，久久说不出话来。

原来，六年间，李贺并没有就此沉沦。他经人推荐，当了个从九品的奉礼郎。后来又从昌谷取道宜阳、洛阳，过长平、高平，于深秋时节到达潞州，在潞州张彻府上，做了三年幕僚。

相聚的时光很短暂，李贺还想继续奋斗，可他已经没有时

324

间了。

由于久病不愈，此次长安之行不得不提前终止，李贺再次返回故乡昌谷。

二十七岁的年纪，李白、杜甫都在游山玩水，王维、白居易早已金榜题名，杜牧也在扬州大玩特玩，李贺却病入膏肓，时常昏迷不醒，甚至出现幻觉。

在虚幻的世界中，李贺仿佛回到了童年。

家人问他："贺儿，将来你打算做什么？"

李贺懵懂地说："我要写诗。"

家人不赞同："写诗很难有前途啊，你看人家王维、孟浩然、李白、杜甫，把好诗都写完了，你还能搞出什么花样来吗？"

大唐诗坛，早已人满为患了。

李贺不吭声。

家人再说："你看什么'诗仙''诗圣''诗佛''诗狂''诗魔''诗豪''诗僧'……能够流传下来的名号都已经各就各位，不会再给别人留位子了。"

李贺坚定地说："一定还有位子的，我相信！"

"嗯，'诗鬼'应该没人用呢！"

李贺淡然一笑："那我就来做这个'诗鬼'吧！"

时而清醒，时而昏迷，李贺自感时日无多，他托人找来沈述师，把自己草草整理的诗稿托付给挚友。

诗稿的头一页，不是他的得意之作《雁门太守行》《李凭箜篌引》，而是一首并不算出名的《马诗》：

大漠沙如雪，燕山月似钩。

何当金络脑，快走踏清秋。

"子明，我多么希望化身为一匹奔驰的骏马，于秋高气爽的好时光，在广阔无垠的边塞上，疾行如飞，纵情驰骋。可惜，我这短暂困厄的一生，从未有过如此体验。所谓纵情快意，永远是我遥不可及的远方。"

沈述师翻开了李贺的诗稿，发现他的诗里，频频出现鬼灯、秋坟、恨血、衰兰、腐草、冷烛、寒蟾、纸钱……还有诸如"鬼灯如漆点松花""鬼雨洒空草""秋坟鬼唱鲍家诗""嗷嗷鬼母秋郊哭"之类的诗句。

一句句、一首首，都像是李贺写给自己的祭文。

"长吉，你放心吧，诗稿我会好好保管。你要保重！"

可惜，李贺没时间了。

上帝给李贺关上了门，却没打开一扇窗。

他的人生悲剧足以说明，原来在阳光照不到的地方，始终存在着人性的卑劣。制度的漏洞可以弥补，人性却总有这样那样无解的缺陷，在阴暗中尽显卑劣与惨淡。

关于李贺的死，坊间有个神奇的传说。

传闻李贺病逝前，突然有位骑着赤龙、身着红衣的仙人，手里拿着写满太古篆文的印信下界而来。

仙人对李贺说："天帝新建一座白玉楼，特命我请你去天宫写诗，抓紧跟我上天庭吧，那里的生活可比尘世的舒服多了。"

李贺虽然舍不得母亲，却无法拒绝登天。只见天空仙雾迷蒙，又传来一阵天籁之音。仙音过后，李贺踏着七彩祥云，飘然而去，永远脱离了尘世的苦海。

这应该是"诗鬼"李贺最浪漫、最富有传奇意味的结局。

五

十五年后，沈述师在宣州结识了晚唐重量级的文人——一代情圣杜牧。

某个月圆之夜，沈述师喝了场大酒。

夜半醒来，感到口干舌燥，起身去取水解渴。

长夜漫漫，沈述师没了困意，索性翻开书箱，拿点书籍出来阅读。

翻来翻去，沈传师翻出一本厚厚的诗卷，那是李贺的诗集。

自十五年前挚友逝去，无论走到哪里，沈传师都把这本诗卷带在身边。

今夜，再次打开诗卷，亡友的音容笑貌仿佛就在眼前，斑斑墨迹，如往日李贺抑郁忧伤的眼神，期待着他、质问着他："你咋还不帮我出版呢？"

沈述师突然感到前所未有的惶恐和自责。这等惊世大作，这样才华横溢的作者，必须要尽快让世人发现和称赞！

其实，这些年来，沈述师一直没闲着。为了给亡友的诗集写序，他拜访过许多名家，可一直都求不到满意的序言。

油灯噼里啪啦地响动，像极了沈述师此刻的心情。他叹息着合上这本沉重的诗卷，一道灵光突然从他眼前闪过。

"瞧我这脑子！最合适的人选，不就在我身边吗？"

沈述师眼前出现的人选，正是杜牧。

沈传师把心愿告诉杜牧，希望他能尽快帮自己达成所愿。

杜牧对李贺并不陌生，他小时候在长安的樊川别墅里就曾拜读过前辈的大作《雁门太守行》。

刚开始，杜牧并不想帮忙——倒不是嫌麻烦，而是杜牧认为自己的水平跟前辈差得太远，没有资格给前辈的诗稿作序。

沈述师再三请求，杜牧才勉强答应了下来："写得不好，可别怪我。毕竟和前辈相比，我就是个弟弟。"

"杜郎如果不行，那这个世上就无人有资格了。"沈传师已经把所有的希望寄托在杜牧身上了。

事实证明，杜牧不负所托。

既然接了任务，杜牧就暂时放下了夜生活，开始闭门谢客，在宣州一年最冷的季节里，用心品读前辈的大作，用心体会前辈的情感，用心聆听前辈笔尖流露的凄楚经历。

在欣赏前辈诗作的同时，杜牧仿佛听到了李凭弹箜篌时"芙蓉泣露香兰笑"的灵动，看到了金铜仙人辞汉时不舍的清泪，感受到了"黑云压城城欲摧"的压抑、"雄鸡一唱天下白"的热情。

杜牧发现，前辈的诗，或如云崩雪涌，奇峭浪漫；或如明霞秀月，清丽璀璨；或如阵阵阴风，鬼气森森；或如石破天惊，瑰丽冷峭。

每一首都魅力十足，画面感很强，读来很劲爆，回味无穷。无论这样奇特的作品是该被称为恐怖诗、魔幻诗，还是仙鬼诗、阴暗诗……反正，都是大唐诗坛独一无二、响遏行云的诗。

于是，杜牧提笔写道：

> 云烟绵联，不足为其态也；水之迢迢，不足为其情也；春之盎盎，不足为其和也；秋之明洁，不足为其格也；风樯阵马，不足为其勇也；瓦棺篆鼎，不足为其古也；时花美女，不足为其色也；荒国陊殿，梗莽丘垄，不足为其恨怨悲愁也；鲸吠鳌掷，牛鬼蛇神，不足为其虚荒诞幻也。

一遍遍品读着杜牧的文字，沈述师热泪盈眶，多年的心愿终于实现了，可以告慰被天帝招去做官的挚友了。

长吉兄！你在天上过得还好吗？

泪光晶莹，李贺的身影浮现在沈述师眼前，点点滴滴的往事再上心头，二十多年了，依然那么清晰、真切。

也许，人间的一切已一笔勾销，只有那句"李贺，回去吧！"仍然像洪钟震荡，一声一声刺痛着李贺的心。

杜牧：春风十里不如你

一

唐文宗大和二年（828），又是一年科考季。

科举放榜前夕，一篇气势恢宏的美文突然在东都洛阳流传开来，引得许多文坛名家关注、评论并转发。

这篇文章的开头是这样写的：

六王毕，四海一；蜀山兀，阿房出。覆压三百余里，隔离天日。骊山北构而西折，直走咸阳。二川溶溶，流入宫墙。五步一楼，十步一阁；廊腰缦回，檐牙高啄；各抱地势，钩心斗角。

没错，这篇美文就是《阿房宫赋》，杜牧的成名作。

科举放榜前放篇美文，是大唐才子们争取入仕的惯用方法。

大唐的考试环境很开放，社会公信力也高。如果你觉得自己有才，可以直接给考官递作品；如果你朝中有人，也可以托关系给考官推荐你，甚至指名道姓让考官选你。

关于此事，最有趣的桥段，就是朱庆馀的那首《近试上张籍水部》：

> 洞房昨夜停红烛，待晓堂前拜舅姑。
> 妆罢低声问夫婿，画眉深浅入时无。

我心里有点没数，您看我这"相貌"可好？

张籍收到这首"顾左右而言他"的作品，内心很是欣赏。他同样装了一把深沉，给朱庆馀回了一首：

> 越女新妆出镜心，自知明艳更沉吟。
> 齐纨未足时人贵，一曲菱歌敌万金。

你这么优秀，没问题的！

这种几乎都要拍胸脯、打包票的回复，让朱庆馀信心倍增，最终顺利考上进士。

朱庆馀可以，杜牧自然也可以，他找的人一样很牛——太学博士吴武陵。

一听吴武陵，估计你没印象。

如果你读过柳宗元的《小石潭记》，结尾那一句"同游者，吴武陵"，说的就是他。

吴武陵是柳宗元的挚友，出道很早，只是性子太直，脾气又冲，搞政治不行，只能在太学搞搞学术研究，教教学生。

331

大和二年这场科举，由礼部侍郎崔郾全权负责。放榜前夕，礼部各级官员都在崔郾家中宴饮。众人正喝着，太学博士吴武陵突然造访。

吴武陵是骑驴来的，他的脾气就像驴子一样执拗。崔郾不敢怠慢，赶忙起身迎接，将吴武陵请到书房议事。

一落座，吴武陵也不拐弯抹角，开门见山地说："你为国选才，我怎敢不尽绵薄之力？最近城中流传的那篇《阿房宫赋》，你听说了吗？"

崔郾摇了摇头。

瞧你那不爱读书的样子！

吴武陵和颜道："崔侍郎，你工作繁重，估计没有闲暇去关注这篇文章，不如让我为你诵读一下。"

说着，吴武陵从袖中掏出这篇文章，深吸一口气，字正腔圆地读了起来。

读完后，崔郾不禁赞道："这文章写得老带劲了啊！"

吴武陵笑道："文章的作者叫杜牧，正巧是本届考生。既然你也认为这篇文章不同凡响，这次来不为别的，我建议你将此人定为本届的状元。"

"吴兄与杜牧有交情吗？"

"没有，我从来没见过他。难道崔侍郎认为吴某人是来为亲友谋私利的？"吴武陵的声音变了调子。

崔郾一听，连连摆手："吴兄误会，不是小弟不愿相助，只是状元的人选已定。"

吴武陵轻叹一声："不妨事，探花也行。"

崔郾弱弱地答："前四名的人选都定了，名单已上报圣上，估计没法改动了。"

吴武陵有些失望："那最低也要给杜牧排个第五。"

崔郾还在沉吟。

你在我面前摆什么谱！吴武陵面色严峻，起身怒道："如果崔侍郎认为此人之才进不了前五，吴某人倒要看看，这批考生里还有没有人比他更有才！"

估计不答应这老头是不会走的。再说杜牧能写出这等锦绣文章，得个第五并不过分。

于是，崔郾点了点头。

科举放榜，杜牧果然高中第五。

二

诗坛才子们，家境大多不怎么好，杜牧却不在此列。他是标准的官宦子弟，有钱有势的那种。

还记得那句"城南韦杜，去天尺五"吗？

"韦"是韦应物的家族；

"杜"正是杜牧的家族。

杜牧的先祖可以追溯到西晋名将杜预——历史上唯一同进文庙和武庙配享的殿堂级人物。

杜预的爷爷杜佑为相十年，在朝廷上声望极高；父亲杜从郁官居驾部员外郎，官虽不大却相当重要。

杜牧的童年，是在书香气中浸润过来的。出身豪门望族，在京城黄金地段安仁坊住着豪华大别墅。家中藏书超多，他还专门写了首《冬至日寄小侄阿宜诗》：

我家公相家，剑佩尝丁当。

旧第开朱门，长安城中央。

第中无一物，万卷书满堂。

家集二百编，上下驰皇王。

这还不算，杜家在城南的樊川筑有别墅，那里空气清新，自然风光秀美，是避暑修身的好去处。杜牧小时候经常在樊川与小伙伴们钓鱼戏水、斗草捉虫。

杜牧，还是会玩的，一般人绝对比不了。比如与杜牧齐名的李商隐（小李杜），是个穷书生，只能眼巴巴地抱着作品等待伯乐赏识。

不过，杜牧十五岁那年，父亲杜从郁英年早逝，杜家的家境每况愈下。安仁坊三十多间黄金地段的豪宅不断被变卖，杜牧的生活质量持续走低，甚至还经历过一段"食野蒿藿，寒无夜烛"的苦日子。

其实，杜牧有点矫情。毕竟瘦死的骆驼比马大，杜家就是再落魄，与真正出身穷苦者相比，还是高了不知多少个层次。

进士及第后，杜牧官拜弘文馆校书郎（图书馆管理员），随后应江南西道都团练观察使沈传师之邀，南下洪州出任幕府巡官。

在洪州的这段时光，杜牧过得相当滋润。

毕竟出身名门、饱读诗书，骨子里总会散发着潇洒从容的风度，以及纵情快意的冲动。

秦楼楚馆，烟花巷陌，洪州城内最豪华的娱乐地界，杜牧是常客；沈传师的观察使府，杜牧也是常客。

去沈传师家，杜牧一不为拉关系，二不为蹭饭蹭酒，只因他爱上了沈府的一个女子——色艺双绝、歌声曼妙、年方十三的私家歌女张好好。

年轻人的恋爱，没有太多对现实的衡量，基本全靠激素支撑。

为了赢得张好好的芳心，杜牧有事没事总爱往沈传师家里跑，听歌赏舞，接近佳人。张好好也很仰慕风流倜傥的杜大才子，两人很快便开始了地下恋情。

可惜，杜牧暂时并没有进一步打算。

既然你没打算，那我就笑纳了！

原来，沈府并非只有杜牧看上了张好好。沈传师的弟弟沈述师抢先一步，纳了张好好为妾。

三

没过几天，张好好被迫宣布与杜牧断绝来往："谁让你不早点行动，以后咱俩就别见面了！"

然后，就没有然后了。为了避嫌，张好好果然再也不见杜牧了。

被横刀夺爱的杜牧伤感了好久，却还是用心写了首《鹭鸶》送给新婚的沈氏夫妇：

雪衣雪发青玉嘴，群捕鱼儿溪影中。
惊飞远映碧山去，一树梨花落晚风。

一树梨花，说的是张好好。

既然你已落入晚风，名花有主，那就祝你幸福吧！

然而，事情到此居然还没完结。

五年后，杜牧回到京城，无意间在一座酒坊遇到了张好好。她不是来喝酒的，而是卖酒的。

原来，沈述师娶了张好好，没几年就病逝了。张好好被夫家抛弃，流落在京城以卖酒为生。

生活的艰辛早已让她失去了动人的容颜，变得苍老、憔悴，甚至丑陋。

感性的杜牧不胜唏嘘，特意为这位曾让他动心动情的女子写了首长诗《张好好诗》，怀念初识好好时的一颦一笑："翠茁凤生尾，丹叶莲含跗""双鬟可高下，才过青罗襦""玉质随月满，艳态逐春舒"……

大和七年（833），杜牧授任淮南节度使牛僧孺推官，来到了扬州。

这里，是杜牧的天堂。

他迷恋这里的一切：美景、美食、美差——当然，还有美人。

大人牛僧孺欣赏杜牧的才情。杜牧贪杯误事，他会温言规劝；杜牧携妓出游，他会派便衣跟随，暗中保护。

不得不说，牛僧孺是个好上级。不过，杜牧虽然经常翘班，却也不是只享乐不干事。

除了作诗，杜牧还具备一大顶级才能：军事谋划。

他特别热衷研究军事理论，写过十三篇《孙子》注解以及许多策论咨文。牛僧孺无疑相当看重这一点，很快将杜牧提拔为幕府掌书记，让他全权负责节度使府的公文往来。

欢乐的时光总是很短暂。三年后，杜牧升任监察御史，牛僧孺设宴为他践行。

席间，牛僧孺故意调侃道："小杜，你气概远驭，前途必然一片光明。我只担心你过于放纵，对你的未来有害无益。"

杜牧面子上有点挂不住，替自己辩解道："我这人平日还能自我约束，不至于不知节制，耽于玩乐影响正务。"

牛僧孺笑而不语，拿出一个记录本递给杜牧。

杜牧随手一翻，惊出一身冷汗。

本子上记录的全是他出入花街柳巷的时间地点。原来牛僧孺嘴上不说，私下里可没少关注自己的私生活啊！

四

监察御史任上，杜牧仍然活得潇洒。他天生就不是坐得住的官吏，而是一个风流浪漫的才子。

才子不适合坐办公室，只适合活得潇潇洒洒，策马奔腾享受人世繁华。

开成二年（837），杜牧又来到宣徽观察使崔郸幕府，担任宣州团练判官。

崔大人比牛僧孺更懂杜牧。为了给才子寻觅一位人生伴侣，他特意在宣徽下辖的湖州举办了一场全民龙舟节，要求全城妇幼尽数到场观看。

比赛当天，杜牧没心情观看龙舟，而是放眼搜寻，寻找心

动女生。

很快，杜牧就在人群中看到了一名眉清目秀、俊俏可人的妙龄女孩。

龙舟赛后，崔大人陪着杜牧找到了女孩的母亲，当场给出承诺："考虑到你女儿的年龄偏小，可否等我十年？十年之后，她长大成人，我升任刺史，到时她长发及腰，我娶她可好？"

老妇人将信将疑："我读书少，你不要骗我。"

杜牧又说："十年之内，我必会到此地担任刺史。如若违约，就让她找个好人嫁了吧。"

话说到这个份儿上，妇人也没想拒绝，当即与杜牧签字画押，还收到一份价值不菲的聘礼。

此后数年间，杜牧在仕途上兜兜转转，在朝担任过左补阙、史馆修撰、膳部员外郎、比部员外郎，也曾被外放为黄州刺史、池州刺史、睦州刺史。每至一处，必然会尽力兴利除弊，造福百姓。

然而，无论杜牧怎么努力，就是没被分到过湖州，直到唐宣宗大中四年（850），杜牧三次上书请求外放湖州，才终于得到批准。

一到任，杜牧立即派人寻找那对母女。

找是找到了，可来的不是母女二人，而是祖孙三代。

难受想哭的杜牧绝望地问老妇人："说好了娶你女儿，为何违背诺言？"

老妇人很无辜："大人，原来的约定是十年呀，大人十年不来，我们自然就找人嫁了呀！"

杜牧很难过，却也很大度地送给老妇人一家许多银钱，派
人护送他们回家。

针对此事，杜牧特意写了首《叹花》：

自是寻春去校迟，不须惆怅怨芳时。
狂风落尽深红色，绿叶成荫子满枝。

五

一年后，杜牧主动调离湖州，重新回到京城，第二年又升
任中书舍人。

此时的杜牧，已经四十七岁了。

此时朝廷正值李党专权，曾经与牛僧孺关系密切的杜牧被
认定为牛党成员，注定在仕途上没有太大的发展。

回京后，他重新整修了祖上的樊川别墅，潜心写诗属文，
并整理多年来的诗作。

他的名诗，实在很多。

比如"清明时节雨纷纷，路上行人欲断魂"；比如"东
风不与周郎便，铜雀春深锁二乔"；比如"一骑红尘妃子笑，
无人知是荔枝来"；比如"二十四桥明月夜，玉人何处教吹
箫"；再比如"停车坐爱枫林晚，霜叶红于二月花"。

其中，最能体现杜牧多情的，还是那首《遣怀》。

落魄江南载酒行，楚腰纤细掌中轻。
十年一觉扬州梦，赢得青楼薄幸名。

特别强调，正是这首《遣怀》中的一个名词，让烟花之地有了一个专属称呼。

没错，就是"青楼"。

原来，十年的风流韵事，终究只是一场梦啊！

即便如今梦醒酒冷，杜牧仍然相信，痴情的种子能在真爱的土壤中栽培，开出浪漫的花朵。

大中七年（853），长安樊川别墅里，五十一岁的诗坛才子杜牧走向了人生的终点。

行将就木时，杜牧只做了一件事：他把多年来写的诗词文章全部堆在一起，仔细地看，认真地选，然后将其中三分之二涉及风花雪月题材的作品全部烧掉。

看着烧着，烧着看着，杜牧突然明白，爱情是他一生的追求，也是他人生中最大的难题，他很想问：什么是爱情？

当前有首流行歌曲，其歌词也许可供他参考：

爱就像蓝天白云、晴空万里，突然暴风雨，无处躲避，总是让人始料不及。

至情至性的杜牧一生潇洒，愿为爱挥毫泼墨，甘为情全心奔走。虽然，在爱之一字上，杜牧并没有找到答案。但他"鹤舞长空，俊朗飘逸"的英姿早已用诗作留在了人们的心中。

"春风十里扬州路，卷上珠帘总不如。"爱情的世界，原本也没有标准答案。

李商隐：假如我年少有为不自卑

一

无论过了多少年，李商隐依然记得那年向好友令狐绹辞行时的情景。令狐绹的表现是那么令人印象深刻。

"令狐老哥，兄弟过几日就要去泾州王茂元那里做事了，今天特来向你辞行。"

令狐绹先是一愣，随即迅速恢复平静："义山，你可想好了？泾州此去山遥路远，恐怕路上不好走吧？"

每一个字，令狐绹都说得很用力，特别是"山遥路远"这四个字，明显让李商隐感到不自然。

他依旧带着不卑不亢的笑容："老哥，我主意已定。不管去哪里做事，我永远不会忘记令狐家的恩情。我们永远都是兄弟，你说对吗？"

令狐绹冷冷地觑了李商隐一眼："那是自然。既然你愿意去，那就祝你一路顺风。"

尴尬而简短的道别后，李商隐起身告辞。他并不知道，在他转身离去的那一瞬间，令狐绹的目光骤然冰冷。

"李商隐，你做得未免太不地道了！"

令狐绹记得，那是唐文宗大和三年（829）的一个傍晚，老爹令狐楚让自己赶紧去书房，说是有事相告。

刚进门，令狐绹一眼就看见老爹身边站了个身形消瘦的青年，手里拿着一些文稿，正请老爹指点。

只听令狐楚评价："你的诗文很有功底，文采也好，只是题材不实用，于仕途无益。"

青年躬身请教："您说我该怎么办呢？"

"要学写骈体文才好啊！"

青年有些局促："晚生此前从未学过骈文，读得也很少。"

令狐楚极轻地笑了一下，眼神中分明是鼓励和赞许："那就开始学吧，凭你的资质和功底，学起来应该不会太难。"

"感谢大人指点，我愿意朝这个方向努力。"

令狐楚点点头："你不妨常来府上，和我的子侄们一起切磋。"说着，令狐楚指了指门旁："这是我的儿子令狐绹。"然后又对令狐绹介绍："他叫李商隐，以后你们就在一起好好读书。"

令狐绹生性洒脱，上前一把攥住李商隐的手，潇洒地说道："李商隐，以后咱们就是兄弟，有事尽管开口。"

"老是这么直肠子，让义山见笑了。"老爹半批评半戏谑，让令狐绹不好意思地挠了挠头。他顺着手臂抬头看去，发现老爹正盯着稍显尴尬的李商隐，眉宇之间尽是欣赏。

二

令狐家的大门，微笑着朝李商隐敞开了。

在令狐府上，李商隐来去自由，包吃包住，如同自家人一样。实质上，李商隐只能算令狐公子们的伴读，只有令狐楚从不把他当外人看。

令狐公子们学啥，李商隐就学啥，特别是骈体文的写作。凭借极高的天赋，李商隐没多久就把骈体文的写作套路熟稔于心。

令狐楚越来越喜爱这个天才青年，时常夸他天资好、悟性高，也总会捎带着批评令狐绹："同样都是学习，怎么义山这么优秀？再看看你，能不能上点心！"

文章，经国之大业，不朽之盛事。

学习之余，令狐楚还经常给李商隐讲述往事。作为才华横溢的一代骈文高手，令狐楚从李商隐身上看到了自己当年的影子，他很希望在有生之年培养出一个优秀的后辈，和自己的儿子在仕途上相互扶持、共同进步。

此后，令狐楚调任郓州节度使，令狐家的子侄一个没带，单单带了李商隐。

想到这里，令狐绹感叹："那时候天总是很蓝，日子总过得太慢。义山，你总说要和我共同进退，为何转眼就各奔东西了呢？"

李商隐，是流着眼泪离开令狐家的。

投奔王茂元，等于背叛了旧主。可他并不是一个忘恩负义的人。

模糊的双眼望向远方，李商隐仿佛回到了童年时代，回到了那段尘封许久的昏暗时光。

两岁伊始，李商隐就在父亲获嘉县令李嗣身边接受启蒙教学。他天性聪敏，很少让父亲费心。

有时读书入了迷，李嗣颇感心疼："孩儿啊！你才这么小，学写那么多字，累不累呀？"

李商隐机灵地眨巴着眼睛："父亲，我不累。"

然而，这就是他童年仅存的温馨回忆。

李商隐八岁那年，李嗣病逝于县令任上，整个家庭一下从小康陷入贫困。从此，李商隐不再喜欢阳光，他感觉那明晃晃的光线，把自己照耀得如此卑微。

作为家中长子，李商隐必须以瘦弱的肩膀扛起维持家庭的重任。亲友们大都贫困，无人愿意借钱。好在村里人帮忙收拾了两间闲置的房屋，勉强够遮风挡雨。

九岁多点，李商隐开始给富贵人家抄书赚点小钱，闲暇时，他还会舂米卖钱补贴家用。宽大的石臼映衬着弱小的李商隐，很多时候他都累得上气不接下气，还经常困得趴在石臼上昏昏欲睡。

李商隐喜欢读书，却上不起学堂，请不起教书先生。所幸村里有个读过书的堂叔是个热心肠，主动教他读书写作。

这样的贫苦经历，对李商隐的性格和人生观影响深远。与常人相比，他更渴望尽快入仕，光宗耀祖都是虚的，让家人过上好日子才是实的。

三

李商隐记得，登门拜访令狐楚，是十六岁的一个傍晚。

他也记得，令狐楚府门外的两头石狮子是多么张牙舞爪，令狐府的大门是何等宏伟壮阔，令狐府的管家是如何颐指气使，直到天色渐晚才让没钱打点的李商隐入府……他感到自己很渺小、很卑微。

他更记得，刚与令狐楚见面时，他依然在为自己穿着粗布麻衣感到羞愧，全身上下，只有脚上一双鞋是新买的——为了这双鞋，母亲每天只吃一顿饭。

只有一件事他没想到：令狐楚见到自己就像伯乐遇到千里马一样开心，甚至还让自己随时出入府门。

李商隐感到最对不起令狐楚的地方，就是他在令狐家的资助下先后四次参加科举，每次都铩羽而归。

特别是第四次考完，李商隐心态很差，他给令狐绹写了封信，疯狂吐槽科举制度不合理。

在信中，李商隐用词很犀利："绅而绎之，真令人不爱此世，而欲狂走远飏耳！"又说："首阳之二士，岂蕲盟津之八百？吾又何悔焉！"最后，他抛出一句狠话："千百年下，生人之权，不在富贵，而在直笔者。"

典型的牢骚体，吃不到葡萄说葡萄酸。令狐绹理解小老弟的处境，又回信鼓励又送衣物，希望他端正心态，二二三四、再来一次。

唐文宗开成元年（836），李商隐收拾好心情第五次备考，此时令狐绹已在朝中担任左拾遗。

四次失利，李商隐心里很慌，再给令狐绹写信：老哥步步高升，兄弟我却次次败北，愁人啊！

　　弦外之音是：帮帮忙呗！

　　令狐绹看完信，平静地把信丢进抽屉，完全没有任何表示。

　　李商隐认为老哥不愿帮衬，不得已硬着头皮前去赴考。他不知道，此次主考官正是令狐绹的好友。

　　放榜前，主考官特意向令狐绹询问："令尊门下，令狐兄和谁最关系最铁？"

　　令狐绹不假思索："李商隐。"

　　主考官秒懂："收到。"

　　不久，朝廷放榜，李商隐的名字赫然在列。

　　经过打听，李商隐才得知，令狐绹为了避免给李商隐落下靠关系上位的口实，故意不明着帮忙。

　　他泪目了，拉着令狐绹的手一个劲儿地感谢。

　　令狐绹笑道："甭客气，你是我兄弟，我自然罩着你。"

　　正是这一年，恩师令狐楚病重，李商隐马不停蹄赶往汉中，为的就是见恩师最后一面。

　　"父亲，义山来了。"是令狐绹的声音。

　　"义山？是义山吗？"令狐楚缓缓睁开眼睛。

　　"恩公，是我，义山来迟了。"李商隐鼻子一酸，不禁呜咽一声，泪水湿了衣衫。

　　"来了就好，来了就好，义山……"令狐楚强撑着身子坐了起来，指了指枕边几张稿纸，"我的精元已然耗尽，写不出什么东西来了。绹儿文采不足，这篇《遗表》就麻烦你来完成了。"

"请恩公放心，我这就去写。"很快，一篇真情流露又清晰体现令狐楚从政一生的《遗表》就被李商隐写了出来。

过了数日，令狐楚永远闭上了眼睛。令狐楚诸子奉诏运送灵柩返回长安，李商隐以从事的身份、遵子侄之礼随行。令狐家的人从来没把李商隐当外人，这一点，李商隐很清楚。为了感念恩师，李商隐写了一首《谢书》：

> 微意何曾有一毫，空携笔砚奉龙韬。
> 自蒙半夜传衣后，不羡王祥得佩刀。

千里马得遇伯乐，夫复何求？

令狐楚走了，李商隐却没能和令狐绹同舟共济。尽管令狐绹经常跟李商隐打趣：兄弟相约手拉手，谁先放手谁是狗。

李商隐却先放手了。

> 虽然同是将军客，不敢公然子细看。

在他心里，始终怀着隐隐的自卑，时刻压抑着内心的骄傲和才情。

令狐公子永远是令狐公子，不是李商隐。李商隐不想永远跟在令狐绹身后，永远无法抹去内在的卑微。

四

李商隐是个有才之人，从来不缺少他人的欣赏。

泾州节度使王茂元特意托李商隐的好友韩瞻带来一纸聘书，只要李商隐愿意去泾州，待遇绝对高过令狐家。

李商隐纠结许久，还是下定决心前往泾州。

对此，令狐绹甚为不满：老爹刚过世没几天，你就急着另找靠山，我令狐家哪里亏待过你？再说这王茂元和我父子党派不同，你大老远跑去投靠我的死对头，究竟是什么意思？

这一点，李商隐并没有考虑到位，选择投奔王茂元，只是希望寻找一些发展的机会，并非像令狐绹想象的那样忘恩负义。

在泾州，李商隐得到了充分的尊重和赏识，自入幕以来，王茂元所有重要文书全由李商隐执笔。王茂元一高兴，当即决定把自己的小女儿嫁给李商隐。

李商隐没有多想，不就是结婚吗？结就结呗。

消息传来，令狐绹再也难以忍受，他本能地想到李商隐与王茂元女儿的结合，就是对令狐家族的背叛，终于一脚踢翻友谊的小船，宣布与李商隐决裂。

他有点看不起李商隐：义山啊义山，你到泾州才几天啊，婚姻大事就这么草率吗？你还真好意思做人家的倒插门女婿啊！

好友的这些情绪，李商隐完全没有察觉。作为一个性格敏感的诗人，他对政治特别是党派的敏感性却极低，他并不清楚，立场不坚定、站位站不对，会对前途造成多大的影响。

另一边，令狐绹爆发了：他集合门下大批文人，开始对李商隐"忘恩负义"的行为大加批判。

李商隐难以解释，只好匆匆回诗一首：

> 迢递高城百尺楼，绿杨枝外尽汀洲。
> 贾生年少虚垂泪，王粲春来更远游。
> 永忆江湖归白发，欲回天地入扁舟。
> 不知腐鼠成滋味，猜意鹓雏竟未休。

解释归解释，李商隐还是觉得令狐绹有些小题大做：令狐老哥，我不像你，没有那么好的家世，没有能拼的爹，我只能靠我自己。我也从来没有忘记令狐前辈的教导和关怀，也没有忘记你对我的帮助，我只是想真正干出一番事业而已。

婚后第二年，李商隐重返长安，参加吏部组织的遴选考试。

刚到长安，李商隐第一时间前去拜访令狐绹。

令狐绹仍在丁忧期间，本不见客。但对曾经的挚友，令狐绹冷哼一声，还是答应见他一面。

见归见，可没什么好脸。李商隐很真切地在令狐楚灵前跪拜叩头，并主动和令狐绹拉起了家常。令狐绹则换上一副平和、事不关己的神色，有一搭没一搭地敷衍着，让李商隐甚是惶恐，却又无可奈何。

事后，李商隐给令狐绹写了首《酬别令狐补阙》：

惜别夏仍半，回途秋已期。

那修直谏草，更赋赠行诗。

锦段知无报，青萍肯见疑。

人生有通塞，公等系安危。

警露鹤辞侣，吸风蝉抱枝。

弹冠如不问，又到扫门时。

他很希望能与令狐绹达成和解，却从来没想到令狐绹并不仅仅是他曾经的好兄弟，还是令狐家族的代表。在党派斗争前，所谓兄弟感情，根本分文不值。

本次遴选，李商隐顺利通过，被授予秘书省校书郎。可惜，这就是他被迫脱离令狐家族后，仅剩的好运了。

几个月后，李商隐被外放为弘农县尉。没干几天，李商隐觉得无聊，再次参加遴选，被任命为秘书省正字，比校书郎低了一级。

见过官越做越小的，没见过越遴选越下沉的，李商隐有点想哭。

他哭早了。

此后两年，李商隐的岳父王茂元和母亲相继去世。

岳父去世，就没了依仗；母亲去世，就要丁忧三年。

五

丁忧期满，一切都要重新开始，可李商隐早已没了官场晋升的渠道。

备受打击的李商隐自创了一种写作套路——无题。

无题就是没有题目，我乐意表达啥就表达啥，乐意批判啥就批判啥，你们猜去吧！

这种类似精神胜利法的小创意，让李商隐的无题诗独步大唐诗坛。

比如：

> 昨夜星辰昨夜风，画楼西畔桂堂东。
> 身无彩凤双飞翼，心有灵犀一点通。
> 隔座送钩春酒暖，分曹射覆蜡灯红。
> 嗟余听鼓应官去，走马兰台类转蓬。

再比如：

> 相见时难别亦难，东风无力百花残。
> 春蚕到死丝方尽，蜡炬成灰泪始干。
> 晓镜但愁云鬓改，夜吟应觉月光寒。
> 蓬山此去无多路，青鸟殷勤为探看。

可惜，诗写得再好，也难以挽救仕途的荒芜。

从846年到850年，李商隐从长安到桂林，从鳌屋到徐州，一路漂泊，一路风霜，却再也找不到来时的路。

漂泊中，李商隐的爱妻王氏病逝，更让他陷入无止境的哀伤之中。

怀着对仕途的绝望以及对亡妻的思念，李商隐写下《无

题》八首中最后一首，也是最出名的一首——《锦瑟》：

> 锦瑟无端五十弦，一弦一柱思华年。
> 庄生晓梦迷蝴蝶，望帝春心托杜鹃。
> 沧海月明珠有泪，蓝田日暖玉生烟。
> 此情可待成追忆，只是当时已惘然。

相比于李商隐，令狐绹可谓人生赢家，从左拾遗、考功郎中、知制诰、翰林学士、中书舍人，一直到当朝宰相，几乎从未遇到挫折。

走投无路的李商隐，不得已又给令狐绹写信求援：

老哥啊！你已贵为宰相，我却是天涯惆怅客，我俩相识相知，如今回想往事，着实令人唏嘘。

弦外之音还是：帮帮忙呗！

令狐绹见信，依然像多年前那样不动声色，把信丢进抽屉里。

义山，你背叛了我令狐家，注定会仕途惨淡！算了吧，我不能原谅你，也不会再帮你了。

随着求助信石沉大海，李商隐得到了一个新职位——太学博士，正六品上。

没多久，李商隐又跟随西川节度使柳仲郢入川任职。

人生仅剩的七年时光，李商隐意志消沉、郁郁寡欢，最终悄无声息地病逝于故乡河南。

每至雨季，当雨水洒落李商隐墓园，蓄满小池，这场景像极了他写的那一首《夜雨寄北》：

　　君问归期未有期，巴山夜雨涨秋池。
　　何当共剪西窗烛，却话巴山夜雨时。

　李商隐没有归期，更没有归途。
　一位受教于李商隐的后辈崔珏，为老师写下两首悼念诗，其中有一句：

　　虚负凌云万丈才，一生襟抱未曾开。

　太能代表李商隐这一生了。
　他写出了太多太多缠绵悱恻的诗句，他经历过太多太多的起起伏伏。他的悲，他的喜，他的格格不入，他骄傲的倔强，他本非有意却在别人心中构成实质的背叛，都化成一句假如——
　假如我年少有为不自卑，懂得什么是珍贵。
　假如李商隐真正懂得人生什么最珍贵，或许他的人生会多几分明亮的色彩，少几分暗淡的悲哀。

温庭筠：永不磨灭的骄傲

一

唐宣宗大中九年（855），一年一度的进士科全国统考在贡院拉开了帷幕。

考生入场前，主考官礼部侍郎沈询再次向监考人员强调考场纪律，严防考生作弊。

正训着话，负责检查考生身份的胥吏一路小跑进来，气喘吁吁地朝众人尖声高喊："他来了，他来了！"

沈询拉下了脸："混账东西，没看见我在训话吗！喊什么喊，究竟是谁来了？"

胥吏手足无措地望向沈询，满面焦灼地答道："大人，只要他一来，考场就不会太平。"

"是谁，难道他还敢砸场子？"

"那倒不至于，不过他也很有可能毁了整场科考。"胥吏附耳轻声道，"大人，您还记得几年前那场科考作弊案吗？那年许多考生的答卷文风一致、思路一致，连引用都很相似。经过仔细调查，判定这些考生作弊。成绩作废是他们自作自受，但帮考生作弊之人一直逍遥法外，每年还大摇大摆继续参考，继续作弊。"

沈询一凛："岂有此理，神圣的科举考试，岂容宵小之辈恣意玩弄！他是谁？"

胥吏面容浮现惊诧忧虑之色："大人，您不知道吗？他就是温庭筠，恃才傲物，多次扰乱科场！"

长安一百零八坊，无人不识温庭筠。

沈询自然也听过温庭筠那些神乎其神的作弊手段，可耳听为虚，眼见才为实，这回轮到自己主考，倒要亲眼见识一下温庭筠是否真有传说中那么神乎其神。

沈询凝视了密封的考卷半晌，忽然哈哈大笑："本官决定亲自监考，把那个温庭筠的考座和其他考生隔开一段距离，我倒要看看，他这次怎么作弊！"

初见温庭筠，沈询有些意外，他原以为常年藐视考场的温庭筠是个油腻的中年猥琐男，没想到这厮一点也不猥琐，而且还挺风雅有致。只可惜长了一张貌似钟馗的脸，影响了整体美感。

待考生全部落座，温庭筠才发现自己的座位设在远远的墙角，四面还各放了一层竹帘与其他考生隔绝。

简直是赤裸裸的羞辱！众目睽睽之下，温庭筠倒也不计较，既然被考官当成重点监控对象，那就看看谁的本领高。

时辰一到，沈询宣布启封试卷，发给各位考生作答。

整场考试，沈询的目光始终紧盯着墙角的温庭筠。沈询很讶异，这厮完全没动作呀，莫非是做贼心虚，看到考官监控得严，不敢作弊了？

　　沈询还在沉思，没承想距离考试结束还有一个时辰，温庭筠居然提前交卷了！

二

　　沈询永远忘不了温庭筠交卷时那如释重负的神情，还有那句听了能让人上吊的嘲讽："大人，我这次发挥得不是很好，只帮八个考生作了弊，实在抱歉得很。"

　　沈询听罢，难以置信地看着温庭筠，身形顿时委顿了下来。

　　不可能不可能！考试期间没法传试卷，温庭筠又隔离得老远，其他考生也瞄不到啊！

　　见温庭筠闲庭信步地走出考场，沈询不服气，便追了出来。

　　"温庭筠，你不能考完就走，本官绝不相信你在考场给其他考生传过答案。"沈询恨恨地说。

　　"大人，你好天真，我说过要给考生传答案吗？这些破题，如何出、如何答，我早就研究得透透的了，很多工作在私下就展开了，比如敲敲桌子、咳嗽几声，你懂的。"

　　温庭筠可不傻，不能在危险的边缘疯狂试探。话只说一半，你自己猜去吧！

　　沈询终于明白了。也许这些考生在开考前就跟温庭筠押过题、对过暗号，真正考试时，根本不用瞄原作的试卷，一些不经意的小动作都能让温庭筠掌控全场。

　　沈询突然又不明白了，他追上温庭筠，继续问道："本官看你试卷，可谓一等一的佳作。你有如此才华，何必给人当枪手，对抗朝廷科考制度？你到底图啥？"

温庭筠打趣道："我图啥？图一乐呗！"

"这样做很快乐吗？我不懂。"

"聊以自慰吧！"

"你的文笔极佳，不可能考不中进士。"

"不瞒大人，我确实没考中过。"

"原因呢？"

"原因？没有原因，也不需要原因，我高兴！"

温庭筠傲然离去，留给沈询一个大大的问号：这人到底经历过什么，才会变得如此离经叛道？

温庭筠并没吹牛，科举那点事儿，他比谁都有经验。

随便给出一个题，他一叉手，可成一韵；八叉手，便成八韵；八韵既成，任务完成；然后，交卷，走人。

江湖人称"温八叉"。

温庭筠的先祖温彦博在太宗朝做过宰相。作为官宦之后，温庭筠天资聪颖、才思敏捷，《唐才子传》中称其"少敏悟，天才雄赡，能走笔成万言"。

在晚唐的江湖中，温庭筠诗、文、词、小说俱佳，还是有唐以来第一个大量填词的诗人，被尊为"花间词派"之鼻祖。他的诗文，与李商隐齐名，时称"温李"；他的词，与韦庄齐名，时称"温韦"。

既然江湖地位这么高，为什么连个科举都考不中？

水平不够？

非也！水深着呢！

唐文宗开成四年（839），温庭筠第一次参加科考。

当时，温庭筠早已声名显赫，长安城中各色人等竞相交结。偏偏温庭筠又是那种放浪形骸、不受束缚的性格，美酒、美女、美景，我全都要！

临阵磨枪，不快也光。当别的考生都在玩命复习，做最后的挣扎时，温庭筠却一头扎进烟花巷中，毫不在意备考之事。

这并不是重点，重点是京兆府首试揭晓时，温庭筠名列第二。

天才就是天才，没办法！

三

功成名就近在眼前，可谁也没想到，来年举办的礼部春试，温庭筠居然弃考了！

"考友"们围着温庭筠："兄弟，你这是要做什么？"

温庭筠支支吾吾："不好意思，近期有点拉肚子，怕影响考场秩序。"

"这就是你的理由？骗鬼呢？！"

其实，温庭筠选择弃考，是无奈中的无奈之举。

"考友"们并不知情，原来早在京兆府首试后，温庭筠就被人举报，不得继续参加考试。

这里面牵扯到文宗朝两件大事，"牛李党争"和"庄恪太子案"。

唐文宗大和九年（835），温庭筠在江淮一带游历，扬州留后姚勖对他很是器重，不但包吃包住，还经常给他提供大把零花钱，希望温庭筠刻苦用功，结交名流。

小温却拿着姚勖赞助的钱，纵情享乐，流连忘返。

姚勖察觉后颇为恼怒，当众打了温庭筠一顿板子，直接将他扫地出门。

温庭筠天真地想去投奔淮南节度使牛僧孺。他并不知道，姚勖是李党，和牛僧孺为首的牛党势同水火。虽然温庭筠是被姚勖扫地出门的，可牛僧孺仍然以为他有李党成分，根本没让他进门。

从此，温庭筠背上了一个"行为不检点、操守有问题"的恶名。

离开扬州，温庭筠来到长安。

凭借过人的才华和音乐天赋，温庭筠被聘入东宫，做了太子李永的高级伴读书童。

然而，接下来的一场没有硝烟的宫斗，让温庭筠含泪"躺枪"。

唐文宗李昂宠幸杨贤妃，与李永生母争夺后位。杨贤妃觉得李永一旦继位，自己这下半生就只能在冷宫苟活了。于是，杨贤妃联系了宫里一群拥趸，在宫里多次宣传李永宴饮游玩的俗事，渲染出一种骄奢淫逸的氛围。

听多了这些人的"八卦"，文宗脑子一热，准备更换储君。

不是自己的娃，就能客观评价。大臣们认为，储君乃国之根本，不可轻动，不如先观察，再谨慎处理。

文宗觉得靠谱，就把李永软禁在宫中，不准他出宫，更不准接近外人。

没想到李永有颗"玻璃心",觉得自己比窦娥还冤,又无法自证清白,憋屈了半年,居然患病身亡了。

文宗后悔了,可转而一想,若不是东宫那帮奴才不教李永学好,哪里会造成如今的悲剧?

一怒之下,文宗将东宫宫女、太监全部治罪。温庭筠虽然没受惩罚,却又给人留下一个"性格轻佻,教人不学好"的坏印象。

两大坏名声加在一起,朝廷认定:这种人绝不能在朝为官!接着就把温庭筠拉进了科考黑名单,取消了他的参考资格。

四

唐宣宗大中元年(847),距离第一次应试,已经过去了八年,连圣上都换了两拨,当初的黑名单也应该失效了吧?

抱着试一试的态度,温庭筠再次赶赴长安,希望达成延迟八年的目标。

结果,落榜!

两年后,温庭筠又来了。这回主考官是自己的老朋友,礼部侍郎裴休。

考前,温庭筠找到裴休大发牢骚:"老裴,这次若再考不中,我绝对会心痛而死!"

结果,又落榜!

都这么多年了,你们还在针对我!

温庭筠决定暂时停下,留在长安思考人生。

思考着思考着,温庭筠就和京城的富家子弟们思考到一起，整天纵酒围猎、出入娱乐场所，沉溺于声色犬马。其中，温庭筠和当朝宰相令狐绹的儿子令狐滈关系最铁，性格最合。

长江后浪推前浪。令狐家到了令狐滈这一代，家世依然显赫，老爹令狐绹和李商隐的故事，也是世人耳熟能详的。

温庭筠和令狐滈私下结交，令狐绹很快得知。儿子交上温大才子，总归能提升些文学技能。令狐绹也学当年老爹令狐楚收留李商隐那样，把温庭筠请到府上，无偿支持他继续投考，顺便兼职帮自己当"枪手"。

唐宣宗李忱是个文学"发烧友"，喜欢唱《菩萨蛮》，经常让大臣们提供原创作品，然后改编成歌舞。

令狐绹搞不定，就找温庭筠代写，并嘱咐他不要声张。

温庭筠拿钱办事，挥笔写下十四首《菩萨蛮》，其中有一首知名度很高：

小山重叠金明灭，鬓云欲度香腮雪。懒起画蛾眉，弄妆梳洗迟。

照花前后镜，花面交相映。新帖绣罗襦，双双金鹧鸪。

宣宗很满意："令狐爱卿，几日不见，功力见长啊！"

"陛下过奖了，臣会继续努力的！"令狐绹自然不会承认是请人代写的。

结果退朝后一打听，令狐绹脸都绿了，原来温庭筠前脚写完，后脚就把文稿连名带姓公布了出去。

"我走过最远的路，就是你的'套路'！"令狐绹气得差点骂人。

当前朝廷，宣宗热衷文艺，重视人才，无奈原创作品极度匮乏。因此气归气，令狐绹还得继续容忍温庭筠的无礼。

宣宗不但爱原创，还喜欢对对子。某次，他退朝后兴致勃勃地留下令狐绹："爱卿，你看'金步摇'怎么对啊？"

完蛋！当着皇上的面，没法找人代答了！

令狐绹左思右想，急得汗流浃背，最后实在应付不了，只得向宣宗推荐温庭筠来答。

温庭筠奉命进宫，不假思索对出："玉跳脱。"

妙妙妙！

宣宗再出："白头翁。"

温庭筠秒对："苍耳子。"

宣宗大呼过瘾，和温庭筠聊了半日，方才尽兴。

回府后，令狐绹忍不住询问："小温，你在宫里与圣上探讨的内容，我咋都没听说过呀？有出处吗？"

温庭筠神秘一笑，开始调侃："有出处啊，都出自《南华经》啊！大人，《南华经》又不是多冷门的书，您居然不知道？工作之余多读书哦！"

（《南华经》）非僻书也。或冀相公燮理之暇，时宜览古。

啪啪打脸，令狐绹再也忍不了了，随便找了个借口将温庭筠赶出相府，还特意给礼部打招呼："温庭筠这个人，有才无行，不能录取！"

宰相都发话了，温庭筠只能继续落第。

此时，温庭筠知道自己可能永远也考不上了，但他仍然年年参考，私下帮考生当枪手，考场上让考生抄答案，作弊作到无视考纪。

自己考不上，却帮人作弊，这是什么精神？

这是恶心朝廷、作践自己的精神！若不是被逼得没有办法，谁愿意这样做呢！

五

唐宣宗大中十年（856），朝廷终于忍无可忍，以扰乱科场罪把温庭筠赶往随州。

幸运的是，襄阳节度使徐商欣赏温庭筠的才华，聘其为幕僚。这段时期，温庭筠创作了大量名作。

比如《商山早行》：

> 晨起动征铎，客行悲故乡。
> 鸡声茅店月，人迹板桥霜。
> 槲叶落山路，枳花明驿墙。
> 因思杜陵梦，凫雁满回塘。

比如《望江南》：

梳洗罢，独倚望江楼。过尽千帆皆不是，斜晖脉脉水悠悠。肠断白蘋洲。

好景不长，四年后，徐商调离襄阳，温庭筠失去依靠，再

次流落到扬州。

很巧，老冤家令狐绹正在淮南节度使任上。

温庭筠自然不会去拜见令狐绹，而是整天纠集一帮小年轻，流连烟花巷陌。

没过多久，骄傲的温庭筠因醉酒闹事，被扬州城吏打碎了牙齿。

我都六十了，你敢打老人！我要告你！

温庭筠这才去找令狐绹，请他主持公道。城吏却一口咬定温庭筠妨碍公务在先，碰瓷倒地磕碎牙齿在后。

令狐绹冷哼一声，各打五十大板，差点把温庭筠这把老骨头打散架。

打完板子，令狐绹还意味深长地冲温庭筠说了一句："扬州，我的地盘。招子放亮一点，别给脸不要脸！"

温庭筠怒火中烧，这不能忍！他忍痛返回长安，上书朝廷，参奏令狐绹在扬州执法不明，只手遮天。

可惜，没人搭理。

唐懿宗咸通四年（863），曾经的上级徐商拜相，顺手把温庭筠带进国子监，当了个从六品的助教。

三年后，徐商上奏朝廷，表举温庭筠出任本年秋试的主考官。

礼部很纳闷："温庭筠曾多次在考场作弊，这样的人怎么能做主考呢？"

逻辑鬼才徐商微微一笑："既然老温常年混迹于考场，精通各种作弊手段，这样正好可以发挥他的强项。有老温坐镇，试问谁还敢作弊呢？"

别说，还真挺靠谱！

当温庭筠以主考官的身份再进考场，考生们原以为温主考会放宽考场纪律，让大家互相"借鉴"。谁知道温主考居然铁面无私，严抓作弊行为，还在考试结束后，把自己认为有资格录取的三十名考生的文章公示出来，接受群众监督。

成绩优秀的考生表示热烈拥护，那些官宦子弟却不乐意了：你这么整，我们私下操作的空间都没有了。不行！必须向上级反映！

于是，有关系的考生纷纷上书，弹劾温庭筠不按规章办事，随意更改科考制度。很快，温庭筠被贬为方城县尉，不久，病逝于任上。

若是论坎坷程度，温庭筠相比李商隐等同时代的文人并没有好到哪里去。

他恃才放旷，好讥讽权贵，又不羁放荡，不受拘束。屡试不第，一生潦倒。但他从未低下他骄傲的头颅，也从未选择向权贵妥协，更不屑于向生活认输。

尽管一生颠沛流离，却依然活得潇洒快乐；尽管生活没有把温庭筠变得更圆滑，而是一脚把他踢开很远，但温庭筠仍用才华闯出了一片天地。

他诗词、骈文、小说、书法样样皆精，特别是作为"词"这一影响深远的文学体裁的奠基人，温庭筠永远选择骄傲地活着。

无牵无挂，无忧无虑，心随意动，怡然自乐，难道不是人生最好的状态吗？

罗隐：晚唐有个罗老师

一

唐宣宗大中六年（852），长安城的考生群中出现了一张新面孔，几乎每一个看到这张脸的考友心里多多少少都有些开心。

原来和这位仁兄相比，自己还是蛮帅的。

更悲惨的是，这位仁兄自此次科考后，连续又考了九次，前后历经十几年，就是没能金榜题名（十上不第），人送外号"淘汰郎"。

这位仁兄一赌气，干脆连名都改了：他原名叫罗横，现在叫罗隐，晚辈们喜欢称他"罗老师"。

罗老师，晚唐诗坛的一股泥石流。他的相貌，足以吓跑成百上千的女粉丝；他的吐槽，连皇帝都颇感无奈；他的诗作，用现在的话来讲句句都是"毒鸡汤"。

这就是罗隐，大唐诗坛最后一位个性鲜明的重量级大神。

罗老师年轻时，在家乡也是数一数二的才子，他还与同族兄弟罗邺、罗虬组建了写诗天团——"三罗"。

"三罗"之中，罗邺、罗虬这两位仁兄也很有诗名。

罗邺诨号"诗虎"，作品用料很猛，比如"愁看飞雪闻鸡唱，独向长空背雁行"一句，意向好，格调高，画面感很强。

罗虬这哥们儿是个真汉子，四里八乡出了名的狠人。据说他曾属意一个名叫红儿的歌女，后因与旁人竞争失败，恼羞成怒，一刀砍翻红儿，又后悔莫及，写下一百首《比红儿诗》，然后终生不再写诗。

罗老师和两个兄弟不同。他的诗写得很直白，风格很接地气，比如"今朝有酒今朝醉""为谁辛苦为谁甜""吴人何苦怨西施"等，读者一读就明白，又能有强烈共鸣，因而很容易流行。

凭借过人的才华，罗老师出道不久就收获了大量粉丝——只闻其名不见其人的粉丝。

若见其人，态度立刻转变。

因为罗老师颜值很低。

有多低呢？

据说个子很矮，皮肤很黑，五官很抽象，面容很曲折。

又据说宰相郑畋有个女儿，肤白貌美，还有极高的才情，酷爱吟诗作赋。

某次，郑代女读到罗老师的"张华谩出如丹语，不及刘侯一纸书"，瞬间爱上了罗老师。她幻想罗老师一定是个器宇轩昂、风流倜傥的花样美男。结果在一次家宴中有幸在屏风后窥到罗老师的相貌，她当场选择再也不爱了。

其实，针对此事还有另外一种说法：郑畋有心嫁女，特意

邀请罗老师进府交流，结果话不投机，根本谈不下去。郑畋认为罗老师性格迂腐，又过于强势，实在不适合给自己当女婿。这场婚配就此作罢。

二

罗老师相貌究竟如何，实在不好考证。

但有一点可以确定，他的脾气实在刚猛，丝毫不懂妥协。表现在科考中，就是在考场上屡屡跑题作答，还总是写那种讽刺意味极强的文章，被考官们各种嫌弃。

换句话说，罗老师并不是没有才，如果按照考试要求认真作答，根本用不着做十年奋战的复读生。

罗老师的悲剧，在于生不逢时。他参考那十几年，经历了多位皇帝执政，其中包括唐懿宗和唐僖宗这对父子。

懿宗和僖宗在大唐不靠谱皇帝排行榜上，绝对要排进前三位。

特别是唐懿宗，一身的"艺术细胞"，吹拉弹唱、琴棋书画、马球蹴鞠样样精通，就是做皇帝不专业。他偏偏又自我感觉良好，给自己封了个"睿文英武明德至仁大圣广孝皇帝"，自恋到无可救药。

皇帝不管事，下面的人就腐败了起来。罗老师首次参考那年，录取的三十个人，居然全是官宦子弟。

出身寒门又性格孤傲的罗老师显然是要靠边站的。不过，以罗老师"生死看淡，不服就干"的性格，让他吃哑巴亏，肯定是不可能的。

于是，罗老师开始了——开始写诗猛批朝政，发泄心中的不满。

有次投考，长安一带大旱，懿宗下诏征集民间大师作法求雨，罗老师在考卷上吐槽起来：

水旱灾害是上天降下的警示，凡夫俗子哪能解决！为今之计，只有请圣人用心祈祷，尽心政务，才有可能减轻灾害。征召民间那些骗吃骗喝的方士，只会让世人耻笑！真不知道那些吃俸禄的朝中大臣是怎么想的，难道都是吃干饭的？

这样赤裸裸批评朝政的考卷，肯定会被判个不及格，然后扔进垃圾桶。

据说有一次，罗老师应试的试卷答得很好，也没吐槽朝政，唐懿宗看了他的文章很想录取他。负责招生的大臣们却不干了，纷纷跳出来提意见："陛下，这个考生经常在诗文中讽刺朝政，如果录取的话，岂不坏了风气？"

懿宗很好奇："他都说了什么坏话呢？"

有人抢着说道："臣听到他有首《雪》——'尽道丰年瑞，丰年事若何？长安有贫者，为瑞不宜多！'谁不知道瑞雪兆丰年？他明着和瑞雪过不去，暗着就是讽刺朝廷不体恤百姓，这不胡说八道吗！"

这人说罢，又有人接着说："罗隐这考生不但拿瑞雪来揶揄，还有意诬蔑我大唐玄宗皇帝。他有首《华清池》——'楼殿层层佳气多，开元时节好笙歌。也知道德胜尧舜，争奈杨妃解笑何。'您听听，不是赤裸裸的讽刺又是什么？这种人怎么能用！"

懿宗一听百官意见很大，觉得这个考生太没有政治觉悟，就放弃了录取的想法。

三

连败连战，连战连败，罗老师受了很大刺激，导致他在讽刺朝廷、批判时政的道路上越走越远。

他同情贫苦百姓而作《蜂》：

> 不论平地与山尖，无限风光尽被占。
> 采得百花成蜜后，为谁辛苦为谁甜？

他批评当权者误国而作《西施》：

> 家国兴亡自有时，吴人何苦怨西施。
> 西施若解倾吴国，越国亡来又是谁？

他吐槽皇帝宠信伶人而作《感弄猴人赐朱绂》：

> 十二三年就试期，五湖烟月奈相违。
> 何如买取胡孙弄，一笑君王便著绯。

放飞自我的罗老师还写了本名叫《谗书》的小品集，里面的文章大多是有感而发的刺时讥世之作。

这本《谗书》，绝对算得上晚唐版《吐槽大会》集锦，每一篇文章，都极尽讽刺挖苦之能，议论犀利，见解独到。

针对皇帝，罗老师说："陛下，您的诏书写得如此随意，能不能走点心，别让人读着捧腹大笑好吧！"

针对朝臣，罗老师说："那些吃干饭的宵小之辈，只会在圣上面前歌功颂德，屁大的用也没有！"

针对科举，罗老师说："唉！才华横溢如我，针砭时弊如我，你们这些考官居然不录取，是不是瞎呀？"

发起狠来，罗老师连动物都不放过："你看这只羊，平日里服服帖帖，一旦喂食，凶性毕露。唉！世风日下啊，连羊也变歹毒了！"

整本《谗书》，中心思想就一句话：别人写书是因为荣誉、富贵，我写书则是因为穷困潦倒，仅仅是为了讽时刺世。（"他人用是以为荣，而予用是以为辱。他人用是以富贵，而予用是以困穷。苟如是，予之旧乃自谗耳。"）

当《谗书》被送到懿宗手里时，懿宗叹了口气："这小子，没救了！随他去吐槽吧，朕懒得理！"

写完了《谗书》，罗老师觉得不过瘾，又写了本《太平两同书》，力图提炼出一套供天下人使用的"太平匡济术"。

名字很霸气，内容很犀利，可就是没有市场。

连续考了十几年，罗老师累了，也对朝廷失去了耐心，他决定休息休息，就跑到九华山上隐居。

此时，大唐王朝正被猛人黄巢疯狂攻击，风雨飘摇。

罗老师没想到，盛世不吃香，到了乱世，自己一下就抢手了。

　　魏博节度使罗绍威喜欢文学，又与罗老师是同宗，索性对外宣称罗老师是自己的叔父，还经常模仿罗老师作品的风格，搞出一本诗集，取名《偷江东集》，也就是"偷罗老师诗文集"。

　　平卢节度使王师范也很崇拜罗老师，经常派人送钱送物，只求罗老师赏脸赠诗。每次得到罗老师的诗作，王师范总会爱不释手，还经常在宴席间当众诵读。

　　某次，罗老师的好友高中进士，罗隐赠了他一首《魏城逢故人》：

> 一年两度锦城游，前值东风后值秋。
> 芳草有情皆碍马，好云无处不遮楼。
> 山将别恨和心断，水带离声入梦流。
> 今日因君试回首，淡烟乔木隔绵州。

　　朋友的父亲兴奋异常，对家人说："儿子及第我不高兴，高兴的是得到罗公诗文一篇。这年头，能写好诗的人，不多了！"

　　五十五岁那年，罗老师嫌中原太乱，就到扬州投奔淮南节度使高骈。没想到高骈是个"外貌协会"的资深会员，嫌罗老师其貌不扬，招待宾客不让其露面。

　　罗老师在扬州待不住，转而投奔了镇海节度使，即后来的吴越国主钱镠。

四

罗老师和钱镠虽是同乡，可罗老师吃不准钱镠的态度，万一这厮和高骈属于同类人，这不是去找难堪吗？

保险起见，罗老师给钱镠写了首诗，把自己比作汉末狂士祢衡：

一个祢衡容不得，思量黄祖漫英雄。

钱镠见诗，果断回了封信：

仲宣远托刘荆州，盖因乱世；夫子乐为鲁司寇，只为故乡。

你是祢衡，我却不是黄祖。来吧兄弟，这里将是你最理想的故乡！

确认过眼神，罗老师终于遇见了对的人。钱镠二话不说，直接将其聘用为幕府掌书记。

在钱镠幕府，罗老师毫不拘束，一言不合就嬉笑怒骂，甚至写诗戏弄钱镠食盐贩子的黑历史。

面对越老嘴越毒的罗老师，钱镠并不怎么计较，顶多笑着来一句："别再戏弄我了，你个糟老头子，坏得很！"

而且，钱镠还多次向朝廷上奏，为罗老师求官。朝廷碍于钱镠节度使的面子，先后晋升罗老师为镇海节度判官、盐铁转运使、著作郎。

另一边，罗老师也在尽力报答钱镠的知遇之恩。在钱镠刚晋升为节度使时，他命令幕府的秘书起草谢恩奏章。这帮人搜肠刮肚，在奏章中用尽华丽的辞藻，描述浙江沿海的富庶。

奏章写好后，钱镠拿给罗老师做最后审定，没想到罗老师看完奏章，不屑地撕了个粉碎。

钱镠不解："人家费尽心力写好的文章，你直接撕了，什么意思嘛！"

罗老师嗔怒道："这帮秘书，读书都读傻了！如今东南战火初停，朝廷必然急于搜刮赋税，他们还极力宣称我们藩镇有钱，你说是不是傻！我认为与其露富，不如哭穷。"

钱镠很赞同地点了点头，又让罗老师重新起草。

罗老师在奏章中是这样写的：

浙江一带天寒地冻，百姓流离失所，方圆数十里之内荒无人烟，真是天苍苍、野茫茫，风吹草低见牛羊。

原来你们藩镇也蛮困难啊，算了算了！朝廷顿时没了兴致，索性做个顺水人情，免了浙江百姓的赋税。

此后，钱镠全力营建城防，抵御外敌入侵。

有一次，钱镠率幕僚巡视新建的杭州防御工事时，得意扬扬地吹嘘："十步一楼，杭州城固若金汤了！"

罗老师不出意外地站出来打脸："楼不若内向，祸起于萧墙。"

果然，武勇都指使徐绾、许再思趁钱镠外出巡视之机在杭州作乱。若非出发前听从罗老师的意见留下重兵守城，钱镠的老窝估计都要被人端了。

还有一次，钱镠和罗老师观赏一幅《磻溪垂钓图》，钱镠让罗老师在画上题诗，罗老师提笔写道：

> 吕望当年展庙谟，直钩钓国更谁如？
> 若教生在西湖上，也是须供使宅鱼。

原来，西湖边的居民，无论是否从事捕鱼行业，都要每月定期缴纳鱼税。这种坑人的制度早就该废除！罗老师借题发挥，在诗中表明了自己的态度。

钱镠秒懂，果断下令废除这一制度，赢得了百姓广泛的赞誉。

晚年的钱镠想放纵一些，享受享受生活，可架不住罗老师在一旁疯狂吐槽。

鉴于罗老师火力太猛，钱镠只好继续憋着，努力把藩镇更好地经营下去。

五

唐昭宗天祐元年（904），朱温弑杀昭宗李晔，篡唐之心已明。

为了拉拢藩镇支持，朱温封钱镠为吴越王，世袭罔替。

昭宗被弑的消息传到杭州，钱镠找来罗老师商量对策："朱温看来是要篡夺大唐的江山了，我们该何去何从？跟随他吗？"

"奈何交臂事贼，为终古之羞乎！"罗老师激切地建议钱镠起兵讨伐朱温，给昭宗报仇。

钱镠自然不会傻到拿鸡蛋撞石头，但他对罗老师的异常反应很是好奇："老罗，你咋那么大火气呢？朱温杀了唐朝皇帝，杀了那批朝中重臣，你不应该生气呀！他们给过你什么？你过去不一直是批评朝政的'毒舌男'吗？"

"朝廷虐我千百遍，我待朝廷如初恋。"罗老师深知钱镠不会出兵，他只有写诗，只能写诗：

> 屈指不堪言甲子，披风常记是庚申。

甲子、庚申，一是年份，一是日子——昭宗被弑的日子。

谁能想到，过去讽刺朝政最猛烈的人，最后反而表现得最忠诚、最激愤。那些所谓的当朝重臣，却大都投靠了朱温，见风使舵，忘恩负义。

这实在是很悲哀。

六年后，七十八岁的罗老师病逝。临终前，钱镠前来探望。看着这位一生放荡不羁爱吐槽的大义之人，不禁泪眼婆娑，当场写了首诗，算是对罗老师最后的评价：

> 黄河信有澄清日，后代应难继此才。

是的，历史上只有一个罗老师，他守住了真性情，活出了真自我。

其实，世人根本没能看懂罗老师。

一提到他，大部分人都会想到那首《蜂》，或是那首自嘲之作《自遣》：

> 得即高歌失即休，多愁多恨亦悠悠。
> 今朝有酒今朝醉，明日愁来明日愁。

这些后世知名度最高的诗，并不能完全体现罗老师的性格。

真正能完全体现罗老师性格的诗，很多人肯定都没读过，是一首名不见经传的《小松》：

> 已有清阴逼座隅，爱声仙客肯过无。
> 陵迁谷变须高节，莫向人间作大夫。

所谓"陵迁谷变"，就是指时局越是激烈动荡，越要守住高洁的真性情。去做山松，孤高地屹立于孤山，切莫与污浊的世道同流合污。

愤世嫉俗、大肆批判的背后，是罗老师对国势日衰的忧虑，对官场混浊的痛恨，对尸位素餐的愤慨，对黑暗现实的抗争。

用纯粹的文字舒展个性，用锋利的话语警醒朝廷，用真挚的情感热爱国家，这是包括罗老师在内的全体大唐才子最真实的性情、最温暖的告白和最圆满的结局。